JAN PIETER KRAHNEN

Kapitalmarkt und Kreditbank

Schriften zum Bank- und Börsenwesen

Band 6

Kapitalmarkt und Kreditbank

Untersuchungen zu einer mikroökonomischen Theorie der Bankunternehmung

Von

Jan Pieter Krahnen

DUNCKER & HUMBLOT / BERLIN

CIP-Kurztitelaufnahme der Deutschen Bibliothek

Krahnen, Jan P.:
Kapitalmarkt und Kreditbank: Unters. zu e. mikroökonom. Theorie d. Bankunternehmung / Jan P. Krahnen. — Berlin: Duncker und Humblot, 1985.
(Schriften zum Bank- und Börsenwesen; Bd. 6)
ISBN 3-428-05807-0

NE: GT

Satz: Werksatz Marschall, Berlin 45; Druck: Werner Hildebrand, Berlin 65
Printed in Germany

ISBN 3-428-05807-0

Vorwort

Jede Abbildung eines Realitätsausschnitts beinhaltet dessen Vereinfachung. Art und Ausmaß einer derartigen Abstraktion werden vom Verwendungszweck der Abbildung bestimmt. So dient beispielsweise der Plan eines U-Bahn-Streckennetzes der schnellen Orientierung über unterirdische Verkehrsverbindungen einer Stadt. Ein derartiger Plan eignet sich aber nicht, um einem Ortsfremden den Weg zu Kirchen oder historischen Stätten zu weisen. Für diesen Zweck braucht es einen detaillierten Stadtplan ‚oberirdischer' Straßen und Gebäude.

Die neoklassische Finanztheorie gleicht in mancher Hinsicht dem Plan eines U-Bahn-Netzes. Obwohl sie in systematischer Weise die Beziehungen zwischen Projektbewertung, erwarteter Zahlungsstruktur und Gesamtmarktkonjunktur untersucht, spielen Institutionen im Rahmen der Finanztheorie keine eigenständige Rolle. Die Analyse von Bankbetrieben oder Finanzierungsformen als Beispiel für Institutionen des Kapitalmarktes mit dem Instrumentarium der neoklassischen Finanztheorie gleicht daher dem Aufsuchen von Kirchen oder historischen Stätten mit einem Netzplan der städtischen U-Bahn in der Hand: Kein Anhaltspunkt zum Auffinden und Verstehen der gesuchten Objekte läßt sich ausmachen.

Auch hier wird ein Plan ‚oberirdischer' Beziehungen neben der ‚unterirdischen' Ebene der Zahlungsströme benötigt. Im Rahmen dieser Arbeit soll die Informationsstruktur beziehungsweise die Informationsverteilung zwischen beteiligten Akteuren diese Rolle übernehmen. Im Hinblick auf den Finanzmarkt sind mit den Akteuren ganz allgemein Kapitalgeber (Sparer) und Kapitalnehmer (Investor) gemeint. Die Verteilung von Informationen zwischen den beiden Parteien beeinflußt grundsätzlich die Möglichkeit einer direkten Markttransaktion. So ist beispielsweise das Tauschergebnis auf dem Markt für Gebrauchtwagen abhängig von dem je herrschenden Vertrauen zwischen Käufer und Verkäufer. Dieses Vertrauensproblem wiederum läßt sich auf ein Problem der Informationsverteilung zurückführen, denn Mißtrauen ist regelmäßig die Folge einer Nichtbeobachtbarkeit zukünftiger oder vergangener Verhaltensweisen oder Eigenschaften. So ist der ‚wahre' Wert eines Gebrauchtwagens insbesondere von der ursprünglichen Qualität des Wagens, sowie von der sorgfältigen oder nachlässigen Nutzung und Pflege durch den Vorbesitzer bestimmt.

Ebenso ist das ‚wahre' Risiko eines zu finanzierenden Investitionsobjektes beispielsweise von der Fähigkeit und dem Willen des Investors abhängig, das Investitionsobjekt in aller Zukunft entsprechend den vorher gemachten Angaben im Interesse der Kapitalgeber zu realisieren. Zukünftige Verhaltensweisen sind aber in der Regel nicht oder nur diffus beobachtbar und daher nicht kontrollierbar. Aus diesem grundsätzlichen Vertrauensproblem als strukturellem Bestandteil praktisch jeder Vertragsbeziehung entstehen Risiken, die in der traditionellen Finanztheorie überhaupt nicht behandelt werden können.

Die vorliegende Arbeit wirbt für die Berücksichtigung der Informationsproblematik bei der Untersuchung von Institutionen ohne dabei auf die Geschlossenheit einer am Gesamtmarkt orientierten mikroökonomischen Analyse zu verzichten. Die Berücksichtigung von informationsbedingten Verhaltensrisiken auf dem Kapitalmarkt führt vor allem zu einer differenzierteren Betrachtung von Finanzierungsformen. Im Ergebnis erweisen sich projekt- oder firmen-*individuelle* Aspekte auch für den Prozeß der Marktbewertung als bedeutsam. Aus der großen Menge existierender Finanzierungsformen wird insbesondere der Kreditvertrag als empirisch bedeutendste Vertragsform, der sich Bankbetriebe bedienen, untersucht. Dabei zeigt sich, daß Bankbetriebe – entgegen den Aussagen der traditionellen Finanztheorie – nicht lediglich passive Makler von Forderungen und Verbindlichkeiten auf dem Kapitalmarkt sind. Banken sind treffender als Spezialisten in der Formulierung, Überwachung und Sanktionierung von Kreditverträgen beschrieben.

Diese Untersuchung, die sich auf zahlreiche neuere Beiträge insbesondere zur Analyse des Arbeitsmarktes stützen kann, leistet nur einen bescheidenen Beitrag zu einer Theorie unvollkommener Kapitalmärkte. Die empirische Vielfalt und Verschiedenartigkeit der Finanzierungsformen und -institutionen findet in den folgenden Kapiteln keinen Raum. In einer Verbindung der hier vorgetragenen theoretischen Überlegungen mit empirischen Studien auf Kapitalmärkten, insbesondere in Entwicklungsländern, ist aber eine erfolgversprechende Fortführung der informationsökonomischen Perspektive im Hinblick auf ‚Politikrelevanz' zu erwarten.

Die Arbeit wendet sich in erster Linie an Studenten, Lehrende und Praktiker im Bereich von Finanz- und Bankbetriebslehre, soweit sie an einer Einführung in die Kapitalmarkttheorie, die Vertragstheorie und deren Zusammenspiel interessiert sind.

Unter dem Titel „Finanzintermediation auf Kapitalmärkten – Zu einer mikroökonomischen Theorie der Bankunternehmung" ist die vorliegende Arbeit im Juni 1984 vom Fachbereich Wirtschaftswissenschaften der Johann Wolfgang Goethe-Universität in Frankfurt als Dissertation angenommen worden. Herrn Professor Dr. Wolfram Engels, meinem Doktorvater, danke ich für sein Interesse an meiner Arbeit, sowie an zahlreichen Anregungen und Diskussionen, die mich vor allem während meiner Frankfurter Studienzeit auf die zusammenhängende Betrachtung von Bankbetrieb und Kapitalmarkt gestoßen hatten. Herrn Professor Dr. Bernd Rudolph danke ich für die Übernahme des

Korreferats. Die entscheidende Einführung in den Bereich der Informationsökonomie verdanke ich Reinhard H. Schmidt: Die eigentlich technische Arbeit des Korrekturlesens seiner Habilitationsschrift vor einigen Jahren hat bis heute meine inhaltliche Vorgehensweise beeinflußt. Wertvolle Anregungen und Kritik verdanke ich weiteren Frankfurter Freunden, insbesondere Eva Terberger und Bernd Schauenberg. Von den Berliner Freunden und Kollegen möchte ich besonders Elmar Wolfstetter, Georg Meran und Bernd Prior erwähnen. Ihnen allen sei an dieser Stelle für ihr Interesse und ihre Geduld gedankt.

Der Studienstiftung des Deutschen Volkes sowie der Universität von Rochester danke ich schließlich für ein Promotionsstipendium während meiner Zeit an der Graduate School of Management in Rochester, New York. Die finanzielle Last der Drucklegung wurde erträglicher durch einen Förderungsbeitrag der Interessengemeinschaft Frankfurter Kreditinstitute. Auch diesen Institutionen gilt mein aufrichtiger Dank.

Berlin, im April 1985 Jan Pieter Krahnen

Inhalt

1. Kapitel: Einleitende Bemerkungen zur Kontrakttheorie

> „In demjenigen aber, was gerechter Weise jedem Urtheile, wenn es nicht ein Vorurtheil sein will, vorausgehen müßte, nämlich in Frage und Antwort nach dem ‚Warum' jener Erscheinungen, ist wohl bei Weitem noch nicht genug geschehen."
>
> Böhm-Bawerk, 1881[1].

1.1 Die Diagnose einer ‚Eigenkapitallücke'

Positive ökonomische Theorie bezeichnet den Versuch, für beobachtbare Regelmäßigkeiten eine möglichst einfache und konsistente Erklärung zu liefern. Eine derartige Erklärung ist eine notwendige Voraussetzung, um als Wirtschaftstheoretiker oder Wirtschaftspolitiker angemessen auf diese Regelmäßigkeiten reagieren zu können.

Nehmen wir als beobachtbare Regelmäßigkeit etwa die Zeitreihe der Eigenkapitalquoten bundesdeutscher Unternehmen einerseits und der entsprechenden kreditfinanzierten Fremdkapitalquoten andererseits. Über die Zeitspanne der letzten 25 Jahre zeigt sich dabei eine deutliche Entwicklung:

Übersicht 1: Kapitalstruktur der Unternehmen
(Angaben in % der Bilanzsumme)

	1967	1970	1975	1980
Eigenmittel	30,1	26,1	24,0	21,3
(darunter: Rücklagen)	(8,2)	(7,9)	(7,3)	(7,1)
Fremdmittel	60,5	65,6	68,6	70,8
(darunter: kurzfristige	(32,5)	(38,5)	(37,9)	(41,4)
langfristige Verbindlichkeiten)	(18,8)	(18,2)	(19,9)	(16,6)

Quelle: Monatsberichte der Deutschen Bundesbank 11/72, 11/77, 11/82.

1 Böhm-Bawerk, E.: „Rechte und Verhältnisse vom Standpunkt der volkswirthschaftlichen Güterlehre", Wagner'sche Universitätsbuchhandlung, Innsbruck 1881: 153. An der zitierten Stelle bezieht sich Böhm-Bawerk auf die ‚Erscheinungen des Kapitales und des Kapitalzinses' sowie deren ‚Nutzleistungen'.

Das Gewicht institutioneller Bankfinanzierung hat sich gegenüber jenem der direkten Kapitalmarktfinanzierung deutlich verschoben mit dem Ergebnis, daß zum Beispiel im Jahre 1982 nur noch 3,9 % des Nettofinanzierungsbedarfs des Unternehmenssektors über den Aktienmarkt aufgebracht worden sind.

Übersicht 2: Finanzierung des Unternehmenssektors

	Ende 1954	Ende 1962	Ende 1972	Ende 1982
Ausstehende Verpflichtungen und Aktienumlauf der Unternehmen insgesamt in Mrd. DM	107	297	855	1970
davon (in %):				
Aktien	15	13	8	6
kurzfristige Bankkredite	24	18	17	14
langfristige Bankkredite	24	42	45	45

Quelle: Monatsberichte der Deutschen Bundesbank 5/63; 3/73; 5/73; 5/83.

Der Zeitreihenausschnitt 1967/54-1980 in Übersicht 1 und 2 charakterisiert sowohl den anhaltenden Erosionsprozeß der Eigenkapitalquoten als auch das ungebremste Wachstum der Kreditfinanzierung[2].

Die beiden Übersichten sind ein Beispiel für Zeitreihen, deren Zustandekommen erklärt sein will, um die Bedeutung der dokumentierten Entwicklung einschätzen zu können.

„Investitionen mit erhöhten Risiken erfordern eine Finanzierung mit risikobereitem Kapital. Die Sorge, daß nicht genügend risikotragendes Kapital für solche Investitionen zur Verfügung steht, erscheint ... bei der hohen Verschuldung sehr vieler Unternehmen nicht unbegründet."[3]

„Die Entwicklung der vertikalen Eigenkapitalquote zeigt, daß es der Wirtschaft in der Bundesrepublik Deutschland in zunehmendem Maße an Eigenkapital *mangelt*."[4]

2 Für eine bis zur Gründerzeit zurückreichende Untersuchung der Zeitreihe Eigenkapital vgl. Holtfrerich, C.: „Die Eigenkapitalausstattung deutscher Kreditinstitute 1871-1945", in: 6. Symposium zur Bankgeschichte, Bankhistorisches Archiv, April 1981: 15-29.

3 Jahresgutachten 1979/80 des Sachverständigenrats, Kohlhammer Verlag 1979: 148 (Ziffer 351).

4 Fritsch, U.: „Die Eigenkapitallücke in der Bundesrepublik Deutschland", Deutscher Instituts Verlag (1981): 19. [Hervorhebung von JPK]

„Die Bundesrepublik hat damit die *schlechteste* Eigenkapitalausstattung in der deutschen Geschichte und selbst unter Berücksichtigung verschiedener Berechnungsmethoden mit wenigen Ausnahmen im internationalen Vergleich.“[5]

Der Grundtenor der zitierten Beiträge ist eindeutig und dürfte für die Diskussion der Eigenkapital‚lücke‘ repräsentativ sein. Bundesdeutsche Unternehmen sind mit immer weniger Eigenkapital ausgestattet; eine bedrohliche Entwicklung, die vor allem mit der steuerlichen Benachteiligung von Gewinneinkommen begründet wird[6].

Unmittelbar stellt sich die Frage, worauf diese entschiedene Schlußfolgerung bezüglich des „zu wenig“ an Eigenkapital argumentativ gestützt wird. Womit also läßt sich zeigen, daß höhere Eigenkapitalquoten zu einer Wohlfahrtssteigerung im Pareto-Sinne führt? In der Regel wird die Förderung der Eigenkapitalbildung nicht unter Zuhilfenahme eines allgemein akzeptierten Wohlfahrtskriteriums empfohlen. Eine derartige *ökonomische* Stützung der Politikempfehlung konnte in der Debatte unterbleiben, weil offenbar ein breit akzeptiertes Vorverständnis über den gesamtwirtschaftlichen Einfluß der Finanzierungs*formen* Eigen- bzw. Fremdkapital auf Risikenteilung und allokative Effizienz besteht.

Daß dieses Vorverständnis mikroökonomisch nur schwer rekonstruierbar ist, soll in den folgenden Kapiteln begründet werden. Die Analyse von Finanzierungsformen in einem Marktzusammenhang legt eine unterschiedliche Rolle von Beteiligungs- und Kreditfinanzierung in der volkswirtschaftlichen Risikenallokation nahe, die u.a. auch das aktuelle Thema ‚Venture Capital‘ in einem veränderten Licht erscheinen läßt.

Die Diskussion um die volkswirtschaftliche Kapitalbildung soll aber lediglich als einstimmendes (und das vierte Kapitel abschließendes) Beispiel angeführt werden. Tatsächlich ist die Behandlung von Erscheinungen (wie Finanzierungsformen) nach Maßgabe der direkten Beobachtung ein allgemeines Problem der Theorieentwicklung. Hierzu schreibt Joseph Schumpeter:

---

5 Claussen, C.: „Die Rolle des Kapitalmarktes und der Börse bei der Technologiefinanzierung“, in: Heilmayr, E. (Hrsg.): „Venture Capital“, Berlin 1983: 35-50, hier S. 36. [Hervorhebung JPK]

6 Die steuerliche Benachteiligung wird in der Regel anhand eines Vergleichs von Kapitalrendite und Anleihezins (= Umlaufrendite von Industrieobligationen) ‚bewiesen‘, bei dem etwa seit 1970 der Anleihezins die Kapitalrendite zum Teil beträchtlich dominiert. Vgl. beispielsweise die Darstellung bei v. Bargen, M.: „Zu wenig Kapital in einem Meer von Geld“, in: Die Bank 4/1980: 160-167, hier S. 166. Ein derartiger Nachweis ist nicht überzeugend, weil er *entweder* der Risikoneutralität aller Anleger notwendig bedarf, *oder* die Irrationalität der Bewertung auf den Kapitalmärkten behauptet, und damit das Fortbestehen ungenutzter Arbitragemöglichkeiten. Eine Zusammenfassung dieser üblichen Einschätzung findet sich in dem Bericht der Bundesregierung über die Risikokapitalausstattung der deutschen Wirtschaft, abgedruckt in: Die Bank 2/1984: 93-95.

„Es ist ein Vorurteil, zu glauben, daß die Kenntnis des historischen Werdens einer Institution ... deren ... soziologisches oder ökonomisches Wesen unmittelbar darbietet: Sie ist oft die Basis unseres Verständnisses, mitunter die einzig mögliche, sie mag auch dazu und zu einer theoretischen Formulierung führen, aber sie bedeutet nicht ohne weiteres Verständnis".[7]

1.2 Zur Bedeutung einer kontrakttheoretischen Analyse der Finanzsituation

‚Verständnis' im Schumpeter'schen Sinne impliziert die Fähigkeit, Reaktionsweisen einer Institution auf Änderungen ihrer Rahmenbedingungen vorhersagen und abschätzen zu können. ‚Verstehen' der Institutionen und Märkte einer Volkswirtschaft als Voraussetzung für jede Art wirtschaftlicher Beratung deckt sich mit der Antwort auf Böhm-Bawerks eingangs zitierte Frage nach dem „Warum" der Erscheinungen.

Was unterscheidet eine institutionelle von einer direkten, marktlichen Beziehung? Wie kann es einer durch Regelmäßigkeit gekennzeichneten Veranstaltung, d.h. einer Institution, gelingen zu bestehen, obwohl parallel zu ihr ein funktionsfähiger Markt existiert?

Dieserart grundlegende Fragen sollte eine Theorie der Finanzintermediation ebenso beantworten können, wie solche bankbetrieblichen Charakters:

- Welchen Stellenwert sollten Beteiligungspositionen für eine effiziente Anlagestrategie der Bank haben?
- Wieso bevorzugen Banken empirisch den Kreditvertrag in so außerordentlichem Maße?
- Können Diversifikationsaspekte noch die in der Portfolio-Theorie angenommene Bedeutung haben, wenn das Portefeuille der Bank überwiegend aus Kreditverträgen besteht?
- Welche Rolle für die Gesamtposition der Bank spielen Sicherheiten; kurz- und langfristige Verträge; alternative Informationsrechte?
- Was ist die Beziehung zwischen Krediten und Depositen, d.h. worin liegt die Transformationsleistung des Bankbetriebes begründet?
- Schließlich: Welchen Einfluß auf die Kreditvergabeentscheidung hat die Einführung eines Einlagensicherungsfonds; einer Kreditversicherung; einer Veränderung der Mindestkapitalanforderung oder der Liquiditätsgrundsätze?

---

[7] Schumpeter, J.: „Theorie der wirtschaftlichen Entwicklung", Duncker & Humblot 1952 (1. Auflage 1911), S. 113.

Im Unterschied zu älteren Arbeiten[8] hat sich die theoretische Behandlung der Finanzinstitution in der Literatur der jüngeren Vergangenheit nur in geringem Maße um ‚Verständnis' im Sinne einer funktionalistischen Deutung ihrer Existenz bemüht. Beispielhaft soll die Konzentration auf betriebswirtschaftliche, portfolioökonomische und kapitalmarkttheoretische Aspekte innerhalb der Banktheorie kurz angesprochen werden.

Um eine begriffliche Klärung kreditwirtschaftlicher Aktivitäten hat sich insbesondere die Bankbetriebslehre bemüht[9]. Ein Schwerpunkt ihrer Arbeit liegt in der Bestimmung von Kosten und Erlösen einzelner Bankgeschäfte, so daß die Struktur von Aktiven und Passiven in der Bankbilanz untersucht werden können[10]. Nicht-konstante Skalenerträge, die in der Regel als Prämisse eingeführt werden, sind eine notwendige Bedingung für derartige Überlegungen.

Häufig wird in der bankwirtschaftlichen Literatur zudem von einer Trennung in einen ‚technisch-organisatorischen' und einen ‚liquiditätsmäßig-finanziellen' Bereich ausgegangen. Diese Zwei-Teilung unterstützt (oder: spiegelt wider) die in der neoklassischen Mikroökonomie übliche Aufteilung in einen realen und einen monetären Bereich, wobei letzterer ‚neutral' ist im Hinblick auf die Allokation in der güterwirtschaftlichen Sphäre[11]. Baltensperger fordert deshalb von einer leistungsfähigen Banktheorie: „... the real and the financial aspects of banking should be dealt with in an integrated way."[12]

Insgesamt liegt das Augenmerk der Bankbetriebslehre auf einer beschreibenden Erfassung der Realität, unter Aussparung von Marktbezügen im Sinne eines wettbewerblichen Prozesses[13]. Eine vergleichende Behandlung der direk-

---

8 Auf Anmerkungen zum Thema von den Autoren Knies, Hilferding, Knight und Schumpeter wird weiter unten eingegangen.

9 Vgl. beispielsweise das drei-bändige Standardwerk von Hagenmüller, K.: „Der Bankbetrieb", Band I-III, Gabler Verlag 1976.

10 In diesem Zusammenhang kann beispielsweise auf Lagerhaltungsmodelle zur Bestimmung der optimalen Kassenhaltung, oder auf LP-Modelle zur optimalen Erfüllung der Liquiditätsgrundsätze des KWG verwiesen werden. Für eine zusammenfassende Darstellung, auf die auch im zweiten Kapitel zurückgegriffen wird, vgl. den ausgezeichneten Aufsatz von Baltensperger, E.: „Alternative approaches to the theory of the banking firm", in: Journal of Monetary Economics 6 (1980): 1-37. Der Artikel von Baltensperger enthält eine Fülle von Beobachtungen und Einschätzungen, die auch die vorliegende Arbeit stark beeinflußt haben. Unter anderem hat mich die hohe Qualität dieser Veröffentlichung davon abgehalten, den ursprünglich begonnenen eigenen Überblicksversuch zur banktheoretischen Literatur zu Ende zu führen.

11 Vgl. beispielsweise die einführende Darstellung bei Niehans, J.: „The theory of money", John Hopkin's University Press 1978: Kapitel eins.

12 Baltensperger (1980): 2.

13 Vgl. hierzu etwa die Arbeit von Mülhaupt, L.: „Einführung in die Betriebswirtschaftslehre der Banken", Gabler 1978 (2. Auflage). Differenzierter, aber insgesamt ebenfalls ohne mikroökonomische und daher marktbezogene Fundierung Hein, M.: „Einführung in die Bankbetriebslehre", Vahlen 1981.

ten sowie der vermittelten Finanzbeziehung auf dem Kapitalmarkt, aus der sich die spezifische Marktfunktion der Intermediäre ableiten ließe, ist in der Regel nicht versucht worden.

Daneben brachte in den letzten Jahren die an der Mikroökonomie orientierte Finanzierungstheorie zwar einerseits eine Rückbesinnung auf die marktorientierte Perspektive, bot aber andererseits keinen Anknüpfungspunkt für eine Theorie des Bankbetriebes[14].

Das Ergebnis einer Untersuchung der Finanzinstitution auf effizienten Kapitalmärkten ist im wesentlichen negativ: Die dem Bankbetrieb üblicherweise zugeschriebenen Transformationsleistungen, wie beispielsweise die Risikentransformation, erweisen sich als bedeutungslos; eine Existenzbegründung der Banken läßt sich portfoliotheoretisch nicht erbringen[15]. In Kapitel zwei dieser Arbeit wird die Diskussion über die Rolle von Kreditinstituten auf Kapitalmärkten noch einmal an dem Beispiel eines grundlegenden Aufsatzes von David Pyle nachvollzogen[16]. Die begrenzte Funktion, die im Rahmen der Kapitalmarkttheorie einer Finanzinstitution zuteil werden kann, hat in der Literatur zu einer Konzentration auf reine Dienstleistungsaspekte, insbesondere die Organisation des Zahlungsverkehrs, geführt[17].

Eine gegenläufige Entwicklung innerhalb der Mikroökonomie untersucht in jüngerer Zeit die Struktur unvollkommener Märkte und bietet dabei die Möglichkeit einer gemeinsamen Behandlung von Markt und Institution. Die folgende Ausgangsüberlegung macht sich diese neue ‚Technologie' der Kontrakttheorie zunutze: Jede positiv bewertete Risikenteilung zwischen Akteuren führt mittelbar zu einer negativ bewerteten Anreizverzerrung, *wenn* die Informationsverteilung asymmetrischer Natur ist. Da aber ungleiche Informationsverteilung zu einer erheblichen Annäherung der finanztheoretischen Modelle an die Realität der Kapitalmärkte führt, ist die gleichzeitige Behand-

---

14 Vgl. beispielsweise die Behandlung bei Büschgen, E.: „Bankbetriebslehre", Gabler 1972, insbesondere Abschnitt 4.2. Ein sehr schöner Überblick über entsprechende Entwicklungsabschnitte in der Finanzierungslehre findet sich bei Schmidt, R. H.: „Zur Entwicklung der Finanztheorie", in: Fischer-Winkelmann, W. (Hrsg.): „Paradigmawechsel in der Betriebswirtschaftslehre?", Spardorf (Wilfer) 1983: 464-500, insbesondere S. 464-476.

15 Für die portfolio-theoretische Sichtweise sind im deutsch-sprachigen Raum besonders einflußreich gewesen Arnold, H.: „Risikentransformation", Diss. Saarbrücken 1964; sowie Engels, W.: „Risiko, Rentabilität und Reichtum", J. C. B. Mohr 1969, der eine Integration der Versicherungsleistung als Produktionslehre in die Betriebswirtschaftslehre anstrebt. Eine jüngere Arbeit in dieser Tradition ist Gerke, W.: „Die Rolle der Kapitalbeteiligungsgesellschaften und Kreditinstitute bei der Technologiefinanzierung", in: Heilmayr (1983): 25-34. Für eine frühe Kritik an den auf Risikenallokation konzentrierten Modellen, vgl. Rudolph, B.: „Die Kreditvergabeentscheidung der Banken", Westdeutscher Verlag 1974.

16 Pyle, D.: „On the theory of financial intermediation", in: Journal of Finance 26 (1971): 737-748.

17 Eine besonders klare Präsentation dieser Position findet sich bei Fama, E.: „Banking in the theory of finance", in: Journal of Monetary Economics 6 (1980): 39-57.

lung von Risiko- und Anreizproblem notwendig und sinnvoll. Sie führt – so ist zu hoffen – zu einem erweiterten Funktionsverständnis der Finanzintermediation[18].

Das Grundmuster der Argumentation ist dabei unmittelbar einleuchtend[19]: Bei vollkommenem Kapitalmarkt und symmetrischer Informationsverteilung ist auch unter Unsicherheit eine Unterscheidung zwischen Geld- und Tauschwirtschaft nicht möglich. Alle Verträge zwischen Akteuren, die im Pareto-Sinne zu einer Wohlfahrtssteigerung führen könnten, werden auch geschlossen. Eine intermedierende Institution auf dem Geld- und Kapitalmarkt vermag keine zusätzlichen Wohlfahrtssteigerungen zu induzieren, oder, was das gleiche ist, sie vermag nicht zu existieren.

Eine Situation, bei der allen möglichen Interdependenzen zwischen Akteuren durch explizite Verträge Rechnung getragen werden kann, soll mit dem Begriff der „exogenen Stochastik" bezeichnet werden. Ihre Ersetzung durch die Annahme „endogener Stochastik" erweist sich in dieser Arbeit als hinreichend für den Nachweis einer realen Risikentransformationsfunktion von Finanzintermediären. Dabei ist mit ‚endogener' Stochastik die Abhängigkeit zukünftiger Ereignisse von gegenwärtigen Handlungen gemeint.

Genauere Überlegung zeigt, daß bei asymmetrischer Informationsverteilung das Abschließen von Verträgen erheblich erschwert wird. Eigenschaften oder Leistungen, die nur von einer Partei beobachtet werden, können natürlich nicht Gegenstand eines expliziten Vertrages sein, weil die Vertragserfüllung nicht kontrollierbar wäre[20].

Auf derartige Situationen hat sich die Kontrakttheorie spezialisiert, die Vertragsstrukturen bei Unsicherheit und asymmetrischer Informationsverteilung untersucht. Liegen ungleich verteilte Informationsstände vor, so enthalten Verträge stets eine spieltheoretische, oder strategische, Komponente: Die vom *Vertrag selbst* induzierten Verhaltensänderungen sind schon bei Vertragsschluß zu berücksichtigen. Ziel ist es, Kontrakte im doppelten Sinne „fool-proof" zu gestalten, so daß sie die Eigenschaft der Anreizkompatibilität erfüllen.

---

18 Die erste und umfassende Behandlung des informationsökonomischen Modellrahmens in deutscher Sprache findet sich in Schmidt, R. H.: „Die Rolle von Informationen und Institutionen auf Finanzmärkten", Habilitationsschrift Frankfurt (Main) 1979. Die ideenreiche Studie von Schmidt stellt auch die grundlegenden Fragen, zu deren Beantwortung die vorliegende Arbeit einen kleinen Beitrag leisten will.

19 Für einen problemorientierten Überblick zur Kontrakttheorie, vgl. Crawford, V. und A. Guasch: „The theory of contracts and agency", in: American Journal of Agricultural Economics 65 (1983): 373-379.

20 Als Standardreferenz sei hier Akerlof, G.: „The market for lemons: Quality uncertainty and the market mechanism", in: Quarterly Journal of Economics 84 (1970): 488-500 genannt; siehe auch Fußnote 19.

Die Kompatibilitätsbedingung verursacht allerdings regelmäßig Opportunitätskosten in Form von „weniger-als-optimaler" Risikenteilung.

Im weiteren Verlauf der Arbeit wird sich zeigen, daß Finanzinstitutionen genau an diesem Drehpunkt der Abstimmung von Risikenteilung und Anreizstruktur ihre volkswirtschaftliche Bedeutung erfahren.

Zusammenfassend entspricht die Rekonstruktion der Finanzinstitution[21] einem in seiner Art *dialektischen* Argument. In einem ersten Schritt wird eine übergeordnete Zielvorstellung als Norm angegeben, hier: das Kriterium der Pareto-Effizienz der resultierenden Verhandlungslösung. Dann wird der tatsächlich resultierende Zustand abgeleitet, also: das Verhandlungsoptimum unter der Annahme asymmetrischer Informationsverteilung. Für dieses zweitbeste Optimum läßt sich aber ein *Widerspruch* in Form einer nicht ausgeschöpften Kooperationsrente nachweisen. Folglich ist das zweit-beste Optimum zugleich die Ausgangssituation für eine Umwandlung der bestehenden Wirklichkeit, hier: des institutionsfreien Marktes. Erhöhte Pareto-Effizienz ist erreichbar – so wird weiter unten gezeigt –, wenn die Konstruktion anreizkompatibler Arrangements gelingt.

Im Nachvollzug dieses dialektischen Arguments kann sich ein Verständnis ergeben sowohl für die Triebkräfte, die eine Institutionalisierung ermöglichen, als auch für die Reaktionsmechanik existierender Institutionen im Hinblick auf Änderungen ihrer Rahmenbedingungen[22].

1.3 Vertragstheoretische Aspekte in der älteren Literatur

In der älteren Literatur, die sich mit Bankpolitik und der Rolle von Finanzintermediären auf Kapitalmärkten beschäftigt, sind sowohl Risiko- als auch Informationsprobleme von Bedeutung gewesen. Dabei ist wiederholt auf die funktionsbegründende Rolle von Verhaltensformen und (Kredit-)Vertragsstrukturen hingewiesen worden.

---

21 Zu dem Gedanken der ‚Rekonstruktion als Methode' vgl. Krahnen, J.: „Zur Entwicklung der mikroökonomischen Finanzierungstheorie", Diskussionspapier Berlin 1981 (Diplomarbeit, Frankfurt 1979): 3-8; sowie sehr klar bei Schauenberg, B. und R. H. Schmidt: „Vorarbeiten zu einer Theorie der Unternehmung als Institution", in: Kappler, E. (Hrsg.): „Rekonstruktion der Betriebswirtschaftslehre als ökonomische Theorie", Spardorf (Wilfer) 1983: 247-276. Die Auffassung von Schauenberg / Schmidt „... Institutionen über Marktversagen funktional zu erklären." (S. 271) deckt sich mit der Vorgehensweise der vorliegenden Arbeit.

22 Vgl. zur dialektischen Argumentationsstruktur Taylor, C.: „Hegel", Suhrkamp Verlag 1983: 177-202; sowie das Hegel-Zitat zu Beginn des dritten Kapitels der vorliegenden Arbeit.

So untersucht Frank Knight (1911)[23] die Entstehungsgründe von Unternehmungen und, allgemeiner, von Organisationen in einer stochastischen Umwelt, in der direkte Markttransaktionen ebenfalls denkbar sind. Die Stochastik umfaßt dabei sowohl systematische (‚risk‘) als auch unsystematische (‚uncertainty‘) Komponenten. Zu letzterer gehört auch Moral Hazard (moralisches Risiko), eine Folge asymmetrischer Informationsverteilung. Knight begründet die Entstehung der Firma aus dem Versuch, das grundlegende Organisationsproblem, das sich aus dem hohen unsystematischen Risiko ergibt, zu reduzieren. Unsicherheit und Moral Hazard werden durch das Etablieren regelmäßiger Verfahrensabläufe, wie es für Institutionen typisch ist, vermindert: „The corporation may be said to have solved the organizational problem.“[24]

Moral Hazard wird von ihm als ein durch Einzelabsprachen nicht kontrollbierbarer Zielkonflikt zwischen Kapitalgeber und Investor aufgefaßt, so daß Unternehmungen durch die Konstruktion anreizkompatibler Arrangements einen entscheidenden Vorteil gegenüber dem Markt erringen können: „unification of interest ... reduces moral hazard.“[25]

Knight sucht dann nach Möglichkeiten einer Verhaltenssteuerung des Investors seitens des (außenstehenden) Kapitalgebers:

„Since it is capital which is especially at risk in operations based on opinions and estimates, the form of organization centers around the provisions relating to capital.“[26]

Er gelangt daher auf überzeugende Weise zu einer Funktionsbestimmung der Finanzinstitution: Reduktion von unsystematischem Risiko einschließlich moralischem Risiko durch die Entwicklung angemessener Finanzierungsformen.

Angemessene Finanzierungsform ist für ihn insbesondere „loan at interest“, weil diese Vertragsform ein klar umrissenes Kontrollbedürfnis der Bank begründet. Selbstverständlich ist für Knight dann Eigen- *und* Fremdfinanzierung potentiell riskant: „The distinction between stocks and bonds tends to fade out ...“[27].

Ähnlich wie Knight argumentiert mehr als ein Jahrzehnt früher Rudolf Hilferding[28]. Er betont die Rolle der Bank als Produzent, neben jener des

---

23 Knight, F.: „Risk, uncertainty and profit“, University of Chicago Press 1971 (erstmals 1921).

24 Ebenda, S. 253.

25 Dieses Problem ist auch in der früheren Bank- und Kreditliteratur nicht übersehen worden, wie die ausführliche Erläuterung zum Verhaltensrisiko bei Knies, K.: „Geld und Kredit“, 2. Abteilung, 2. Band, Leipzig 1931: 139 ff. (erstmals 1879) zeigt.

26 Knight (1921): 252.

27 Knight (1921): 301.

28 Hilferding, R.: „Das Finanzkapital“, Europäische Verlagsanstalt 1974 (erstmals 1909).

Mittlers, und weist auf die enge Verbindung der *Form* des Kreditvertrages mit dem *Inhalt* der Kontrollaktivität seitens des Kreditgebers hin. Dabei wird offenbar, daß eine effektive Kontrolle durch den Kreditgeber nur bei Realisation des Hausbankprinzips möglich ist[29]. Das Kontrollinstrument ‚Aufsichtsratsmandat' wird besonders herausgestellt[30].

In die gleiche Richtung zielt die Behandlung der Banken bei Schumpeter[31]. Für ihn erzwingt die Form des Kreditvertrages eine besonders intensive Kontrolle, der in Form der Prolongation die notwendige Sanktionsmöglichkeit beigegeben ist; daher ist die Prolongation eine „... Methode, die Unternehmung und auch die wirtschaftliche Lage periodisch zu prüfen und den Gang der ersteren danach zu *regulieren*. Wirtschaftlich müßte es ... eigentlich ‚Präsentation zur Kontrolle' heißen."[32].

Für Schumpeter ergibt sich die Rolle der Banken in der Volkswirtschaft deshalb „... nicht so sehr und nicht in erster Linie als Zwischenhändler mit der Ware ‚Kaufkraft', sondern vor allem als Produzent dieser Ware."[33]

Gemeinsam ist den zitierten Autoren, daß eine Behandlung der Finanzierungsform ‚Bankkredit' unter Allokationsgesichtspunkten auf dem Kapitalmarkt vorgenommen wird. Ganz selbstverständlich ist daher die Frage nach dem „Wie" der Kreditmarktorganisation verwoben mit der Frage nach dem „Warum" ganz bestimmter institutioneller Formen. Obwohl es die Preistheorie bis vor wenigen Jahren nicht erlaubt hat, die Rolle von Institutionen modellhaft zu behandeln, konnte dennoch das Problem formuliert und auch ansatzweise beantwortet werden.

1.4 Ein Überblick über die folgenden Kapitel

Im anschließenden *zweiten Kapitel* wird die Rolle von Finanzintermediären im Rahmen der üblichen (‚neoklassischen') Kapitalmarkttheorie untersucht[34]. Es läßt sich begründen, daß weder Risiken- noch Fristentransformation durch

---

29 Hilferding (1909): 122.

30 Ebenda, S. 158. Darüber hinaus hat Hilferding eine überraschend klare kapitalmarkttheoretische Argumentationsweise. So wird ohne in Widerspruch zu neuen Lehrbüchern der Finanzierungstheorie zu treten, ein Konzept der Gleichgewichtspreise von Wertpapieren auf Kapitalmärkten entwickelt (S. 141-148): außerdem findet sich im 7. Kapitel eine Trennung von Risiko- und Gewinneinkommen, die durchaus mit der ‚risk-uncertainty' Dichotomie von Knight vergleichbar ist.

31 Schumpeter (1911).

32 Schumpeter (1911): 160. Hervorhebung von JPK.

33 Schumpeter (1911): 110.

34 Vgl. die Darstellung in modernen Lehrbüchern, wie Haley, C. und L. Schall: „The theory of financial decision", McGraw Hill 1979.

Intermediäre eine Leistung darstellen kann, die am vollkommenen Markt entlohnt wird. Ein solches Resultat ist nicht überraschend[35]. Der Stellenwert des ‚Irrelevanz-Nachweises' ist in dieser Arbeit daher ein indirekter: Er soll helfen bei der Suche nach den *sterilen* Elementen in der Sichtweise der Kapitalmarkttheorie, die dafür verantwortlich sind, daß Risikentransformation äquivalent wird zu einer puren Arbitrageoperation.

Als ‚Hauptverantwortliche' wird in dieser Arbeit die Annahme exogener Stochastik gesehen, die in der Literatur häufig über die Prämisse gegebener Investitionen oder gegebener Cash-Flows eingeführt wird[36]. Eine Erweiterung der Kapitalmarkttheorie durch die Einführung endogener Stochastik ist naheliegend. Nimmt die Handlung eines Akteurs A in einer Volkswirtschaft Einfluß auf die Wahrscheinlichkeitsverteilung zukünftiger Renditen und nehmen Verträge zwischen Akteur A und B Einfluß auf die von A später ergriffene Handlung, dann besteht auch eine Interdependenz bezüglich der Vertragsgestaltung zwischen A und B einerseits und der Renditeverteilung andererseits. Die stochastischen Eigenschaften der Renditeverteilung werden in diesem Falle als endogen, d.h. von der Vertragsgestaltung abhängig, bezeichnet. Kapitel zwei endet mit dem Versuch einer Bestimmung des Verhältnisses ‚endogener Stochastik' zu dem für die Beschreibung von Marktunvollkommenheiten häufig herangezogenen Begriff der ‚Transaktionskosten'.

Welche Auswirkungen hat nun die Annahme endogener Stochastik auf die Struktur des Kapitalmarkt-Gleichgewichts? Ist zu vermuten, daß Finanzinstitutionen nach wie vor dem Modigliani-Miller Theorem unterliegen, d.h. keine realen Leistungen in dem zentralen Kredit- und Depositengeschäft erbringen? *Kapitel drei* geht dieser Frage nach und bestimmt die Beziehung zwischen traditioneller Kapitalmarkttheorie und der implizierten volkswirtschaftlichen Risikenteilung. Die Untersuchung liefert einen Bezugspunkt für die weitere Analyse. Bei symmetrischer Informationsverteilung zeigt sich die ausschließliche Relevanz des systematischen (oder Kovarianz-)Risikos für die Marktbewertung und damit für Realentscheidungen in der Volkswirtschaft.

Bei asymmetrischer Informationsverteilung hingegen läßt sich zeigen, daß die resultierende volkswirtschaftliche Risikenteilung *kein* Separationstheorem erlaubt und daher auch nicht ‚first-best' pareto-effizient sein kann. Der Konflikt von Risikenteilung und Anreizeffekt führt dazu, daß das Marktportfolio als Zusammenfassung aller Vermögensgüter einer Volkswirtschaft nicht mehr effizient ist.

---

35 Eine formale Ableitung dieses Resultats findet sich bei Ball, H.: „Bankgeschäfte und Zentralbankpolitik im Lichte der neueren Kapitalmarkttheorie", Campus Verlag 1978.

36 Die Annahme gegebener Investitionen oder Cash-Flows läßt sich als eine „Kernannahme" (im Sinne von Kuhn und Lakatos) der neoklassischen Finanzierungstheorie identifizieren. Vergleiche zur Ableitung Krahnen (1979): 127-130, 145-147 sowie 159-162.

Anhand eines Beispiels kann darüber hinaus begründet werden, daß die idiosynkratische Varianz, d.h. das unsystematische Risiko, bewertungsrelevant wird. Dieses Ergebnis hat erhebliche Konsequenzen für Entscheidungsmodelle in der Finanztheorie – und wird überraschenderweise von empirischen Studien bestätigt, die die traditionelle CAPM-Formulierung zu stützen behaupten[37].

Während Kapitel drei die Auswirkungen asymmetrischer Informationsverteilung auf das Marktgleichgewicht bestimmt, sucht das *vierte Kapitel* nach dem entsprechenden Resultat auf der Ebene der Firma: Was bedeutet ungleiche Informationsverteilung für die Transformationsleistung des Finanzintermediärs? Wir werden uns fast vollständig auf den Aspekt der Risikentransformation konzentrieren, weil sich hier besonders deutlich die Veränderung der Perspektive bemerkbar macht.

Schon weiter oben wurde auf die Bedeutung der Vertragsgestaltung bei endogener Stochastik hingewiesen. Im vierten Kapitel zeigt sich nun, daß die Vertragsalternativen „Beteiligung" und „Darlehen" für einen nicht-informierten Anleger prinzipiell unterschiedliche Auswirkungen auf Risikenteilung *und* Anreizeffekte ausüben. Als Hauptresultat läßt sich zeigen, daß für den reinen Darlehensvertrag (Kreditvertrag) im Unterschied zum Beteiligungsvertrag gilt:

- Er induziert mehr Arbeitsleistung auf seiten des Kreditnehmers und korrigiert damit tendenziell eine bestehende Pareto-Ineffizienz.
- Er induziert „zu viel" Risikobereitschaft des Investors, ein Problem, das selbst dann zum Tragen kommt, wenn der Kreditgeber risikoneutral ist.
- Er (und nur er) erfüllt als Vertragsarrangement die „Wahrheitsbedingung", so daß kein Verifikationsproblem bestehen bleibt.

Insbesondere die dritte Feststellung ist von Bedeutung: Im Gegensatz zum Beteiligungsvertrag gibt es beim Darlehensvertrag kein Mißrepräsentations- oder Betrugsproblem, sofern es ein Konkursrecht gibt: Er ist „Truth-revealing". Unabhängig von dieser Arbeit wurde das Ergebnis auch von Robert Townsend (1982) sowie David Gale und Martin Hellwig (1983) festgestellt[38].

Die sich unmittelbar anschließende Frage nach der Bedeutung der Ergebnisse für die Rolle der Finanzinstitution kann ich nur ‚tastend' beantworten. Naheliegend erscheint, daß Banken die Darlehensform genau deswegen bevor-

---

37 Es erweist sich nämlich, daß unser Resultat eine ‚Anomalie' erklärt, die unter anderen von Black / Jensen / Scholes (1972) beobachtet wurde, aber nicht gedeutet werden konnte. Vgl. Black, F., M. Jensen und M. Scholes: „The capital asset pricing model: Some empirical tests", in: Jensen, M. (Ed.): „Studies in the theory of capital markets", Präger 1972: 79-121, sowie die Kommentierung bei Jensen, M.: „Capital markets: Theory and evidence", in: Bell Journal of Economics 3 (1972); 357-398, hier S. 367 (Fußnote).

38 Townsend, R.: „Optimal multiperiod contracts and the gains from enduring relationships under private information", in: Journal of Political Economy 90 (1982): 1166-1186; sowie Hellwig, M. und D. Gale: „Incentive compatible debt contracts I: The one period problem", London School of Economics, Diskussionspapier 1983.

zugen, *weil* diese Vertragsform Anreizeffekte impliziert, die die konstatierte Pareto-Ineffizienz zumindest teilweise auflöst. Dabei induzieren die Kreditinstitute *auf keinen Fall* risikoärmere Investitionsprojekte, als ohne ihr Eingreifen durchgeführt würden. Dieses Resultat steht im Gegensatz zu der verbreiteten Meinung eines „Risikovermeidungsverhaltens" der Banken. Die abweichende Folgerung ergibt sich, weil wir vorher durchgespielt haben, in welche Richtung eine Welt ohne Intermediation vom volkswirtschaftlichen Optimum abweichen würde. Ein solches Gedankenexperiment ist bei der Diskussion der Risikovermeidungshypothese meines Wissens regelmäßig unterblieben[39].

Mit der Konzentration auf den Aspekt der Risikentransformation wird insbesondere der *intra*temporale Leistungsaspekt der Finanzinstitution behandelt. Nicht zu trennen von der Leistung des Intermediärs ist darüber hinaus der *inter*temporale Aspekt. Dabei deutet sich an, daß mehr-periodige Verträge auf sinnvolle Weise das spezifische Verhaltensrisiko kontrollieren können, welches gerade durch das Abschließen von Kreditverträgen eine besondere Bedeutung erlangt. Zu diesem Aspekt der Fristentransformation können im Rahmen der vorliegenden Arbeit allerdings nur Vorüberlegungen angesprochen werden.

Ein gerade für das Verständnis von Finanzierungsformen und -institutionen wesentlicher Erklärungsfaktor ist durch die Ausgestaltung des Steuersystems gegeben. Der Einfluß des fiskalischen Rahmens auf beispielsweise die relative Vorteilhaftigkeit von Finanzierungsformen wird in der vorliegenden Arbeit nicht untersucht. Steuerliche Überlegungen lassen sich in die folgenden Kapitel integrieren – allerdings nur um den Preis eines erheblichen formalen Mehraufwands.

Neben der „Komplexität" gibt es aber noch einen zweiten Grund für das – zumindest anfängliche – Ausklammern der Besteuerung: Die im ersten Abschnitt dieses Kapitels angesprochene drastische Verschiebung der Kapitalstruktur der Unternehmen in den letzten 25 Jahren hat sich in einem im Großen und Ganzen stabilen fiskalischen Rahmen ergeben. Wir können durch seine Berücksichtigung daher keine wesentliche Erklärung der geschilderten Entwicklung erwarten. Mit anderen Worten: Obwohl der steuerliche Aspekt sicherlich die *absolute* Bedeutung von beispielsweise Eigen- und Fremdkapital berührt, scheint er nur in geringem Maße Erklärungskraft für die Veränderung der *relativen* Bedeutung jener Institutionen zu bieten.

Aus diesem Grunde konzentriert sich die Arbeit auf Risikenteilung und Anreizaspekte von Vertragsstrukturen unter Vernachlässigung der Steuerfrage.

---

39 So kann Jochen Wilhelm zu der erstaunlichen Folgerung gelangen, daß „extreme Risikoaversion für das Phänomen geringer Ausfallwahrscheinlichkeiten im Kreditgeschäft der Banken" verantwortlich sei. Vgl. Wilhelm, J.: „Die Bereitschaft der Banken zur Risikoübernahme im Kreditgeschäft", in: Kredit und Kapital 15 (1982): 575-601, hier S. 590.

2. Kapitel: Zur Rolle von Finanzintermediären bei exogener Stochastik

2.1 Vorbemerkung

„Vollkommene Kapitalmärkte“ sind – wie bereits oben angesprochen – durch ein hohes Maß an Reibungsfreiheit gekennzeichnet. Dementsprechend gibt es sachlich kein Hindernis für eine direkte Kooperation zwischen Sparern und Investoren einer Volkswirtschaft. Die Erreichung des Pareto-Optimums auf der Konsum- und auf der Produktionsseite ist über die direkte Marktbeziehung hinreichend gesichert. Es erscheint unmittelbar einsichtig, daß in einem solchen Modellrahmen kein ökonomisch sinnvoller Raum für das Wirken eines Mittlers oder Intermediärs sein kann. Dennoch hat sich die Literatur, insbesondere im Rahmen der Geldtheorie, um eine Untersuchung der über das Bankensystem gesteuerten Kapitalallokation einer Volkswirtschaft bemüht.[1]

Entsprechend brüsk, besser: unmotiviert ist dann das Erscheinen der Finanzintermediäre in theoretischen Behandlungen des Finanzsystems.

„Schumpeter, who was the first modern economist to relate the banking system explicitly to economic development in a functional sense, . . . , made credit creation by banks one of the pillars of his theoretical schema, but he simply assumed the existence of commercial banks with the ability to create purchasing power, . . . More recently Gurley and Shaw have had a great deal to say about the proliferation of financial intermediaries and their importance for monetary policy in highly developped economies, but even in their work, . . . , the financial institutions themselves are considered to be mere automatons, appearing to supply demand for financial assets mechanically.“[2]

In seiner Studie der Rolle des Bankensystems bei der wirtschaftlichen Entwicklung der (heutigen) Industrieländer, weisen Cameron / Patrick ausführlich auf die formende und aktiv beeinflussende, also nicht-neutrale Rolle des Finanzsystems hin. In der Einleitung heißt es:

„A proliferation of the number and variety of financial institutions and a substantial rise in the ratio of money and other financial assets relative to total

---

1 Einen Überblick über die Behandlung von Finanzintermediation ohne Intermediäre gibt Wood, J.: „Financial intermediaries and monetary control“, in: Journal of Monetary Economics 8 (1981): 145-163.

2 Cameron, R. und H. Patrick: „Introduction“, in: Cameron, R. et al. (Eds.): „Banking in the early stages of industrialization“, Oxford University Press 1967: 1-14, hier S. 7.

output and tangible wealth are apperently universal characteristics of the process of economic development in market-oriented economies."[3]

Darüber hinaus steht außer Zweifel, daß Banken erhebliche Ressourcen aufwenden sowohl für die Auswahl und Kontrolle ihrer Kreditkundschaft, als auch für die Formulierung komplexer Verträge, in denen nicht zuletzt die Zeitstruktur der vereinbarten Aus- und Rückzahlungen festgelegt sind. Das Management von Risiken und Fristen verzehrt reale Ressourcen, und es sollte die erste – positive – Aufgabe einer Banktheorie sein, eine befriedigende Erklärung für dieses beobachtbare Verhalten anzubieten.[4]

In diesem Kapitel soll untersucht werden, in welcher Hinsicht die übliche mikroökonomische Behandlung der Finanzinstitution sozusagen modell-bedingt auf Schwierigkeiten bei der *Erklärung* von Existenz und Wirkungsweise von Kreditinstituten stößt. Um die formale Vorgehensweise in Kapitel drei und vier zu motivieren, sollen die überwiegend informellen Ausführungen in diesem Abschnitt die Begrenztheit einer mikroökonomischen Theoriebildung herausstellen, die sich einer gegebenen Unsicherheitsstruktur, der sogenannten exogenen Stochastik, bedient.

2.2 Überlegungen zur Risiken- und Fristentransformation aus dem Blickwinkel der Kapitalmarkttheorie

Die unmittelbare Verwendung der Portfoliotheorie für ein Modell des Bankbetriebes behandelt die Finanzinstitution als ein „zweiseitiges" Portfolio, so daß Mittelaufnahme und -verwendung gleichzeitig behandelt werden können. In einer einflußreichen Arbeit hat David Pyle die Bedingungen herausgearbeitet, unter denen ein Finanzintermediär einen positiven Aktiva- *und* Passivabestand aufbauen kann.[5] Pyle beansprucht, mit diesem Modell eine Grundlegung der Intermediation auf Kapitalmärkten gegeben zu haben. Anhand seines Modells soll im folgenden gezeigt werden, daß sich die traditionelle Portfoliotheorie nicht eignet, um Intermediation im Sinne einer *qualitativen Transformationsleistung* zu deuten.

---

3 Ebenda, S. 1.

4 Ein darauf aufbauender zweiter Schritt beinhaltet dann die Möglichkeit zu normativer Analyse.

5 Pyle, D.: „On the theory of financial intermediation", in: Journal of Finance 26 (1971): 737-747. Dieser Aufsatz wird oft als grundlegend für eine Theorie des Bankbetriebes angesehen; vgl. Goeppel, H.: „Banken und Versicherungen als Finanzmittler", in: Goeppel, H. und R. Henn (Eds.): „Geld, Banken, Versicherungen", Athenäum 1981: 635-671; Hart, O. und D. Jaffee: „On the application of portfolio theory to financial intermediation", in: Review of Economic Studies 41 (1974): 129-147; Baltensperger, E.: „Alternative approaches to the theory of the banking firm", in: Journal of Monetary Economics 6 (1980): 1-37.

Ausgangspunkt ist die Betrachtung eines Kapitalmarktes, der Anlegern in ihrem Wunsch nach (individuell) optimaler Strukturierung ihres Konsumstroms eine Menge von Anlagealternativen anbietet. Diese Alternativen, genannt „Wertpapiere“, repräsentieren Ansprüche auf in der Regel unsichere Zahlungsströme. Ein solcher Zahlungsstrom kann für riskante Wertpapiere als Dividendenstrom, für sichere Papiere als Kuponstrom gedacht werden. Zur vollständigen Beschreibung einer solchen Zahlungsreihe sollen annahmegemäß[6] zwei Charakteristika ausreichen: zum einen ihr Mittelwert und zum anderen die Variabilität aller Elemente des Zahlungsstroms.

Investoren bewerten Zahlungsströme demnach in Abhängigkeit von zwei Komponenten: Zum einen der zeitlichen Struktur und, zweitens, der Riskanz der Zahlungsreihe.

Für beide Faktoren, „Zeit“ und „Risiko“, erwarten wir, auf funktionsfähigen Märkten je einen Preis zu beobachten; i. e., es gibt einen reinen Zeitpreis, der die Kosten des Transports einer Geldeinheit von einer Periode zur nächsten angibt. Ebenso bildet sich im Gleichgewicht ein Preis pro Einheit Risiko (Variabilität der Projekterträge), der den Preis für die Übernahme einer Einheit Risiko angibt. Die Investoren bewerten nun die unsicheren zukünftigen Zahlungsströme mit Hilfe einer Kombination beider Preiskomponenten[7].

Nun sei angenommen, daß ein Finanzintermediär in Erscheinung tritt. Auch bei Pyle, dessen Modell im folgenden untersucht werden soll, gleicht das „In-Erscheinung-Treten“ einer Art „magical appearance“[8].

Wie alle übrigen Akteure wird der Finanzintermediär gedacht als ein rationaler Maximierer des erwarteten Nutzens des Einkommens, wobei seine Nutzenfunktion streng konkav in der Einkommensgröße sein soll.

Diese allgemein übliche Charakterisierung des Entscheidungsverhaltens eines Akteurs impliziert, daß (1) der Grenznutzen des Einkommens stets positiv ist, und daß (2) dieser Grenznutzen mit steigendem Einkommen abnimmt. Da es

6 Es läßt sich zeigen, daß die ausschließliche Beachtung von Mittelwert und Varianz der Rendite eines Projekts dann für die hergeleiteten Marktergebnisse ausreichend ist, wenn entweder alle Projektrenditen einzeln und gemeinsam normalverteilt sind, oder wenn die Nutzenfunktionen aller Individuen der Hara-Familie (beispielsweise quadratisch) angehören. Vgl. für eine Diskussion dieser Annahmen Feldstein, M.: „Mean-variance analysis in the theory of liquidity preference and portfolio selection“, Review of Economic Studies 36 (1969): 5-12; Borch, K.: „A note on uncertainty and indifference curves“, Review of Economic Studies 36 (1969): 1-5; Tsiang, S.: „The rationale for the mean-standard deviation analysis, skewness preferences and the demand for money“, American Economic Review 62 (1972): 354-371; Borch, K.: „The rationale for the mean-standard deviation analysis: Comment“, American Economic Review 64 (1974): 428-430.

7 Im einzelnen findet sich eine Darstellung bei Fama, E.: „Risk, return, and equilibrium“, in: Journal of Political Economy 79 (1971): 30-55; vergleiche auch das folgende Kapitel drei, wo eine allgemeine Darstellung versucht wird.

8 Wood (1981): 146 f. illustriert diesen Punkt.

sich hier um riskante Prospekte handelt, ist (1) und (2) äquivalent mit der Annahme eines risikoscheuen Verhaltens seitens des Intermediärs[9].

Um die Argumentation einfach zu halten, sollen dem Finanzintermediär lediglich drei Finanzgüter zur Auswahl stehen. Er kann Einlagen (gekennzeichnet mit einem *D*) hereinnehmen und die aufgenommenen Gelder entweder in risikotragende Kredite (*K*) oder in risikolose Anleihen (*B*) investieren. Die Entscheidung über die optimale Aktivastruktur (i. e. das für den Intermediär vorteilhafteste Mischungsverhältnis von Anleihen und Krediten) wird als Portfolioentscheidung bezeichnet. Ohne weitere Qualifikation wird unter Intermediation eingangs die gleichzeitige Etablierung einer positiven Depositen- und Portfolioposition verstanden. Ein Finanzintermediär ist daher eine Unternehmung, die simultan Depositen aufnimmt und die dadurch gewonnenen Gelder in zinstragende Aktiva investiert. An dieser Stelle interessiert natürlich die Frage nach Entstehung und dauerhaftem Bestand eines Intermediärs. Insbesondere ist zu klären:

(a) die Bedeutung von Renditedifferenzen zwischen Aktiv- und Passivseite, d. h. der Einfluß der Zinsspanne;

(b) die Bedeutung der Korrelation zwischen den einzelnen Renditen, d. h. die Rolle der Kovariabilität von Depositen und Krediten. Diese Kovariabilität ergibt sich aus der Riskanz der Position „Kredit", da sich deren Variabilität auf den erwarteten Zahlungsstrom der Einlagenseite überträgt. Die Position der Depositen ist selber riskant, sofern ein Teil der Aktivseite in Darlehen investiert ist;

(c) die Bedeutung der Variabilität von Einzelrenditen der im Portfolio enthaltenen Papiere.

Unter der bereits oben angesprochenen Annahme, daß Mittelwert und Varianz tatsächlich in ausreichender Weise die Ertragsströme auf alle drei Positionen (*B*, *K* und *D*) charakterisieren, wird nun nach Antworten auf die Fragen (a) bis (c) gesucht, um auf diese Weise *notwendige Bedingungen* für das Auftreten von Finanzintermediären herzuleiten. Daran anschließend soll untersucht werden, ob die gefundenen Bedingungen auch hinreichend sind.

Wie also lassen sich die optimalen Anlageproportionen der Bank bestimmen? Im folgenden steht α_D, α_K und α_B für den in Depositen, Kredite und Anleihen investierten Vermögensbruchteil. Da die Bilanz der Bank lediglich aus Depositen, Krediten und risikolosen Anleihen besteht, gilt als eine bindende Beschränkung für den Intermediär, daß

---

9 Auf eine Diskussion der Zielfunktion einer Unternehmung soll an dieser Stelle verzichtet werden. Eine laufende Arbeit zu diesem Thema zeigt aber, daß die übliche Annahme der Risikoneutralität seitens der Firmenleitung, i.e. der Maximierung des erwarteten Gewinns, weder bei symmetrischer, noch bei asymmetrischer Informationsverteilung angemessen ist. Vgl. hierzu auch Krahnen (1983): 67-75.

(1) $$\alpha_K + \alpha_D + \alpha_B = 0$$

Die vom Intermediär verfolgte Zielfunktion Z ist definiert über den Mittelwert $E(R_P)$ und die Standardabweichung der Portfoliorendite σ_P,

(2) $$\mu_P = \alpha_B R^* + \alpha_K \bar{R}_K + \alpha_D \bar{R}_D \ ,$$

wobei R^*, $\bar{R}_K$ und $\bar{R}_D$ für den risikolosen Zins respektive für die erwartete Rendite auf Kredite und Darlehn stehen;

(3) $$\sigma_P = [\alpha_B^2 \sigma_B^2 + \alpha_K^2 \sigma_K^2 + \alpha_D^2 \sigma_D^2 + 2\alpha_B \alpha_K \sigma_{BK} + 2\alpha_B \alpha_D \sigma_{BD} + 2\alpha_K \alpha_D \sigma_{KD}]^{1/2}$$

Unter Verwendung der Bilanzidentität (1) sowie des deterministischen Charakters von B $(\sigma_{BK} = \sigma_{BD} = \sigma_B^2 = 0)$ lassen sich (2) und (3) vereinfachen.

Das Optimierungsprogramm des Intermediärs lautet dann:

Maximiere über dem Vektor (α) den Erwartungswert der Funktion

(4) $$Z\,[\mu_P, \sigma_P] \ ,$$

wobei

(5) $$\mu_P = (-\alpha_K - \alpha_D)\, R^* + \alpha_K \bar{R}_K + \alpha_D \bar{R}_D$$

und

(6) $$\sigma_P = [\alpha_K^2 \sigma_k^2 + \alpha_D^2 \sigma_D^2 + 2\alpha_K \alpha_D \rho_{KD} \sigma_K \sigma_D]^{1/2}$$

Maximierung der Zielfunktion des Intermediärs erfordert die Bestimmung derjenigen Portfoliostruktur $\{\alpha^*\}$, die eine weitere Steigerung von $E(Z)$, dem Erwartungsnutzen des Finanzintermediärs, durch Umschichtung des Portfolios unmöglich macht. Erfüllt wird diese Anforderung genau dann, wenn die erste Ableitung von $E(Z)$ nach jedem einzelnen Portfolioanteil gerade Null wird[10].

Im Anhang A (Seite 136-139) werden die Werte für α_K und α_D hergeleitet, und das Ergebnis wird dort weiter diskutiert. Dabei zeigt sich, daß die Korrelation zwischen Kredit- und Depositenrendite eine entscheidende Rolle

---

10 Zusätzlich wird die Erfüllung der Bedingung zweiter Ordnung gefordert, um eine Verwechslung von Maximum und Minimum auszuschließen. Diese Bedingung wird im vorliegenden Programm als erfüllt angenommen.

spielt: Als notwendige und hinreichende Bedingung für das Auftreten von Intermediation ergibt sich[11]

$$(7) \qquad \frac{(\bar{R}_K - R^*)\,\sigma_D}{(\bar{R}_D - R^*)\,\sigma_K} > \frac{1}{\rho_{KD}}$$

Bedingung (7) legt nahe, daß das Auftreten von Intermediation um so wahrscheinlicher ist,

(i) je näher ρ_{KD} seinem Maximalwert plus eins ist, d. h., je kleiner die rechte Seite von (7) ist;

(ii) je größer die Standardabweichung der Depositen, und je kleiner die Standardabweichung der Kredite ist;

(iii) je höher die Risikoprämie $(\bar{R}_K - R^*)$ und je niedriger die Prämie $(\bar{R}_D - R^*)$ ist.

Aussagen (i) bis (iii) veranschaulichen die Interpretationsprobleme des Ergebnisses: Intermediation ist nach (ii) beispielsweise um so wahrscheinlicher, je ausgeprägter eine Tendenz zur negativen Risikentransformation vorliegt, d. h., je mehr die Standardabweichung der Kredite von jener der Depositen dominiert wird. Schon bei dieser Folgerung ist zu vermuten, daß Pyles Portfolio-Modell im Grundsätzlichen nichts mit realer Intermediation zu tun hat, wie sie üblicherweise als Leistung von Bankbetrieben verstanden wird.

Der wichtigste Einwand gegen die Verwendung der Portfoliotheorie zur Beschreibung von Intermediation liegt bei einer Betrachtung von Gleichung (7) auf der Hand: Ganz offensichtlich wird die von Pyle gemessene Leistung bezüglich der Risiken in Varianz-Einheiten gemessen. Von diesem Risikomaß wissen wir aber – und ein formaler Nachweis wird im 3. Kapitel erbracht –, daß es auf funktionsfähigen Kapitalmärkten *nur* für effiziente Portfolios angewendet werden kann.

Im Anhang A kann aber gezeigt werden, daß für Pyles Intermediär nicht *beide* Bilanzseiten effiziente Portefeuilles sein können (weil dann der Korrelationskoeffizient zwischen Kredit- und Depositenrendite den unerlaubten Wert (+ 1) annehmen würde). Die Problematik der Argumentation von Pyle – und generell der partialanalytischen Bankmodelle – liegt daher in der *Abstraktion von Marktbeziehungen* des Intermediärs, d. h. die Finanzinstitution ebenso wie das Publikum wird als nicht integriert in den Kapitalmarkt gedacht. Aus der neoklassischen Finanzierungstheorie ist aber bekannt[12], daß eine ent-

---

11 Umformung von Gleichung (A-11) in Anhang A; vergleiche auch Pyle (1971): 45 f.

12 Diese Überlegung wird anhand eines Beispiels sehr schön zusammengefaßt bei Schneider, D.: „Kapitalanlagevorschriften und Verbraucherschutz", in: Zeitschrift für betriebswirtschaftliche Forschung, Sonderheft zur Anlageplanung, 16 (1983): 5-30.

scheidungsorientierte Behandlung von Portfolio-Problemen gerade diese Unterlassung nicht begehen darf.

Im Verlauf der mikroökonomischen Analyse wird dann vergessen, daß eine ökonomische Theorie unter anderem erklären muß, unter welchen Bedingungen eine Institution *trotz* der Wirkung von Marktkräften ihrer Existenz Dauerhaftigkeit verleihen kann[13].

Im folgenden wird das Intermediationsmodell von Pyle eingebunden in eine Marktbewertungstheorie unter Unsicherheit. Es wird dabei deutlich, daß die Berücksichtigung der Marktbewertung das obige Ergebnis wertlos macht. Insbesondere kann gezeigt werden, daß Pyles Modell eben nicht „... a framework for additional research in financial intermediation ..."[14] darstellen kann, sondern daß er tatsächlich ein ganz anderes ökonomisches Phänomen beschrieben hat: die Arbitrage sowie die Bedingungen ihres Auftretens.

Eine Berücksichtigung des Kapitalmarktes führt für die Marktbewertung zu einer Konzentration auf das systematische Risiko[15], d. h. auf die Kovarianz mit dem Gesamtmarkt. Hierfür wird im folgenden ebenso wie in Anhang B das normierte Maß β (Beta) verwendet.

Das Entscheidungsproblem des Intermediärs lautet dann auf

$$\max E \left\{U(\mu_P, \beta_P)\right\}, \tag{8}$$

wobei μ_P für die Ertragserwartung des Portfolios und β_P für das systematische, i. e. in den Augen der Anleger relevante Risiko, steht.

Dabei sind

$$\mu_P = \alpha_B R^* + \alpha_K \bar{R}_K + \alpha_D \bar{R}_D$$

$$\beta_P = \alpha_K \beta_K + \alpha_D \beta_D ,$$

denn die Anleihen B sollen annahmegemäß risikofrei sein.

Maximierung des Erwartungsnutzens im Hinblick auf α_K und α_D ergibt

$$\frac{\partial E(Z)}{\partial \alpha_K} = \frac{\partial E(Z)}{\partial \mu_P}(\bar{R}_K - R^*) + \frac{\partial E(Z)}{\partial \beta_P}\beta_K = 0$$

---

13 In einem Entwurf zu seinem (1971) Aufsatz hatte Pyle noch vermerkt: Die Annahme vollkommener Märkte „... casts doubt on the need for financial intermediaries". Diese Folgerung fehlt in der veröffentlichten Fassung; vergleiche Pringle (1974): 71, Fußnote 6.

14 Vgl. Pyle (1971): 746.

15 Eine Herleitung aus dem sogenannten ‚Marktmodell' findet sich in Anhang B; vgl. zudem Fama, E.: „Foundations of Finance", Basic Books 1976: Kapitel drei.

$$\frac{\partial E(Z)}{\partial \alpha_D} = \frac{\partial E(Z)}{\partial \mu_P}(\bar{R}_D - R^*) + \frac{\partial E(Z)}{\partial \beta_P}\beta_D = 0$$

Zusammengenommen

(9) $$(\bar{R}_D - R^*)/\beta_D = (\bar{R}_K - R^*)/\beta_K$$

Die Bedingungung (9) besagt, daß für den optimalen α-Vektor die Angleichung der Risikoprämie pro Risikoeinheit gelten soll. Diese Angleichung der Risikoprämien gilt auf einem arbitragefreien Markt aber für jedes Vermögensgut.

Dies ist leicht zu ersehen aus der Standard-Bewertungsgleichung des CAPM

(10) $$\bar{R}_i = R^* + \beta_i(\bar{R}_m - R^*).$$

Eine Umstellung von (10) ergibt für (9) die im Gleichgewicht erwartete Risikoprämie pro übernommener Einheit systematischen Risikos, $(\bar{R}_m - R^*)$.

Für den Finanzintermediär mit den drei Gütern K, D und B ergibt sich dann die Renditeerwartung

(11) $$E(\tilde{R}_I) = R^* + \lambda \operatorname{cov}(R_I, R_m)$$

wobei

$$\tilde{R}_I = \alpha_K \tilde{R}_K + \alpha_D \tilde{R}_D + (-\alpha_K - \alpha_D) R^*$$

und

$$\lambda = (\bar{R}_m - R^*)/\operatorname{var}(\tilde{R}_m)$$

Erwartungswertbildung und Berücksichtigung von (10) erbringt

(12) $$E(\tilde{R}_I) = (\alpha_K \beta_K + \alpha_D \beta_D)(\bar{R}_m - R^*)$$

so daß der Intermediär im Gleichgewicht genau die marktübliche Verzinsung auf eine Linearkombination riskanter Optionen erhält. Für den Fall $\alpha_B = 0$ i.e. bei Vernachlässigung der Kassenhaltung zeigt (12), daß die Renditeerwartung nur dann positiv sein kann, wenn das systematische Risiko der Aktivseite sich unterscheidet von demjenigen der Passivseite.

Die Ungleichheit der respektiven Kovarianzen setzt aber voraus, daß der Intermediär *entweder* eine vom Markt nicht grundsätzlich substituierbare Transformationsleistung erbringt, *oder* eine Arbitragemöglichkeit ausnutzt, d.h. eine kurzfristige Ungleichgewichtssituation auf dem Markt für Vermögensgüter wahrnimmt.

Für die erste Möglichkeit – das Erbringen von qualitativen Transformationsleistungen – fehlt speziell im Pyle-Modell und ganz allgemein in den Portfolio-Modellen des Bankbetriebs jede Voraussetzung, da der Prozeß der qualitativen Transformation (i. e. Veränderung von beispielsweise Mittelwert und Kovarianz einer Option) gar nicht diskutiert wird. Daher bleibt als sinnvolle Interpretation nur der zweite Erklärungsversuch, die Arbitrage.

Um die Beziehung zur Arbitrage deutlich zu erkennen, sei daran erinnert, daß Pyles Intermediär keiner Nettoinvestition bedarf[16], i. e.

$$\Sigma_i \, \alpha_i = 0 \tag{13}$$

Die Lösung des Modells (A-9 und A-10 im Anhang) gibt lediglich die optimale Aktivastruktur, nicht aber die korrespondierende Firmengröße bzw. das Bilanzvolumen vor. Folglich kann unter Beachtung der optimalen Kredit-Depositen Struktur das Bilanzvolumen ausgedehnt werden, bis die Gesamtposition risikofrei ist.

$$\Sigma_i \, \Sigma_j \, \alpha_i \, \alpha_j \, \sigma_{ij} = 0 \tag{14}$$

Dies kann durch Emission von Depositen geschehen, die je nach Bedarf positiv oder negativ mit dem Gesamtmarkt korrelieren.

Welche Renditeerwartung ist mit einer durch (13) und (14) beschriebenen Position im Gleichgewicht verbunden? Angenommen, $\Sigma_i \alpha_i \bar{R}_i$, die erwartete Rendite, sei positiv. Dann böte die einfache Aufblähung der nun gefundenen Bilanzstruktur eine risikolose Gewinnchance, die mit einem Kapitaleinsatz von Null verbunden wäre. Da eine solche Arbitragesituation unvereinbar ist mit dem Konzept eines Marktgleichgewichts, muß gelten

$$\Sigma_i \, \alpha_i \, \bar{R}_i = 0 \tag{15}$$

oder: Die erwartete Nettorendite des Intermediärs unter der Annahme eines reibungsfrei funktionierenden Kapitalmarktes ist gerade Null.

Im Marktzusammenhang ergibt sich daher für den Intermediär eine äußerst beschränkte Rolle:

(i) Die ökonomische Funktion des Finanzintermediärs kann einzig im interlokalen oder intertemporalen Preisausgleich bestehen. Der Intermediär als Arbitrageur ist daher eine nur im temporalen Ungleichgewicht lebensfähige Institution; seine Existenz ist im Marktgleichgewicht nicht gesichert.

---

16 Ross, S.: „Return, risk and arbitrage", in: Friend, I. und J. Bicksler (Eds.): „Risk and return in finance", Ballinger 1976, S. 189-218, insbesondere S. 197. Die „Arbitrage-Leistung" des Pyle-Intermediärs wird auch angesprochen von Baltensperger (1980): 26 f.

(ii) Ein Modell des Intermediärs als Veranstaltung für den effizienten Preisausgleich bietet daher keinen Zugang zu den spezifisch institutionellen Merkmalen seiner Leistungserstellung.

Ingesamt erscheint der Erklärungsgehalt des portfoliotheoretischen Ansatzes unbefriedigend. Insbesondere zwingt er dazu, die ökonomische Funktion von Bankbetrieben *außerhalb* des Allokationsprozesses von Spar- und Investivkapital, und damit *außerhalb* des Kreditvergabeprozesses zu suchen. Bevor die Leistungsfähigkeit der Kapitalmarkttheorie für eine Theorie der Finanzinstitution zusammenfassend beurteilt werden kann, ist auch die Rolle der Fristentransformation auf reibungsfreien Märkten zu bestimmen.

Auf einem Kapitalmarkt mit gegebenen stochastischen Eigenschaften und keinerlei Zugangsbeschränkung oder Reibungsflächen kann mit der Zusammenstellung eines Portfolios keine dauerhafte Aufwandsdeckung verbunden sein. Wie steht es dann mit der zweiten wesentlichen Bankfunktion nach traditioneller Auffassung, der Fristentransformation? Durch Fristentransformation wird der Liquiditätsgrad oder die Geldnähe eines Vermögenstitels erhöht: Banken transformieren beispielsweise langfristige Investitionen in kurzfristige Spareinlagen. Die Einleger bewerten aber Titel bei gleicher Renditeerwartung und -streuung um so höher, je höher der Liquiditätsgrad ist. Die Transformationsleistung des Intermediärs ist daher – so die übliche Argumentation[17] – eine am Kapitalmarkt entlohnte Leistung, die der Intermediär zur Deckung seiner Kosten erheben kann. Gilt diese Aussage auch auf effizienten Kapitalmärkten, oder mit anderen Worten, ist auch auf effizienten Kapitalmärkten die Liquidität eine knappe Gutseigenschaft?[18]

Um die isolierte Auseinandersetzung mit der Fristentransformation einzuhalten, wird zuerst begründet, (i) wieso bei steigender Markteffizienz die zu erwartenden Vermögensverluste aufgrund einer kurzfristigen Liquidierung stetig kleiner werden. Da sich diese Verluste auf den jeweiligen Kassapreis des Aktivums beziehen, ist daran anschließend zu klären, (ii) inwieweit der Kassapreis selber eine Funktion der Transformationstiefe ist. Die Existenz eines Finanzintermediärs aufgrund erbrachter Transformationsleistung ist nur dann gewährleistet, wenn auf mindestens einer der beiden Ebenen – Liquidierungsdisagio oder Kassapreis – der Intermediär eine von Einzelanlegern nicht zu substituierende Position aufbauen kann.

---

17 Vgl. Engels, W.: „Rentabilität, Risiko und Reichtum", J. C. B. Mohr Verlag (Tübingen) 1969: 58-72, sowie Campbell, T.: „Financial institutions, markets and economic activity", McGraw Hill 1982: 194-223 und 250 f.; Goldsmith, A.: „On the definition and measurement of bank output", Journal of Banking and Finance 5 (1981): 575-585.

18 Der folgende Abschnitt versucht keinen formalen Nachweis der Irrelevanz der Fristentransformation. Hierzu bedarf es eines mehr-periodigen Portfolio-Modells, wie es zur Behandlung der gleichen Frage etwa bei Ball (1978): 139-144 verwendet wird.

(i) Eine Untersuchung der „Geldnähe“ längerfristiger Forderungstitel macht deren Abhängigkeit von der Entwicklung des Kapitalmarktes deutlich[19].

In der Literatur hat sich das Bild des Bankbetriebes im Zeitablauf geändert und entwickelte sich von einem isolierten Finanzmakler über einen Finanzfonds zu einer in den Kapitalmarkt integrierten Institution.

Für den Intermediär als reinem Vermittler oder Makler zwischen Vertragsparteien (d. h. ohne Erbringung einer qualitativen Umformung) deckt sich der Liquiditätsbegriff mit jenem der Zahlungsfähigkeit. Einzelne Verträge auf der Aktiv- und entsprechend auf der Passivseite werden voneinander getrennt betrachtet. Erhaltung der Zahlungsfähigkeit verlangt in dieser Betrachtungsweise lediglich die Beachtung der Fristenkongruenz zwischen einander zugeordneten Bilanzpositionen.

Wird die Bankunternehmung als Finanzfonds betrachtet, so verlieren Finanzmittel, die bei einer Bank angelegt werden, ihre Identität. Aktiv- und Passivseite der Bilanz lassen sich dann separieren (auch dies eine Art von „Separationstheorem“). Für die Beurteilung der Zahlungsfähigkeit eines solchen Fonds ist dann nicht mehr die je individuelle Vertragslänge ausschlaggebend, sondern lediglich der Saldo aller Ein- und Auszahlungen zu jedem Zeitpunkt. Die Konzentration auf faktische anstelle von fiktiven Zahlungsströmen führt zu einer Orientierung der Bankpolitik an den empirischen Eigenschaften des Gesamtfonds (Finanzmittelbestandes) der Bank. Die vielfältigen Beziehungen zwischen den Zahlungsströmen unterhalb einer vollständigen Korrelation (Kompensation ein- und ausfließender Zahlungen, faktische Verlängerung der vereinbarten Geld-Überlassungsdauer, Vertragsabschluß mit überlappenden Zahlungen usw.) führen zu einer dauernden Verfügbarkeit eines ‚Bodensatzes‘. Dieser Bodensatz kann langfristig verwandt werden, ohne daß die Zahlungsfähigkeit der Finanzinstitution darunter leidet.

Beide Konzepte – die Bank als Makler oder als Fonds – setzen eine partielle und damit isolierte Betrachtungsweise des Bankbetriebes voraus. Geht man nun – und dies stellt sich auch in der historischen Entwicklung als die dritte Stufe dar – von der Entwicklung eines Marktes aus, auf dem Wertpapiere (und allgemein: Forderungen) jederzeit veräußerbar sind, dann ist eine partielle Behandlung der Liquidität einzelner Darlehensverträge oder gar eines gesamten Finanzinstituts nicht mehr sinnvoll möglich. Statt dessen ist nun jedes Bankunternehmen integriert in ein Netz weiterer Finanzintermediäre, und hierdurch auch in den Kapitalmarkt. Der Liquiditätsgehalt einer Position ist nun unab-

[19] Siehe zu diesem Argument auch in größerer Ausführlichkeit Engels, W.: „Bankensolvenztheorien und die Praxis der Bankenaufsicht“, in: „Die Banken im Spannungsfeld von Notenbank und Bankenaufsicht“, Beiheft zum Bankhistorischen Archiv, Frankfurt 1978: 23-31; Hein (1981): 125-131; sowie Stützel, W.: „Ist die Goldene Bankregel eine Richtschnur für die Geschäftspolitik der Kreditinstitute?“, in: Vorträge für Sparkassenprüfer, Stuttgart 1960: 34-51, abgedruckt in Deppe, H. (Hrsg.): „Texte zur wissenschaftlichen Bankbetriebslehre II“, Göttingen 1981.

hängig von der vereinbarten Vertragslänge auf Aktiv- und Passivseite, und wird einzig von dem Marktwert der Aktiven bestimmt.

Ein Aktivum ist dann um so liquider, je geringer der bei einer Abtretung in Kauf zu nehmende Vermögensverlust ausfällt. Auf einem effizienten Kapitalmarkt bei exogener Stochastik (und ein solcher wurde im ersten Teil des Kapitels angenommen) ist dieser Wertverlust durch kurzfristige Eigentumsübertragung aber stets gleich Null, weil ja annahmegemäß der Barwert einer Option zu jedem Zeitpunkt (d. h. deren Kassapreis) unabhängig davin ist, welche Identität der Gläubiger hat.

Damit ist der erste Teil des Arguments geklärt: Parallel zur Entwicklung des Kapitalmarktes vollzieht sich die Verkleinerung des Liquidierungsdisagios bis zu deren Verschwinden im Grenzfall des effizienten Kapitalmarktes[20].

(ii) Bleibt zu untersuchen, inwieweit das Vornehmen einer Fristentransformation gegebenenfalls die jeweilige Höhe des Kassapreises beeinflussen kann. Auf dem hier betrachteten effizienten Kapitalmarkt bei exogener Stochastik werden regelmäßig drei Risikoarten unterschieden, die den Barwert eines Bankaktivums zu beeinflussen vermögen[21]:

- das Risiko eines Forderungsausfalls;
- das Risiko einer Zinsänderung;
- das Risiko der rechtzeitigen Anschlußfinanzierung.

Dem zuerst genannten Ausfallrisiko haben wir uns bereits weiter oben ausführlich gewidmet, so daß hier das Ergebnis einfach übernommen werden kann: auf einem effizienten und durch exogene Stochastik gekennzeichneten Kapitalmarkt spielt lediglich das systematische Risiko der Option eine Rolle für die Marktbewertung. Dies gilt unabhängig von dem realisierten Portfolio der Finanzunternehmung, weil die Einleger durch eigene Portfoliomischung alle unsystematischen Risiken eliminieren können. Mit anderen Worten, der Effekt des Ausfallrisikos auf den Kassapreis ist unabhängig von der Portfolio-Struktur des Intermediärs.

Die nämliche Aussage gilt für das Zinsänderungsrisiko, was intuitiv nicht unmittelbar einsichtig ist. Die Begründung setzt bei der Tatsache an, daß es stets möglich ist, eine gegebene Menge von Ansprüchen mit unterschiedlichen Laufzeiten (Selbstliquidationsperioden) so zu strukturieren, daß das Zinsänderungsrisiko in bezug auf den individuellen Planungshorizont (Verwendungszeitpunkt) gerade Null wird. Die unter dem Titel „Strategie der Selbstliquidations-

20 Den drei idealtypischen Entwicklungsstufen Finanzmakler (i), Finanzfonds (ii) sowie Intermediär auf einem effizienten Kapitalmarkt (iii) entsprechen in der Bankbetriebslehre die drei Handlungsmaximen der Goldenen Bankregel, der Bodensatzregel und der Maximalbelastungsregel. Vgl. die in Fußnote 19 genannte Literatur.

21 Siehe Hein (1981): 126 f.

periode" (Bindungsdauer)[22] in Deutschland bekanntgewordene Handlungsweise verlangt eine Portfoliostrukturierung dergestalt, daß der zeitliche Einzahlungsschwerpunkt mit dem Planungshorizont übereinstimmt.

Für den einfachen Fall einer flachen Zinsertragskurve ist der Kapitalwert einer Zahlungsreiche $\{X_t\}$ am Zeitpunkt T, G_T gleich

$$G_T = \sum_{t=1}^{\infty} X_t (1+r)^{T-t} = (1+r)^T \sum_{t=1}^{\infty} X_t (1+r)^{-t} \tag{16}$$

Differenzierung von G_T nach r, dem Zinssatz, gibt die Sensitivität des Kapitalwertes bezüglich einer Zinsänderung an. Nullsetzen der ersten Abteilung erzwingt die Immunität der Zahlungsreihe gegenüber Zinsänderungen, vorausgesetzt, T entspricht dem gewünschten Planungshorizont oder Verwendungszeitpunkt des Akteurs. Die beschriebenen Operationen ergeben

$$T = \frac{\Sigma_t X_t \, t \, (1+r)^{-t}}{\Sigma_t X_t (1+r)^{-t}} \tag{17)}$$

Der gewonnene Ausdruck für T wird als „Duration" oder „durchschnittliche Selbstliquidationsperiode" bezeichnet.

Eine wichtige Eigenschaft des Einzahlungszentrums zeigt sich bei Inspektion von Gleichung (17): die durchschnittliche Selbstliquidationsperiode ist additiv in ihren Komponenten. Dadurch sind die Einzahlungszentren zweier zusammengefaßter Zahlungsströme (Portfolios) das gewichtete Mittel ihrer jeweiligen durchschnittlichen Selbstliquidationsperioden. Unter den hier vorausgesetzten Marktbedingungen kann daher jeder Anleger unabhängig von der Portfoliostruktur des Intermediärs unter Einbeziehung seiner sonstigen bankfremden Vermögenstitel eine individuelle Gesamtposition zusammenstellen, für welche die Identität von Einzahlungszentrum und Planungshorizont gerade erfüllt ist. Es kann daher davon ausgegangen werden, daß auf dem effizienten und durch exogene Stochastik gekennzeichneten Kapitalmarkt weder die Etablierung, noch die Vernichtung eines Zinsänderungsrisikos durch die Finanzinstitution einen Einfluß auf die Marktbewertung haben kann.

Bleibt, drittens, das Risiko der Anschlußfinanzierung. Für einen Intermediär als Bank liegt dieses Problem in der Unsicherheit begründet, ob ein unmittelbarer Finanzierungsersatz für einen abgewanderten Gläubiger gefunden werden kann. Ein Risiko ist damit natürlich nur bei dem Vorliegen positiver Fristentransformation verbunden.

---

22 Vgl. Rudolph, B.: „Zinsänderungsrisiko und die Strategie der durchschnittlichen Selbstliquidationsperiode", Kredit und Kapital 12 (1979): 181-206, sowie insbesondere Bierwag, G., G. Kaufmann und A. Toews: „Single factor duration models in a discrete general equilibrium framework", Journal of Finance 37 (1982): 325-338.

Auf effizienten Märkten ohne Zugangsbarrieren erwarten wir aber, daß aus der Sicht jedes Akteurs die Angebots- bzw. Nachfragefunktion für Finanzkapital horizontal ist. Dementsprechend existiert kein Risiko der Anschlußfinanzierung unter den gesetzten Annahmen.

Zusammenfassend kann festgehalten werden, daß auf einem funktionsfähigen Kapitalmarkt bei exogener Stochastik die Transformation von Vertragslängen eine von allen Akteuren kostengleich reproduzierbare Leistung darstellt. Eine spezialisierte Finanzinstitution kann sich daher mit Fristentransformation keine dauerhafte Einkommensquelle erschließen.

2.3 Ausweichen der Banktheorie auf Nebenschauplätze

In der Bankbetriebslehre werden Fristen- und Risikentransformation regelmäßig als zwei wesentliche Bestandteile der Bankleistung angesprochen. Im vorigen Abschnitt ist gezeigt worden, daß diese Leistungskomponenten auf einem effizienten und durch exogene Stochastik gekennzeichneten Markt einen Preis von Null haben müssen.

Während die mikroökonomische Kapitalmarkttheorie zunehmend die Modelle und Aussagen zur Natur von Finanzbeziehungen dominiert, ist deren Unvereinbarkeit mit einer primär institutionalistischen Bankbetriebslehre noch gar nicht recht deutlich geworden[23].

Aus diesem Grund ist so ausführlich eine oberflächliche Vereinnahmung der Kapitalmarkttheorie für das Verständnis institutionellen Handelns kritisiert worden.

Das Ergebnis ist letztendlich trivial: unter den gegebenen Modellbedingungen reibungsfreier Märkte können Produkte jeglicher Art auf Märkten effizient getauscht werden. Da dies auch für riskante Vermögensgüter gilt, bleibt einem Finanzintermediär in der Funktion des Mittelsmanns natürlich keine sinnvolle ökonomische Aufgabe.

Interessanterweise hat man aus der offensichtlichen Funktionslosigkeit der Institutionen des Finanzsektors nicht etwa den Schluß gezogen, daß die übliche Modellwelt der Kapitalmarkttheorie zu arm bzw. zu steril sei, um auch Nicht-Markt Veranstaltungen zu untersuchen. Statt dessen wurden Ban-

23 Ein anschauliches Beispiel liefert hier das Lehrbuch von Süchting, J.: „Theorie und Politik der Unternehmensfinanzierung", Gabler Verlag 1980, in dem Portfolio-Theorie bei exogener Stochastik und die institutionelle Ausprägung von Finanzwirtschaft und Finanzierungsformen ganz unverbunden nebeneinander stehen. Ähnlich getrennt präsentieren sich Bank und Kapitalmarkt bei Göppl, H.: „Banken und Versicherungen als Finanzmittler", in: Göppl, H. und R. Henn (Hrsg.): „Geld, Banken, Versicherungen", Athenaeum Verlag 1981: 655-672.

ken primär jene volkswirtschaftlichen Funktionen zugeschrieben, die im allgemeinen als eher peripher für ihr Wirken angesehen werden. Hierzu gehört das Erbringen von volkswirtschaftlich wertvollen Dienstleistungen *neben* der Kreditvergabe, insbesondere die Abwicklung des Zahlungsverkehrs[24].

„The way firms finance these [real production-investment, JPK] decisions or the way they are refinanced by intermediaries, including banks, neither expands nor contracts the set of portfolio opportunities available to investors. In this world, banks hold portfolios on behalf of their depositors because this probably allows them to provide transactions services (the accounting system of exchange) more efficiently, but the portfolio management activities of banks affect nothing, including prices and real activity."[25]

Die Überzahl der Bankmodelle nach Pyle (1971) haben aus dem Arbitrageansatz gelernt, daß der eigentliche Existenzgrund für Intermediäre außerhalb der reinen Bilanzoperationen und damit auch nicht in der Kapitalallokation zu suchen ist.

„Real resource models"[26], die den Dienstleistungsaspekt der bankbetrieblichen Produktion betonen, dokumentieren die Anleihe bei der Produktionstheorie[27].

Im Vordergrund der banktheoretischen Literatur aber stand (und steht auch heute) die Untersuchung einer Vielzahl sogenannter „Transaktionskosten", um mit deren Hilfe das Marginalkalkül des Bankbetriebes zu veranschaulichen. Für die Produktion von Krediten, Depositen oder Mittlerdiensten werden Kosten- und Erlösfunktionen postuliert, deren Zusammenspiel ein optimales Kreditportefeuille, eine optimale Einlagenstruktur oder den optimalen Umfang an Zahlungsverkehrsleistungen gewährleistet[28].

Im Anhang C zu dieser Arbeit wird ein Kassenhaltungsmodell vorgestellt, bei dem die optimale Kassenhöhe von dem Zusammenwirken unterschiedlicher Transaktions- und Opportunitätskosten abhängt, so daß ein Intermediär aufgrund des Gesetzes der großen Zahl Skalenerträge realisieren kann[29].

---

24 Dies tritt besonders deutlich bei Fama, E.: „Banking in the theory of finance", Journal of Monetary Economics 6 (1980): 39-57 hervor. Vgl. auch die teilweise ähnlichen, obwohl insgesamt sehr viel differenzierteren Ausführungen bei Black, F.: „Bank funds management in an efficient market", Journal of Financial Economics 2 (1975): 323-339.

25 Fama (1980): 45.

26 Baltensperger (1980): 29-32; und Wagner, E.: Theorie der Bankunternehmung", Peter Lang Verlag 1981: Kapitel 2 geben einen Überblick. Einzeldarstellungen finden sich unter anderem bei Adar / Agmon / Orgler (1975), Benston / Smith (1976) und Sealey / Lindley (1977).

27 Vgl. die sich an den Überblicksaufsatz von Baltensperger (1980) anlehnende Darstellung der Transaktionskosten-Modelle bei Wagner (1982).

28 Vgl. ebenfalls Wagner (1982) und die dort angegebene Literatur.

29 Vergleiche die in Fußnote 26 genannte Literatur. Die möglichen Skalenerträge eines Intermediärs werden abgeleitet in Baltensperger (1972a), (1972b), (1973).

Für die sinnvolle Anwendung derartiger Lagerhaltungsmodelle muß die Annahme eingeführt werden, daß der Erwerb liquider Mittel reale Kosten verursacht. Auf parallele Weise läßt sich eine Portfolio-Funktion des Intermediärs mit Hilfe der Annahme positive Kosten der Diversifikation begründen.

Die Grundstruktur des Transaktionskosten-Arguments kann dann auf einfache Weise dargestellt werden:

Ausgangspunkt ist die Existenz zweier segmentierter Märkte[30]. Anleger können jeweils nur an einem der beiden Märkte investieren. Gründe für die Marktbarriere können beispielsweise Informationskosten sein, die für den einzelnen Haushalt bei Überschreiten der Marktgrenze prohibitiv werden. Gemäß der Kapitalmarkttheorie halten dann alle Akteure ein wohl-diversifiziertes Portefeuille auf ihrem jeweiligen Teilmarkt. Der Einfachheit halber seien Mittelwert und Varianz der Renditen der beiden (Teil-)Marktportefeuilles gleich, i.e. $\sigma^2_{m1} = \sigma^2_{m2} = \sigma^2_m$ und $\bar{R}_{m1} = \bar{R}_{m2} = \bar{R}_m$.

Für jedes Portfolio gilt dann

$$E(R_i) = (1-a)R^* + aE(R_{mi}) = (1-a)R^* + aE(R_m)$$

und

$$\sigma(R_i) = a\sigma(R_{mi}).$$

„Information" hat im allgemeinen den Charakter eines öffentliches Gutes, so daß sinnvollerweise positive Skalenerträge in der Produktion angenommen werden können.

Nun trete eine Institution in Erscheinung, die sich auf die Produktion von Informationen spezialisiert und daher in der Lage ist, ein gemischtes Portfolio aus beiden Märkten anzubieten. Das resultierende Wertpapier mit den Mischungsproportionen g und $(1-g)$ soll die Rendite R_I haben. Das Mischungsverhältnis g ergibt sich dabei aus der Minimierung der Varianz des Portefeuilles bei gegebenem Renditeniveau als $g = 1/2$.

Anleger, die sich nun ein Portfolio aus dem risikolosen Papier und Anteilen an dem Intermediär zusammenstellen, realisieren eine Renditeerwartung von

$$E(R_i) = (1-a)R^* + a\,[gE(R_{m1}) + (1-g)E(R_{m2})]$$
$$= (1-a)R^* + aE(R_m)$$

---

30 Vgl. ausführlich zu diesem Beispiel: Wood, J.: „Financial intermediation and monetary control", Journal of Monetary Economics 8 (1981): 145-163, siehe auch Newbery, D. und J. Stiglitz: „The theory of commodity price stabilization", Oxford University Press, 1981: Kapitel 6, in dem dieses Beispiel ebenfalls verwendet wird.

und einer Varianz von

$$\sigma^2 (R_i) = \sigma_m^2 \, [(1/2) + (1/2)\, \rho]$$

$$= [(1 + \rho)/2]\, \sigma_m^2$$

Mit anderen Worten, die Position der Anleger weist bei gleichbleibender Renditeerwartung eine verringerte Varianz auf, wann immer der Wert von ρ, dem Korrelationskoeffizienten der Renditen zwischen den beiden Teilmärkten, kleiner ist als plus eins, insbesondere also, wenn er negativ ist. Da aber Varianz des je erreichbaren Marktportfolios in den Augen der Anleger systematisches Risiko darstellt, werden sie bereit sein, dem Intermediär für seine Arbeit zumindest einen Teil der „Kooperationsrente" zu überlassen. Maximal besteht eine Entlohnung des Intermediärs in Höhe der (bewerteten) Risikominderung. In diesem kleinen Beispiel ist daher auch die Firmengröße des Intermediärs festgelegt: ein Gleichgewicht ist erreicht, wenn die Transaktionskosten der Aufnahme eines zusätzlichen Papiers (Marktsegments) in das Portefeuille des Intermediärs marginal der dadurch induzierten Minderung des (bewerteten) systematischen Risikos gleicht.

2.4 Transaktionskosten und mikroökonomische Erklärung

Die Berücksichtigung von Transaktionskosten dient vor allem einer Abschwächung der Annahme eines vollkommenen Marktes. Für diesen ist ein wohl-verstandenes Referenzmodell in Form der Kapitalmarkttheorie vorhanden. Es ist allerdings nur in Ausnahmefällen für eine Anwendung auf einen konkreten Wirklichkeitsausschnitt geeignet. Zu diesen Ausnahmefällen gehört beispielsweise die Preisbildung auf Wertpapiermärkten. Für ‚komplexere' Situationen sind kontrollierte Erweiterungen des Referenzmodells notwendig, wobei die im Modell beschriebene Welt bewußt gewählte Reibungsflächen enthält. Modellwelten *mit* Reibungsflächen können grundsätzlich die Vorteilhaftigkeit der Verwendung von „Schmierstoffen", wie beispielsweise institutionellen Regelungen, bewirken.

Transaktionskosten geben in diesem Zusammenhang die monetären Auswirkungen derartiger Reibungsflächen an. Sie spezifizieren jedoch nicht unbedingt auch deren mikroökonomische Ursachen.

Im folgenden soll unterschieden werden nach (a) einer unspezifizierten Argumentation über sogenannte Transaktionskosten (Transaktionskosten (TAK)-Ansatz), und (b) einer mikroökonomischen Argumentation. Dabei ist der TAK-Ansatz durchaus im Sinne eines Oberbegriffes zu verstehen. Sein Ursprung in der neueren Literatur[31] wird allgemein in einer Arbeit von Ronald Coase aus dem Jahre 1937 gesehen[32], der das Entstehen der Institution ‚Firma' in Zusammenhang brachte mit den Kosten, die bei je individuellem Vertragsabschluß anfallen. Zwar existiert ein Preissystem, dessen Nutzung zu paretooptimalen Situationen führen kann, aber „... there is a cost of using the price mechanism. The most obvious cost of 'organizing' production through the price mechanism is that of discovering what the relevant prices are."[33] Die Schwierigkeit der Nutzung des Preissystems kann begründet sein in[34]:

- der schieren Zahl von Einzeltransaktionen (und daher -verträgen), die zur Erstellung eines Endproduktes benötigt werden;
- in den Kosten der Informationsgewinnung über die Qualität eines Produktes;
- in den Kosten der individuellen Leistungszurechnung, beispielsweise bei Formen der Teamproduktion.

Im Hinblick auf die mit einzelnen Transaktionen verbundenen (fixen) Kosten weisen Firmen daher „Skalenerträge" auf[35]. Coase, und nach ihm viele weitere Autoren[36], sehen in der Verminderung der Transaktionskosten den entscheidenden Grund für die Entstehung von Unternehmen.

31 Bernd Prior bin ich für den Hinweis dankbar, daß bei manchen „Klassikern" ausführliche Hinweise auf die Bedeutung von Transaktionskosten zu finden sind. Vgl. beispielsweise den Abschnitt über „Zirkulationskosten" in Marx, K.: „Das Kapital", 2. Band, 2. Buch, Dietz Verlag 1981 (zuerst Hamburg 1885): 131-153.

32 Coase, R.: „The nature of the firm", Economica 4 (1937): 386-405, abgedruckt in „Readings in price theory", selected by the American Economic Association, Richard D. Irwin, 1952: 331-351.

33 Coase (1937): 336.

34 Vgl. hierzu Cheung, S.: „The contractual nature of the firm", Journal of Law and Economics 26 (1983): 1-21.

35 Die hohe Bedeutung empirischer Untersuchungen zur Frage des Ausmaßes von Skalenerträgen in der Bankproduktion springt besonders bei der angelsächsischen Literatur ins Auge. Die theoretische Grundlage bilden dabei regelmäßig Überlegungen, die den unten dargestellten Lagerhaltungsmodellen entsprechen. Darüber hinaus erweist sich bei den vorliegenden empirischen Arbeiten das verwendete Konzept der „Bankleistung" als besonders problematisch. „Essentially, banks provide services that enable people to transfer claims over resources at lower transactions costs than alternatives." (Benston et al. (1981): 10). Dementsprechend verwenden die Autoren durchgängig Variablen wie die ‚Zahl der Zweigstellen', die ‚durchschnittliche Depositen- und Darlehnshöhe' oder die ‚Zahl der Konten', um ein eventuelles Verhältnis zu den gesamten operativen Kosten zu ermitteln. Dem ökonomischen Problem der Datenverfügbarkeit wird dabei entschieden mehr Bedeutung zugemessen als dem Versuch einer theoretischen Begründung, warum die ausgewählten Variablen irgendetwas über Produktionsfunktionen oder Skalenerträge berichten können. Vgl. stellvertretend Benston, G.: „Branch banking and economies of scale", Journal of Finance 20 (1965): 312-341; Benston, G.: „Economies of scale of financial institutions", Journal of Money, Credit and Banking 4 (1972): 312-331; Benston, G., G. Hanweck und D. Humphrey: „Scale economies in banking: a restructuring and reassessment", Manuspript, University of Rochester 1981.

36 Vgl. dazu Alchian, A. und H. Demsetz: „Production, information costs, and economic organization", American Economic Review 62 (1972): 777-795; Spence, M.:

Die direkte Anwendung des Transaktionskosten-Ansatzes auf den Bankbetrieb ist in bezug auf die Produktion von Liquidität bereits vorgeführt worden[37]. Eine Behandlung des Gesamtbetriebes einer Bank versuchen Benston und Smith: „... the essential feature of financial intermediation – a reduction of the transactions costs of effecting inter- and intratemporal consumption decisions“[38]. Mit positiven Transaktionskosten – so argumentieren Benston und Smith – gelten die üblichen Implikationen der Kapitalmarkttheorie nicht mehr: Akteure halten nicht mehr unbedingt das Marktportefeuille, unter Umständen halten sie überhaupt nur das risikolose Wertpapier. Darüber hinaus ist die Kapitalmarkt-Linie nicht mehr linear, und der Konsumvektor der Akteure ist kleiner als der Einkommensvektor, sofern Umschichtungen inter- oder intratemporaler Art notwendig sind.

Schließlich gewinnt der Liquiditätsstatus eines Vermögensgutes einen eigenen ökonomischen Wert, weil Liquidierung mit Kosten verbunden ist. In allen Punkten kann ein spezialisierter Akteur komparative Vorteile in bezug auf Informationsgewinnung und -verarbeitung sowie Kontrolle realisieren. Als Finanzintermediär produziert er Güter (Depositen), die der Konsument für seine intra- und intertemporale Konsumallokation verwenden kann. Aufgrund der Skalenerträge bezüglich der Transaktionskosten in der Produktion stellt sich die Gesamtheit der Konsumenten mit Finanzinstitution besser als ohne, so daß dessen Existenz gesichert ist.

Als erste Annäherung bietet der Transaktionskosten-Ansatz Ergebnisse, die sich auch mit dem eingangs erwähnten intuitiven Verständnis decken. Es darf freilich nicht übersehen werden, daß der Rekurs auf Transaktionskosten zur Erfassung der Abweichung zwischen vollkommenem und unvollkommenem Markt noch keine befriedigende *Erklärung* darstellen kann.

Entgegen einer gängigen Behauptung[39] erlaubt das unspezifizierte Transaktionskostenargument nämlich nur in einem sehr eingeschränkten Sinne die angestrebte funktionalistische Deutung institutioneller Regeln. Der Grund hierfür liegt in dem „black-box“ Charakter der „Transaktionskosten“. In ihrer unspezifizierten Form ist der Bezug auf Transaktionskosten stets dem Tautologieverdacht ausgesetzt, weil weder die Ursache der Reibung (i.e. der Abweichung vom erst-besten Optimum), noch eine endogene Bestimmung

„The economics of internal organization: An introduction“, in: Bell Journal of Economics 6 (1975): 163 ff.; Williamson, O.: „Markets and Hierarchies“, Free Press (New York) 1975; Barzel, Y.: „Measurement costs and the organization of markets“, Journal of Law and Economics 25 (1982): 27 ff.; Barzel, Y.: „The firm: a coordinator of contracts“, Manuskript, University of Chicago, Februar 1982; Hirshleifer, J.: „Costs of exchange and the role of money“, in: Price theory and applications, Prentice Hall 1980: 189-227.

37 Vgl. auch Niehans (1978): Kapitel 9; sowie Anhang C der vorliegenden Arbeit.

38 Benston, G. und C. Smith: „A transactions cost approach to the theory of financial intermediation“, Journal of Finance 31 (1976): 215-231, hier S. 216.

39 Vgl. Cheung (1983): 20 f.; auch die Einleitung in Wagner (1982): insbes. S. 2.

des Verfahrens der Reibungsminderung vorgenommen werden kann[40]. In seiner allgemeinen Form kann daher keine falsifizierende Instanz für ein allgemeines Transaktionskosten-Argument angegeben werden.

Als erfolgreiche ökonomische Erklärung sollen deshalb solche Versuche angesehen werden, bei denen die black-box ‚Transaktionskosten' quasi „ausgefüllt" wird mit spezifizierten Produktionsfunktionen.

Im Einklang mit dieser Überlegung versuchen in jüngerer Zeit verschiedene Forschungsprogramme in der angewandten Mikrotheorie, über die Vorgabe spezifizierter Abweichungen vom ‚vollkommenen Markt' Bedingungen und Wirkungen für das Auftreten von Intermediären zu formulieren.

Zwei Versuche der jüngeren Vergangenheit sollen zumindest genannt werden. Zum einen ist dies der Bereich der „Suchökonomie", wo die optimale Informationsmenge sowie die effizienten Methoden der Informationsgewinnung in einer Welt bestimmt werden, in der Produktattribute nicht ohne Suchaufwand bekannt sind[41]. Eine andere Methodologie konzentriert sich direkt auf den Finanzintermediär als Informationsproduzent und weist ihm entweder die Rolle eines effizienten Informationsverarbeiters zu[42] oder gibt

---

40 Siehe zu diesem Punkt Townsend, R.: „Intermediation and the theory of intermediated structures", Manuskript, North Western University, April 1982.

41 Siehe hierzu den grundlegenden Artikel von Stigler, G.: „The economics of information", Journal of Political Economy 69 (1961): 213-325; sowie den Survey bei Lippman, S. und J. McCall: „The economics of uncertainty", in: Arrow, K. und M. Intriligator (Hrsg.): „Handbook of mathematical economics", North Holland 1981, Band I: 211-284, hier 217-226. In der Anwendung der „Suchökonomie" auf das Verhalten von Finanzinstitutionen wurden bisher in der Literatur quasi-irrationale Erwartungen unterstellt: Regelmäßig wird für die betrachtete Bank eine „Informationsfunktion" unterstellt, die eine systematische Beziehung zwischen ‚Suchaufwand' (Kreditwürdigkeitsprüfung, Bilanzanalyse u.ä.) und Kreditausfall annimmt. So wird in der Arbeit von Aigner, D. und C. Sprenkle: „A simple model of information and lending behavior", Journal of Finance 23 (1968): 151-166 der Mittelwert der Verteilung als Funktion des Suchaufwandes angesehen, „Conservatism on the part of lenders implies overestimation of the probability of default, and with additional information the estimated default probability approaches some minimum value from above" (S. 154). Unter Rekurs auf den von Rothschildt / Stiglitz (1971) definierten „mean-preserving spread" (siehe Kapitel 3 dieser Arbeit für eine ausführlichere Darstellung) beschreibt Helmuth Milde: „Kreditrisiko und Informationsaktivität im Bankbetrieb", Zeitschrift für Wirtschafts- und Sozialwissenschaft 96 (1976): 127-142 eine positive Beziehung zwischen Suchaktivität der Bank und Verminderung der Streuung der Darlehnsrendite um einen konstanten Mittelwert.

Beide Vorgaben – Veränderung von Mittelwert oder Varianz durch Informationsgewinnung in *eine* Richtung – sind unvereinbar mit einem Modell rationaler Erwartungen. Wann immer Akteure ihre Erwartungen in Form einer best möglichen Schätzung (modelliert i.d.R. durch die Methode der kleinsten Quadrate) bilden, werden sie auch im Durchschnitt eine korrekte Vorhersage leisten. Systematische Fehlschätzung bedeutet dann stets eine nicht-effiziente Informationsausbeute *vor* Beginn der Suchaktivität. Ein korrektes und mit rationalen Erwartungen zu vereinbarendes Modell müßte endogen bestimmen, wie eine Veränderung von Mittelwert und Varianz durch beispielsweise den Kreditvertrag zustande kommen kann. Einer solchen versuchsweisen Begründung dient Kapitel 4 dieser Arbeit.

42 Campbell, T. und W. Kracaw: „Information production, market signalling, and the theory of financial intermediation", Journal of Finance 35 (1980): 863-882.

ihm als Institution die Möglichkeit, private Information durch Selbstbindung glaubhaft in öffentliche Information zu transformieren[43/44].

In allen Fällen wird eine spezifische Annahme des „vollkommenen" Marktes fallengelassen, um dann die Implikation für den Marktmechanismus zu untersuchen. In dieser Arbeit wird eine andere Grundannahme des vollkommenen Marktes beiseite gelassen, und die Konsequenzen für Entstehen und Wirkweise einer Finanzinstitution untersucht. Ansatzpunkt ist die Annahme eines identischen Informationsstandes aller Akteure. Zu einem Verständnis der existierenden Regeln und Verfahrensweisen auf dem Kredit- und Kapitalmarkt scheint diese Voraussetzung besonders verzerrend zu sein.

Dieser Verdacht wird durch zweierlei erhärtet: Zum einen läßt sich zeigen, daß symmetrische Informationsverteilung eine von zwei „Kernannahmen" der neoklassischen Kapitalmarkttheorie ist[45]. Mit anderen Worten: Symmetrische Informationsverteilung erscheint als notwendige Bedingung zur Ableitung der bekannten Irrelevanzpropositionen in der Finanztheorie.

Darüber hinaus – und dieser zweite Aspekt wird in Kapitel drei abgeleitet – zeigt sich, daß bei asymmetrischer Informationsverteilung die Verhaltensweisen aller Akteure interdependent werden, so daß die stochastischen Eigenschaften beispielsweise einer Projektrendite *unmittelbar* von dem Verhalten des jeweiligen Projektmanagers und *mittelbar* von den ihn einbindenden Regeln und Verträgen abhängen. Bei asymmetrischer Informationsverteilung kann nicht mehr von einer gegebenen Struktur der Unsicherheit in einer Ökonomie ausgegangen werden. Statt dessen sind die stochastischen „Eigenschaften der Welt" endogen bestimmt: sie sind selber zumindest mit-produziert von der je realisierten institutionellen oder Kontrakt-Struktur. Der Wechsel von exogener zu endogener Stochastik ist eine Konsequenz der Annahme asymmetrischer Informationsverteilung und bedeutet eine erhebliche Modifizierung des mikroökonomischen Gleichgewichtsansatzes.

---

43 Leland, H. und D. Pyle: „Informational asymmetries, financial structure, and financial intermediation", Journal of Finance 32 (1977): 371-388.

44 Zu Steven Ross' „signalling-model" und den beiden genannten Arbeiten von Campbell / Kracaw (1980) sowie Leland / Pyle (1977) vgl. auch die kritische Behandlung bei Swoboda, P.: „Heterogene Information und Kapitalstruktur der Unternehmung", Zeitschrift für betriebswirtschaftliche Forschung 34 (1982): 705-727.

45 In der Arbeit von Krahnen (1981) wird dieser Nachweis versucht.

3. Kapitel: Kapitalmarkttheorie und endogene Stochastik

3.1 Einleitung

Im zweiten Kapitel ist begründet worden, daß der Bankbetrieb als Finanzinstitution im Licht der Kapitalmarkttheorie nicht erklärt werden kann. Da es uns auf eine Erklärung von Funktion und Verhalten des Bankbetriebes aber ankommt, gibt es nur zwei Reaktionsmöglichkeiten: *Entweder* man qualifiziert die Kapitalmarkttheorie als (für diese Aufgabe) unbrauchbar, weil nicht erklärungskräftig („unrealistisch") und wendet sich konsequenterweise einer alternativen, beispielsweise verhaltenswissenschaftlichen Argumentationsweise zu, *oder* man untersucht die Kapitalmarkttheorie in ihren mikroökonomischen Grundlagen und fahndet nach der Möglichkeit einer angemessenen Weiterentwicklung, um diese schließlich auf den Bankbetrieb anzuwenden.

„(D)ie Darstellung des nicht wahrhaften Bewußtseins in seiner Unwahrheit (ist) nicht eine bloß n e g a t i v e Bewegung. Eine solche einseitige Ansicht hat das natürliche Bewußtsein (. . .) von ihr; und ein Wissen, welches diese Einseitigkeit zu seinem Wesen macht, ist eine der Gestalten des unvollendeten Bewußtseins, welches in dem Verlauf des Weges selbst fällt . . . Sie ist nämlich der Skeptizismus, der in dem Resultate immer nur das r e i n e N i c h t s sieht und davon abstrahiert, daß dies Nichts bestimmt das Nichts d e s s e n ist, w o r a u s e s r e s u l t i e r t . (. . .) Der Skeptizismus, der mit der Abstraktion des Nichts oder der Leerheit endigt, kann von dieser nicht weiter fortgehen, sondern muß es erwarten, ob und was ihm etwas Neues sich darbietet, um es in denselben leeren Abgrund zu werfen."[1]

In dieser Arbeit wird nicht zuletzt um des „immanenten Fortschritts" wegen der zweite Weg beschritten, oder besser: zu beschreiben versucht. Dabei soll die einheitliche Behandlung einer Marktbewertungstheorie bei symmetrischer und asymmetrischer Informationsverteilung entwickelt werden, um die Bedeutung der Informationsannahme herauszufiltern.

Schon weiter oben – in Kapitel 1 – wurde auf den möglicherweise stark verzerrenden Einfluß der Annahme gleich-verteilter Informationen auf Märkten gesprochen. Gleicher Informationsstand beispielsweise zwischen Sparer und Investor löst das empirisch bedeutsame „Vertrauensproblem" oder „Beobachtungsproblem" auf triviale – nämlich: negierende – Weise.

---

[1] Hegel, G.: „Phänomenologie des Geistes" (1807), Suhrkamp Verlag 1970: 73 f.

In der mikroökonomischen Literatur der letzten zehn Jahre wurde das fundamentale Informationsverteilungsproblem intensiv diskutiert. Dabei wird im Rahmen der Principal-Agent Literatur fast ausschließlich auf partielle (Zwei-Personen) Situationen eingegangen[2]. Im Mittelpunkt dieser Untersuchungen stehen vor allem zwei „neue", also informationsbedingte, Probleme: Zum einen ist dies die „Adverse Selektion". Hierbei handelt es sich um ein Identifikationsproblem im Sinne der glaubwürdigen Übermittlung von Qualitäts- oder anderen bewertungsrelevanten Merkmalen, wie in dem bekannten Gebrauchtwagenbeispiel von Akerlof[3].

Das zweite „neue" Problem resultiert aus dem Grundkonflikt von Risikoteilung und Anreizwirkung. Eine substitutive Beziehung („trade-off") zwischen beiden ist potentiell immer dann gegeben, wenn das stochastische zukünftige Ergebnis auch eine Funktion ist von der individuellen Handlung des Akteurs. Als „Moralisches Risiko" bezeichnet spielt es deshalb (seit je) insbesondere bei Versicherungsarrangements eine bedeutende Rolle. Typischerweise ist der Risikofaktor Moral Hazard dann zu erwarten, wenn Akteure (‚Versicherungsnehmer') nach Vertragsabschluß Einfluß auf das Auftreten der Schadensbedingungen nehmen können[4].

Insbesondere das „moralische" Risiko spielt bei der Finanzintermediation eine herausragende Rolle: Jede Art der Vereinbarung einer Kapitalüberlassung zwischen Sparer und Investor läßt sich in der Form eines Teilungsvertrages darstellen. Teilungsverträge beinhalten aber stets eine spezifische Allokation von Risiken und bieten dadurch – ungleiche Informationsverteilung vorausgesetzt – auch stets einen Anreiz zur (opportunistischen) Verhaltensanpassung. Deren Antizipation durch alle Vertragsparteien führt im Vergleich zu einer Situation ohne Informationsprobleme zu suboptimalen Ergebnissen – und dabei auch zu unausgeschöpften Kooperationsrenten. „Finanzintermediäre" sind Institutionen, deren Existenz und Funktionsweise sich aus diesen Kooperationsrenten ableitet.

---

2 Vgl. Ross, S.: „The economic theory of agency: The principal's problem", in: American Economic Review 63 (1973): 134-139; Harris, M. und A. Raviv: „Optimal incentive contracts with imperfect information", Journal of Economic Theory 20 (1979): 231-159; Holmström, B.: „Moral hazard and observability", in: Bell Journal of Economics 10 (1979): 74-91; Stiglitz, J.: „Incentives and risk sharing in sharecropping", in: Review of Economic Studies 41 (1974): 219-255; Newbery, D.: „The choice of rental contracts in peasant agriculture", in: Reynolds, L. (Ed.): „Agriculture in Development Theory", Yale University Press 1975: 109-117 sowie Baron, D.: „The incentive problem and the design of investment banking contracts", Journal of Banking and Finance 3 (1979): 157-175.

3 Akerlof, G.: „The market for 'lemons': Quality uncertainty and the market mechanism", in: Quarterly Journal of Economics 84 (1970): 488-500.

4 Stiglitz, J.: „Risk, incentives and information: The pure theory of moral hazard", in: Geneva Papers on Risk and Insurance 8 (1983): 4-33.

Die Beobachtung der Herausbildung und die Möglichkeit der Ausschöpfung dieser Renten skizzieren in aller Kürze die Grundstruktur dieses Kapitels[5]. Dabei soll strikt mikroökonomisch argumentiert werden. Am Anfang – Abschnitt 3.2 – steht eine Analyse des Mißerfolgs im zweiten Kapitel: Warum kann die traditionelle Kapitalmarkttheorie Institutionen nicht behandeln und, konkreter, welche wesentliche Implikation dieser Bewertungstheorie bedarf der Annahme symmetrischer Informationsverteilung als notwendiger Voraussetzung – und fällt daher mit dieser Annahme?

Ausgehend von optimaler Risikenteilung auf Märkten wird gezeigt, daß die gesuchte Implikation in der ausschließlichen Bewertungsrelevanz des systematischen oder Kovarianz-Risikos liegt. Der Rest des Kapitels – Abschnitt 3.3 und 3.4 – untersucht dann die Grundstruktur einer Kapitalmarkttheorie bei asymmetrischer Informationsverteilung. Die Ungleichheit der Informationsstände wird dabei ganz im Sinne von „Adverse Selection" und „Moral Hazard" als Annahme der *Unbeobachtbarkeit* eines Handlungsparameters eingeführt.

Die prinzipielle (direkte) Unbeobachtbarkeit der Handlungen des Agenten (z.B. die Qualität von Investitionsentscheidungen, seiner aufgewendeten Mühe, Sorgfalt und Sparsamkeit etc.) hat zwei wesentliche Konsequenzen. Zum einen ändert sich die Struktur finanz- und kapitalmarkttheoretischer Modelle: Die einzelne und gemeinsame Wahrscheinlichkeitsverteilung aller Projektrenditen ist nicht mehr in toto gegeben. Statt dessen gilt es nun, ein Modell mit stochastischen Eigenschaften zu untersuchen, die dem Marktprozeß endogen sind.

Eine zweite Konsequenz besteht darin, daß aufgrund der Unmöglichkeit direkter Beobachtung der Verhaltensweise des Agenten nach *indirekter* Beobachtbarkeit gesucht wird[6]. So ist in der Literatur beispielsweise die Rolle der Position ‚Eigenkapital' als Signal der Selbstbindungsbereitschaft der informierten „Insider" diskutiert worden[7].

Im Rahmen einer Marktbewertungstheorie bei asymmetrisch verteilter Information wird in diesem Kapitel die Beziehung Sparer–Investor allgemein untersucht. Dabei zeigt sich als Hauptergebnis des Kapitels die Bewertungsrelevanz des unsystematischen Risikos. Dieses Ergebnis hat weitreichende

---

5 Versuche, die Konsequenz asymmetrischer Informationsverteilung auf *Märkten* zu untersuchen, sind mir in der jüngeren Literatur nur an zwei Stellen begegnet: Vgl. Holmström, B.: „Moral hazard in teams", Bell Journal of Economics 13 (1982): 324-430; sowie Nalebuff, D. und J. Stiglitz: „Prizes and incentives: Towards a general theory of competition and compensation", in: Bell Journal of Economics 14 (1983): 21-43.

In einer intuitiven Schlußbemerkung deutet Holmström die vermuteten Konsequenzen asymmetrischer Informationsverteilung auf Kapitalmärkten an. Seine Überlegungen decken sich großteils (aber nicht vollständig) mit den Ergebnissen dieses Kapitels.

6 In Holmström (1982) sowie Nalebuff / Stiglitz (1983) kommt jeweils ein „Sufficient statistics theorem" zur Anwendung.

7 Ross, S.: „The determination of financial structure: The incentive signalling approach", in: Bell Journal of Economis 8 (1977): 23-40.

Konsequenzen für die Aufgabenstellung, denen sich Finanzinstitutionen bei der Identifizierung und Fixierung von Risiken ausgesetzt sehen. Im folgenden vierten Kapitel werden erste Versuche einer Würdigung dieses marktbezogenen Ergebnisses für die Untersuchung von Funktion und Verhaltensweise eines Bankbetriebes unternommen.

Es soll noch einmal unterstrichen werden, daß hier ganz im Sinne einer marktbezogenen Theorie der Unternehmung die Bedeutung des idiosynkratischen Risikos nicht aus einer isolierten Betrachtung eines Projektes (einer Firma) gewonnen wird, sondern die Rolle des unsystematischen Faktors erwächst, obwohl der Kapitalmarkt funktionsfähig ist, allein aufgrund der Informationsproblematik.

Die Ergebnisse des zweiten Kapitels lassen sich in Kurzform zusammenfassen:

(i) Bei symmetrischer Informationsverteilung halten alle Akteure am Kapitalmarkt das Marktportefeuille (das sog. „Pooling-Ergebnis"). Dies ist die zentrale Implikation der Kapitalmarkttheorie, die hier – unter Bezug auf Merton (1982) – aus einem Modell optimaler Risikenteilung im Sinne von Borch (1960) hergeleitet wird. Aus der Effizienz des Marktportefeuilles läßt sich dann auf einfache Weise ableiten, daß jegliches unsystematische Risiko ohne Bewertungsrelevanz sein muß.

(ii) Für den allgemeinen Fall der asymmetrischen Informationsverteilung kann gezeigt werden, daß das Pooling-Ergebnis nicht mehr gilt: Die Bedingung optimaler Risikenteilung wird verletzt, weil individuelle Einwirkungsmöglichkeiten auf die gemeinsame Verteilungsfunktion aller Renditen zu einer Form der Externalität führt.

(iii) Es wird dann die Sparer-Investor-Beziehung anhand der repräsentativen Akteure „Anleger" und „Manager-Eigner" untersucht. Letzterer ist Entscheidungsträger einer Firma. Sein tatsächliches Verhalten ist aber höchstens diffus beobachtbar. Im übrigen muß er – genau wie jeder Anleger – sein eigenes Portfolio-Problem lösen. Komparativ-statisch läßt sich dann zeigen, daß die je investierte Vermögensfraktion positiv auf eine Veränderung der Risikoprämie (Überschußrendite) reagiert.

(iv) Inspektion des Optimums bei asymmetrischer Informationsverteilung („Zweit-bestes Optimum") offenbart, daß in den Augen der Anleger „zu wenig" Arbeitseinsatz durch den Manager-Eigner erbracht wird. Das bedeutet aber nicht, daß im Zweit-besten Optimum notwendig weniger als im Erst-besten Optimum gearbeitet wird. Es ist sogar möglich, daß bei ungleich-verteilter Information mehr gearbeitet wird, ohne daß das Anreizproblem gelöst wird.

(v) Die Portfoliowahl des Manager-Eigners und seine Handlungswahl sind interdependent. Läßt sich seine Einwirkungsmöglichkeit auf die gemeinsame Renditenverteilung in der Form einer „Mittelwert-konservierenden Kompression" (MKK) der Verteilung beschreiben[8], so wird er wegen (iii) einen überproportionalen Teil seines Portfolios in Anteile „seiner" Unternehmung investieren wollen.

(vi) Eine wirksame Beschränkung der Portfoliowahl (bzw. -struktur) des Manager-Eigners kann die Wohlfahrt von Anleger *und* Manager-Eigner steigern. Dieses Ergebnis ist bemerkenswert, weil es im Gegensatz zur traditionellen mikroökonomischen Bewertungstheorie steht, derzufolge die Einführung zusätzlicher Restriktionen in den Marktprozeß regelmäßig das Wohlfahrtsniveau der Gesellschaft verringert[9].

(vii) Bei asymmetrischer Informationsverteilung existiert auf der Marktebene keine Budgetbedingung, die simultan Pareto-Optimalität *und* Effizienz garantiert[10].

(viii) Bei asymmetrischer Informationsverteilung gewinnt die *Änderung* der idiosynkratischen Varianz der Projektrendite Relevanz für die Marktbewertung. Diese Folgerung steht im Einklang mit empirischen Untersuchungen[11], deren Ergebnisse bis heute nicht erklärt werden konnten.

3.2 Risikenteilung bei symmetrischer Informationsverteilung

3.2.1 Das grundlegende Pooling-Ergebnis

In diesem Abschnitt soll die Beziehung untersucht werden zwischen einerseits der sogenannten „two-funds separation" als wesentlicher Implikation der Kapitalmarkttheorie, wie sie von Sharpe (1964), Mossin (1968) und Black (1972) entwickelt worden ist, sowie andererseits den erstmals von Borch (1960) formulierten Anforderungen an optimale Risikenteilung.

In der Ausgangssituation betrachten wir eine einperiodige Volkswirtschaft, in der Ansprüche auf die unsicheren Produktionsergebnisse am Anfang der Periode handelbar sind. Auf dem „Markt für Ansprüche", dem Wertpapiermarkt, werden vollständig spezifizierte Verträge gehandelt. Ein solches Wert-

8 Vgl. die Erläuterungen im Anhang D, Ziffer 7.

9 Vergleiche beispielsweise die Vorgehensweise in Posner, R.: „Taxation by regulation", Bell Journal of Economics 2 (1971): 22-50.

10 Theorem 1 in Holmström (1982).

11 Der Lintner-Test ist reproduziert in Douglas, G.: „Risk in the equity markets: An empirical apparaisal of market efficiency", in: Yale Economic Essays 9 (1969): 3-45; sowie Black, F., M. Jensen und M. Scholes: „The capital asset pricing model: Some empirical tests", in: Jensen, M. (Ed.): „Studies in the theory of capital markets", Praeger 1972: 79-121.

papier regelt die Auszahlung für jede Weltlage[12]. In dieser auf Tauschbeziehungen beschränkten Volkswirtschaft erwerben Individuen (indexiert durch $i, i = 1, 2, \ldots, I$) Wertpapiere j ($j = 1, 2, \ldots, J$) mit stochastischer Rendite R_j, um den Erwartungswert ihrer Nutzenfunktion $U_i(W_i)$ zu maximieren. Die Nutzenfunktion U ist dabei definiert über das Endvermögen W des betreffenden Individuums. Für die Form von U soll gelten, daß $dU/dW > 0$ und $d^2U/dW^2 < 0$. Eine dieserart konkave Nutzenfunktion impliziert risikoscheues Verhalten der Akteure, weil der Erwartungswert einer kontinuierlich-konkaven Funktion stets kleiner ist als der Funktionswert des Erwartungswertes[13].

Die Zielfunktion der Akteure läßt sich dann schreiben als

(1) $$EU_i = \int_R U_i\,[\Sigma_i a_{ij}(R_j)\;V_i]\,dF(R)$$

wobei V_i das Anfangsvermögen und $a_{ij}(R_j)$ die Teilungsregel beschreibt, gemäß welcher Wertpapier j im Portfolio des Akteurs i gehalten wird. Dabei ist die Teilungsregel $a_{ij}(R_j)$ als zustandsabhängig gedacht: a_{ij} nennt dann für jede Realisation von R_j den Anteil von i's Portefeuille, der in das Wertpapier j investiert ist. Schließlich bezeichnet $F(R)$ die gemeinsame kumulierte Dichtefunktion aller R_j-Verteilungen. $F(.)$ soll nach allen Argumenten kontinuierlich differenzierbar sein.

Die Maximierung von (1) erfolgt unter der Nebenbedingung, die durch die Höhe des Anfangsvermögens gesetzt wird.

(2) $$\Sigma_j a_{ij} = 1$$

Gleichung (2) schließt die Möglichkeit von Leerverkäufen („short sales") nicht aus.

Aufgrund der Annahme über die Form der Nutzenfunktion, welche die Nichtsättigung einschließt, können (1) und (2) als Lagrange-Programm geschrieben werden:

(3) $$L = \int_R U_i\,[V_i \Sigma_j a_{ij}(R_j)]\,dF(R) + \lambda\,(1 - \Sigma_j a_{ij})$$

Maximierung von (3) über a_{ij} und λ führt zu der Bedingung erster Ordnung

(4) $$U_i\,(V_i \Sigma_j a_{ij}(R_j))\,dF(R) = \lambda$$

12 Alternativ ließe sich auch der Wertpapiermarkt als ‚vollständig' beschreiben.

13 Vgl. beispielsweise Newbery, D. und J. Stiglitz: „The theory of commodity price stabilization – A study in the economics of risk", Clarendon Press 1981: 76-84; oder Chiang, A.: „Fundamental methods of mathematical economics – Second Edition", McGraw Hill 1974: Teil 4.

sowie (2). λ bezeichnet den Lagrangemultiplikator. Bedingung (4) verlangt eine Strukturierung des optimalen Portfolios derart, daß die mit der Dichte gewichteten Grenznutzen für jedes im optimalen Portefeuille enthaltene Wertpapier sowie jede Realisation von R_j gleich wird. Die aus (4) ableitbaren optimalen Portfolioproportionen maximieren (3), sofern die Bedingungen zweiter Ordnung für ein Maximum gegeben sind, was hier und im folgenden stets angenommen wird.

Werden die optimalen Portfolio-Proportionen in Gleichung (4) eingesetzt, so ergibt sich (4) als Identität. Durch implizites Differenzieren läßt sich dann als komparativ-statisches Ergebnis ableiten, daß ceteris paribus die Portfolio-Proportion a_{ij} mit R_j zunimmt:

$$(5) \qquad \frac{\partial a_{ij}}{\partial R_j} = \left(-\frac{U_i''(*)}{U_i'(*)} \frac{\partial F(R)}{\partial \left[\frac{\partial F(R)}{\partial R_j}\right]}\right)^{-1} > 0$$

wobei das Vorzeichen von (5) dem Vorzeichen des zweiten Terms in der Klammer gleicht. Dieser gibt die bedingte Wahrscheinlichkeit für R_j an, wenn alle übrigen Elemente des R-Vektors bekannt sind[14]. In dem ersten Term stehen die hochgesetzten Striche für die Zahl der Ableitungen der Nutzenfunktion U. Der Term $(-U''/U')$ ist der Koeffizient für absolute Risikoaversion. Er ist positiv für alle konkaven Nutzenfunktionen[15].

Um eine Aussage über Risikoteilung zwischen Individuen treffen zu können, müssen die je individuellen Optimierungsprogramme aus Gleichung (3) gemeinsam behandelt werden. In Analogie zum Zwei-Personen-Fall kann die Ableitung eines Pareto-Optimums[16] für eine Gesellschaft mit n Mitgliedern aus einem Programm abgeleitet werden, das die Linearkombination aller n Erwartungsnutzen maximiert[17].

$$(6) \qquad \max_{a_{ij}} \Sigma_i G_i \int_R U_i \left[V_i \Sigma_j a_{ij}(R_j)\right] dF(R)$$

unter der Nebenbedingung

$$(7) \qquad R_j W_j = \Sigma_i a_{ij}(R_j)\, V_i$$

14 Siehe dazu Rohatgi, V.: „An introduction to probability theory and mathematical statistics", John Wiley & Sons 1976: 113 f.

15 Vgl. allgemein Arrow, K.: „Essays in the theory of risk-bearing", Markham 1971: Kapitel 3; sowie weiter unten, Abschnitt 3.3.1 dieser Arbeit.

16 Die Pareto-Lösung auf einem Tauschmarkt beschreibt eine Allokation, die weder von einer anderen Allokation dominiert, noch von einem Gesellschaftsmitglied blockiert wird.

17 Vgl. zu dieser Formulierung sowie zur Bestimmung der darauf aufbauenden Portfolio-Struktur Borch, K.: „the safety loading of reinsurance premiums", in: Skandinavisk

Nebenbedingung (7) ist eine Budget-Bedingung, wobei W_j den Marktwert des Gutes j bezeichnet. G_i ist der Gewichtungsfaktor des Pareto-Programms. Seine Festlegung, beispielsweise durch Einkommensverteilung oder gesellschaftliche Stellung, wird als gegeben angenommen, so daß der Vektor $\{G\}$ einen festen Wert hat[18].

(6) und (7) lassen sich wieder als Lagrange-Ausdruck schreiben:

$$(8) \qquad L = \Sigma_i G_i \int U_i \left[V_i \Sigma_j a_{ij} (R_j) \right] dF(R) + \lambda \left[R_j W_j - \Sigma_i a_{ij} (R_j) V_i \right]$$

Punktweise Optimierung liefert als Bedingung erster Ordnung[19]

$$(9) \qquad \frac{G_h}{G_i} \equiv g_h = \frac{U_i' \left(V_i \Sigma_j a_{ij} (R_j) \right)}{U_h' \left(V_h \Sigma_j a_{hj} (R_j) \right)}$$

Ausdruck (9) wird allgemein als Borch-Gleichung bezeichnet. Er besagt, daß (pareto-)optimale Risikenteilung die Existenz von $(I-1)$ Konstanten g verlangt, die die Struktur aller Grenznutzen aus Teilungsverträgen abbilden[20].

Ein Beispiel soll die Interpretation von (9) verdeutlichen. Dazu wird angenommen, es gäbe lediglich zwei Akteure, Prinzipal (P) und Manager-Eigner (M), zwischen denen pareto-optimale Teilungsverträge zu schließen sind. Wird der Prinzipal nun als risikoneutral gedacht (aufgrund anderer, hier nicht betrachteter Projekte in seinem Portefeuille), während der auf das Projekt X konzentrierte Manager risikoscheu ist, dann verlangt Bedingung (9), daß der Teilungsvertrag die Form eines Festlohns anzunehmen hat.

Sei K eine Konstante, x eine Realisation des stochastischen Projektergebnisses und $a(x)$ die vereinbarte Teilungsregel, dann lautet die Borch-Bedingung:

$$(10) \qquad U_P' (x - a(x)) K = U_M' (a(x))$$

Die linke Seite von (10) ist aber wegen Risikoneutralität des P eine Konstante. Folglich muß der Manager bei jeder x-Realisation das gleiche Nutzenniveau bzw. den gleichen Grenznutzen erreichen, was bei konkaver Nutzenfunktion ein von x unabhängiges und konstantes Einkommen voraussetzt. Der Prinzi-

---

Aktuarietskrift 43 (1960): 163-184; sowie Borch, K.: „Equilibrium in a reinsurance market“, in: Econometrica 30 (1962): 424-444.

18 Selbstverständlich spielt die absolute Höhe der G_i-Werte im folgenden keine Rolle. Entscheidend ist allein deren relative Höhe, d.h. die Struktur des Vektors.

19 Differentation von (8) nach a_{ij} und a_{hj}, sowie Eliminierung des gemeinsamen Lagrange-Multiplikators λ.

20 Bedingung (9) ist notwendig und hinreichend für ein Pareto-Optimum. Vgl. Borch (1960): 167-169.

pal zahlt dann ein festes (Lohn-)Einkommen an den Manager und trägt selber alle Schwankungen der Variablen x.

Sind aber Produzent und Manager beide risikoscheu, dann beinhaltet ein pareto-optimales Arrangement stets eine Form der Teilung des Risikos, i.e. der Variabilität, zwischen den Beteiligten[21].

Gleichung (9) soll nun verwendet werden, um Einblick zu gewinnen in die Portfoliostruktur im Tauschgleichgewicht. Hierfür werden (7) und (9) nach R_j differenziert.

$$(11) \qquad W_j = \Sigma_i V_i \frac{\partial a_{ij}(R_j)}{\partial R_j}$$

$$(12) \qquad g_h U_h'' [V_h \Sigma_j a_{ij}(R_j)] V_h \frac{\partial a_{hj}}{\partial R_j} = U_i'' [V_i \Sigma_j a_{ij}(R_j)] V_i \frac{\partial a_{ij}}{\partial R_j}$$

Division von (12) durch $U_i'' (V_i \Sigma_i a_{ij}(R_j))$ und Summierung über alle i ergibt

$$(13) \qquad \Sigma_i V_i \frac{\partial a_{ij}(R_j)}{\partial R_j} = W_j = \Sigma_i \frac{g_h U_h'' [V_h \Sigma_j a_{hj}(R_j)] V_h \partial a_{hj}/\partial R_j}{U_i'' [V_i \Sigma_i a_{ij}(R_j)]}$$

Operation (11) bis (13) kann für ein zweites Projekt mit (beispielsweise) dem Index q wiederholt werden:

$$(14) \qquad \Sigma_i V_i \frac{\partial a_{iq}}{\partial R_j} = W_q = U_h'' [V_h \Sigma_j a_{hj}(R_j)] V_h \frac{\partial a_{hq}}{\partial R_q} \cdot \Sigma_i \frac{g_h}{U_i'' [V_i \Sigma_j a_{ij}(R_j)]}$$

Division von (13) durch (14) ergibt

$$(15) \qquad \frac{W_j}{W_q} = \frac{U_h'' (*) V_h \partial a_{hj}/\partial R_j \cdot \Sigma_i (g_h/U_i'' (*))}{U_i'' (*) V_h \partial a_{hq}/\partial R_q \cdot \Sigma_i (g_h/U_i'' (*))} = \frac{\partial a_{hj}/\partial R_j}{\partial a_{hq}/\partial R_q}$$

Da aber für die Klasse der linearen Teilungsverträge[22] gelten muß

$$\Sigma_i a_{ij} V_i = W_j$$

---

21 Vgl. hierzu die entsprechende Ableitung in Kapitel 4.2.

22 In der Finanztheorie wird regelmäßig von *linearen* Teilungsverträgen ausgegangen. Obwohl dies keineswegs der allgemeinste Fall ist, beschränkt sich auch diese Arbeit auf die Annahme der Linearität. Für eine andere Darstellung vgl. Harris, M. und A. Raviv: „Some results on incentive contracts with applications to education and employment, health insurance, and law enforcement“, in: American Economic Review 68 (1978):

wobei a_{ij} den Bruchteil des Vermögens des Anlegers i bezeichnet, der in Projekt j investiert ist, ergibt sich aus (15) und (7) für lineare Teilungsregeln

$$(16) \qquad \frac{W_j}{W_q} = \frac{a_{hj}}{a_{hq}} = \frac{a_{mj}}{a_{mq}} \quad \text{für alle } m \in (I)$$

Der letzte Bruch in (16) folgt aus der Tatsache, daß in der Herleitung (11) bis (15) der Index h durch jeden anderen Individuen-Index aus der Menge (I) ersetzt werden kann. Es gilt daher, daß die Portfolio*struktur* für alle Tauschpartner gleich ist und der Relation der Marktwerte der Projekte entspricht.

Das in (16) abgeleitete Ergebnis kann als ein Pooling-Arrangement aufgefaßt werden, demzufolge alle existierenden Ansprüche (i.e. alle Elemente des (J)-Vektors) in einem Fonds zusammengefaßt sind, um anschließend nach einem gemeinsamen Schlüssel, der Relation der Marktwerte entsprechend, verteilt zu werden. Dieses allgemeine Pooling-Ergebnis ergibt sich unabhängig von der Form der Nutzenfunktion und daher unabhängig von dem Grad der individuellen Risikoaversion. Ebenso spielt die Vermögensausstattung und damit die Einkommensverteilung keine Rolle für das Zustandekommen der Gleichheit aller Portfoliostrukturen.

Wohlgemerkt, über das Zustandekommen der Marktwerte bzw. -preise ist bisher noch keine Aussage gemacht worden. Mit dieser Frage beschäftigt sich insbesondere die Kapitalmarkttheorie, deren Beziehung zur pareto-optimalen Risikenteilung im folgenden Abschnitt erläutert werden soll.

3.2.2 Pooling und die Effizienz des Marktportefeuilles

Die Optimalität der Pooling-Vereinbarung wurde für den Fall vollständiger Märkte gezeigt. Dies geht hervor aus der Ableitung der Verträge als abhängig von der jeweiligen R_j-Realisation. Von Interesse für die (positive) Finanztheorie sind jedoch Verträge und daher Portfoliostrukturen, die nicht zustandsabhängig formuliert sind, sondern als Teilungsverträge einen Anteil an einer Wahrscheinlichkeitsverteilung verbriefen. Ist aber nicht jede mögliche Realisation der stochastischen Variablen R_j einzeln handelbar, so spricht man von unvollständigen Märkten. Das obige Pooling-Ergebnis wurde folglich für einen vollständigen Markt abgeleitet. Inwieweit die Optimalitätseigenschaft von Teilungsverträgen auch auf unvollständigen Märkten Gültigkeit behält, wird eingehend in der Literatur zum sogenannten „Spanning" untersucht[23]. Unter

20-30; sowie Nalebuff, B. und J. Stiglitz: „Prizes and incentives: towards a general theory of compensation and competition", in: Bell Journal of Economics 14 (1983): 21-43.

23 Vgl. insbesondere den Überblick bei Merton, R.: „Microeconomic theory of investment", in: Arrow, K. und M. Intrilligator (Hrsg.): „Handbook of mathematical economics", North Holland 1982, Volume II: 601-669.

„Spanning" versteht man dabei die Eigenschaft einer Menge konstruierbarer (i.e. feasible) Portfolios P, jedes einzelne Wertpapier W in seiner Zahlungsstruktur ersetzen, i.e. reproduzieren zu können. Existiert die Möglichkeit des Spanning, so kann der Übergang von vollständigen zu unvollständigen Märkten ohne Verluste an Wohlfahrt durchgeführt werden[24]. Die Betonung im letzten Satz sollte auf „kann" liegen: Die Kapitalmarkttheorie mit ihrer Zwei-Fonds-Separation gibt ein Beispiel für Pareto-Optimalität, die nicht auf der gleichen Ebene liegt wie diejenige vollständiger Märkte. Dies liegt begründet in der Spanning-Eigenschaft der beiden Fonds in bezug auf die Gesamtheit der zugrundeliegenden Wertpapiere, beziehungsweise deren effizienten Kombinationen. Diese „Basis"-Wertpapiere jedoch sind selbst in der Form der oben erwähnten unbedingten Teilungsverträge (d.h. sie betreffen die gesamte Wahrscheinlichkeitsverteilung und nicht jede Realisation einzeln)[25].

Im folgenden steht deshalb die in der Kapitalmarkttheorie übliche Beschränkung auf eine durch Mittelwert und Varianz vollständig beschriebene Welt im Vordergrund[26]. Für diesen Fall läßt sich leicht zeigen, daß, wenn zwei Portfolios (P und R) die effiziente Menge aufspannen, wobei P für ein Portfolio riskanter Wertpapiere und R für ein solches risikoloser Papiere steht, dann ist das Marktportfolio auch effizient[27].

Diese wesentliche Implikation der Kapitalmarkttheorie läßt sich durch den folgenden Argumentationsgang ableiten:

(i) Als „effizient" wird ein Portfolio P mit der Struktur (a_{ij}) genau dann bezeichnet, wenn eine konkave Funktion U_i existiert, für die das Programm

$$(17) \qquad \max_{a_{ij}} E \left\{U_i \left[\left(\Sigma_j a_{ij} \left(R_j - R^*\right) + R^*\right) V_i\right]\right\}$$

ein Optimum an der Stelle P aufweist, so daß gilt

24 Vgl. Cass, D. und J. Stiglitz: „The structure of investor preferences and asset returns, and separability in portfolio selection: A contribution to the pure theory of mutual funds", in: Journal of Economic Theory 2 (1970): 122-160; sowie Merton (1982): 619-637. Zur linearen Algebra vgl. beispielsweise Grosch, G. und V. Ziegler (Hrsg.): „Taschenbuch der Mathematik", Verlag Harri Deutsch 1979 (20. Auflage): 212-219.

25 Vgl. Newbery, D. und J. Stiglitz: „The choice of techniques and the optimality of market equilibrium with rational expectations", in: Journal of Political Economy 90 (1982): 223-246, wo derartige „unvollkommene" Märkte untersucht sowie Pareto-verbessernde Interventionen diskutiert werden.

26 Die relativ enge *strenge* Gültigkeit dieser Voraussetzung ist ausführlich untersucht worden, vgl. Tsiang, S.: „The rationale for the mean-standard deviation analysis, skewness preferences and the demand for money", in: American Economic Review 62 (1972): 354-371.
Siehe auch Ross, S.: „On the general validity of the mean-variance approach in large markets", in: Sharpe, W. und N. Cootner (Hrsg.): „Financial Economics: Essays in honor of Paul Cootner", Prentice Hall 1982: 52-84.

27 Für eine allgemeine Darstellung vgl. Merton (1982).

(18) $$E\ \{U_i'\ [(\Sigma_j a_{ij}^P (R_j - R^*) + R^*)\ V_i]\ (R_j - R^*)\} = 0$$

In (17) besteht das Portfolio aus riskanten Ansprüchen mit (stochastischer) Rendite R_j und dem risikolosen Wertpapier mit R^*, wobei der Teil $(1 - \Sigma_j a_{ij})$ des Gesamtvermögens in dieses risikolose Papier investiert wird.

(ii) Jede Linearkombination effizienter Portefeuilles ist selbst effizient oder äquivalent: alle effizienten Portefeuilles sind vollkommen positiv korreliert. Der Beweis bedient sich des Ausdrucks für die Varianz jeder Mischung c aus zwei effizienten Portefeuilles a und b:

$$s_c^2 = g^2 s_a^2 + (1-g)^2 s_b^2 + g\,(1-g)\,\rho s_a s_b$$

wobei s die Standardabweichung, g und $(1-g)$ die Mischungsproportionen und ρ den Korrelationskoeffizienten zwischen a und b angibt.

Angenommen, und im Gegensatz zur Behauptung, $s_c < g s_a + (1-g)\,s_b$. Dann ist es möglich, ein neues Portfolio d mit den Gewichten f und $(1-f)$ zu konstruieren, das positive Mengen von a und c enthält, so daß die gleiche erwartete Portfoliorendite resultiert, $ER_d = ER_c$. Die Varianz von d ist aber

$$s^2 = f^2 s_a^2 + (1-f)^2 s_c^2 + f\,(1-f)\,\rho_{ac} s_a s_c$$

Entsprechend der obigen Spanning-Annahme wird nun a mit dem risikolosen Papier identifiziert, woraus folgt $s_d = (1-f)\,s_c < (1-f)\,s_b$. Dies widerspricht aber der Ausgangsbehauptung, derzufolge Portfolio b effizient ist, weil bei Geltung der Ungleichung niemals die Bedingung (18) erfüllt sein kann. Also kann nur gelten $s_c = g s_a + (1-g)\,s_b$.

(iii) Es kann daher geschrieben werden: $R^P = \Sigma_{1}^{P} g_i R_i^e$, wobei R^e die Rendite auf ein effizientes Portefeuille und g_i, $0 \leqq g_i \leqq 1$, die Mischungsproportionen angibt und R^P die Rendite auf ein effizientes Portefeuille bezeichnet. Daraus folgt, daß die Menge aller effizienten Portfoliokombinationen konvex ist. Bleibt also nur noch zu zeigen, daß das Marktportfolio zur effizienten Menge gehört. Hierfür nutzen wir die Tatsache, daß die Zwei-Fonds Spanning-Eigenschaft impliziert, daß jeder Anleger die gleiche Anlage*struktur* im riskanten Teil seines Portefeuilles realisieren muß. Wenn a_{ij}/a_{ik} den relativen Anteil von Papier j im Portefeuille jedes Anlegers i bezeichnet, dann kann dieses Verhältnis normalisiert werden, so daß gilt $a_{ij}/a_{ik} = a_j^*/a_k^*$. Dabei soll a_j^* so gewählt werden, daß $\Sigma a_j^* = 1$. Unter Berücksichtigung der Marktgleichgewichtsbedingung kann dann geschrieben werden $a_j^* = a_k^*\ (W_j/W_k)$, wobei W_j und W_k wiederum die respektiven Marktwerte bezeichnen. Summierung $\Sigma_j\ (a_k^* W_j/W_k) = 1$ ergibt $a_k^* = W_k/W_m$, wobei der Index „m" für den Gesamtmarkt steht, $W_m = \Sigma_j W_j$.

Daraus folgt $\Sigma_j a_j^* R_j = \Sigma_j (W_j R_j / W_m) = R_m$. R_m ist der Ertrag auf die konvexe Kombination individuell effizienter Portefeuilles und bezeichnet den Ertrag auf das Marktportfolio.

In den Punkten (i) bis (iii) ist damit gezeigt worden, daß in der durch Mittelwert und Varianz beschriebenen Welt der Kapitalmarkttheorie das Marktportfolio selber effizient ist. Daß das Marktportfolio tatsächlich der ausgewählte Fonds riskanter Projekte ist, bedarf der über das Investorkalkül hinausgehenden Annahme der Räumung aller Wertpapiermärkte.

Da hier keine Gesamtdiskussion der Kapitalmarkttheorie erfolgen soll und ein Vorverständnis der neoklassischen Finanztheorie beim Leser erwartet wird, soll nur noch auf eine wesentliche Eigenschaft aller Spanning-Modelle hingewiesen werden: Die Investoren müssen gleiche Erwartungen hegen über (a) die möglichen Zustände der Welt samt der jeweils zu erwartenden Auszahlungen oder (b) über die gemeinsame Wahrscheinlichkeitsverteilung aller Projekterträge[28]. Hier wie auch an anderer Stelle in der ökonomischen Theorie sollte jedoch die Leistungsfähigkeit eines Modells nicht an der „Realitätsnähe" seiner Annahmen gemessen werden[29].

3.2.3 Risikobewegung bei symmetrischer Informationsverteilung

Die Effizienz des Marktportfolios wird als zentrale Implikation der Kapitalmarkttheorie angesehen. Ihre Bedeutung liegt in zweierlei: Zum einen erlaubt die Orientierung an der Gesamtheit der Vermögenswerte einer Volkswirtschaft einen Zugriff auf das riskante Spanning-Portfolio *ohne* Kenntnis disaggregierter Daten, wie beispielsweise der Einkommensverteilung, der individuellen Präferenzen oder subjektiver Wahrscheinlichkeiten (Erwartungen). Es ist einleuchtend, daß die Zwei-Fonds-Separation damit die Möglichkeit einer empirisch orientierten Finanzmarktforschung entscheidend gefördert hat. Erinnert sei hier an Argumentationsschritt (ii): Da bei Zwei-Fonds-Separation alle effizienten Portfolios vollkommen positiv miteinander korrelieren, kann jedes optimale (d.h. von einzelnen Investoren gewählte) Portfolio mit Hilfe des Marktportefeuilles und des risikolosen Papiers rekonstruiert werden.

Die zweite wesentliche Bedeutung der Effizienz des Marktportfolios liegt in der Möglichkeit zur Ableitung einer allgemeinen Bewertungstheorie für Vermögensgüter. Im folgenden wird dieses Argument nachvollzogen[30] und das entscheidende Ergebnis interpretiert.

---

28 Swoboda, P.: „Heterogene Information und Kapitalstruktur der Unternehmung", in: Zeitschrift für betriebswirtschaftliche Forschung 34 (1982): 705-727, zeigt an einem Beispiel, wie ungleiche Erwartungen zu Marktwertdifferenzen führen können.

29 Vgl. Schmidt (1982) und Krahnen (1983): 183-186.

30 Vgl. Roll, R.: „A critique of the asset pricing theory's test, Part I: On past and potential testability of the theory", in: Journal of Financial Economics 4 (1977): 129-176, bes. 158-175.

Dabei wird gezeigt, daß in einer durch Mittelwert (μ) und Varianz (σ^2) hinreichend beschriebenen Welt die approximative Irrelevanz der (eigenen) Varianz eines Projektes für seinen Marktwert eine direkte Folgerung der Effizienz des Marktportfolios ist. Anders gewendet: Das bekannte Ergebnis im „Capital Asset Pricing Model" (CAPM) bezüglich der Relevanz des systematischen oder Betarisikos ist eine Implikation der Effizienz des Marktportefeuilles und stellt damit eine Aussage über Bewertung bei pareto-optimaler Risikenteilung dar. Diese Folgerung – erst-beste Risikenteilung erzwingt „the rule of one price" (Jevons) – steht in einem gewissen Gegensatz zur üblichen Textbuch-Behandlung des CAPM, wo regelmäßig die Linearitätseigenschaft aus der Nutzentheorie hergeleitet zu werden scheint[31].

Es folgt an dieser Stelle unmittelbar, daß die Linearität der CAPM-Bewertungsbeziehung niemals unabhängig von der angenommenen Effizienz des Marktportfolios getestet werden kann. Die in der empirischen Kapitalmarkttheorie lange Zeit üblichen Tests der Linearitätseigenschaft waren daher tatsächlich Tests der Effizienz des Marktportfolios[32].

Um nun in einigen Schritten die Zero-Beta-Version der CAPM-Bewertungsbeziehung abzuleiten, wird das Programm des Investors geschrieben als:

(19) $$\min_a \sigma^2 (R_P) = a'Va$$

unter *NB* $$a'\underline{1} = 1$$

$$E(R_P) = a'R$$

Dabei bedeuten

R_P: Rendite des gewählten Portfolios P

a : Vektor von n Elementen der Anlageproportionen, ein Apostroph kennzeichnet den transponierten Vektor

$\underline{1}$: $1xn$ Vektor von Einsen, $(1, 1, \ldots, 1)$

V : Matrix der Kovarianzen der Renditen der einzelnen Wertpapiere im Portefeuille, wobei V positiv definit und symmetrisch sein soll.

(19) läßt sich wieder als Lagrange-Programm schreiben:

(20) $$L = a'Va - p\,[a'R - E(R_P)] - q\,[a'\underline{1} - 1]$$

[31] Vgl. beispielsweise Elton, E. und M. Gruber: „Modern portfolio theory and investment analysis", John Wiley & Sons 1981: Kapitel 8 (Nutzentheorie) und Kapitel II (CAPM); sowie die Einleitung in Roll, R. und S. Ross: „An empirical investigation of the arbitrage pricing theory", in: Journal of Finance 35 (1980): 1073-1102.

[32] Dies wurde eindringlich herausgestellt in der einflußreichen Arbeit von Roll (1977), hier S. 129-158. Auf den Anhang dieser Arbeit über „The efficient set mathematics" gründen sich die folgenden Ausführungen; vgl. S. 129-158 sowie die dort genannte Literatur.

wobei p und q Lagrangemultiplikatoren darstellen. Die Anfangsschritte der Manipulation von (20) im Hinblick auf die Zero-Beta-Form des CAPM werden nun vorgeführt.

Differenzierung nach a

(21) $$\frac{\partial L}{\partial a} = 2va - pR - q\,\underline{1} = 0$$

Auflösung nach a

(22) $$a = \frac{1}{2} V^{-1} (R\,\underline{1}) \begin{pmatrix} p \\ q \end{pmatrix}$$

Um V in (22) invertieren zu können, darf das gewählte Portfolio weder redundante Wertpapiere noch ein Papier mit Varianz *und* Kovarianz von Null enthalten. Das sich aus (22) ergebende optimale a, a^*, soll außerdem die Bedingung zweiter Ordnung für ein Minimum erfüllen

$$\frac{\partial^2 L}{\partial a^2} = 2V > 0, \text{ da } V \text{ positiv definit.}$$

Durch Umformung von (22) läßt sich über einige Zwischenschritte die Beziehung

(23) $$R = R_Z \underline{1} + (R_P - R_Z)\,\beta$$

ableiten. Dabei bedeuten

R_Z: Erwartete Rendite auf dasjenige effiziente Portfolio, dessen Ertrag mit dem ausgewählten optimalen Portefeuille p unkorreliert ist. Portefeuille z ist daher orthogonal zu p.

β : $(nx1)$ Vektor der einzelnen Beta-Werte, wobei $\beta_i = \text{cov}(R_i, R_p)/\text{var}(R_p)$.

Der Übergang von (22) zu (23) ist etwas umständlich[33].

Vormultiplikation von (22) mit $(R1)$ ergibt

(23.i) $$(R\,\underline{1})'a = (R\,\underline{1})' V^{-1} (R\,\underline{1}) \begin{pmatrix} p \\ q \end{pmatrix}$$

Sei abkürzend die quadratische Form $(R\,\underline{1})' V^{-1} (R\,\underline{1})$ als A bezeichnet

(23.ii) $$A^{-1} (R\,\underline{1})'a = \frac{1}{2} \begin{pmatrix} p \\ q \end{pmatrix}$$

---

33 Siehe auch Mossin, J.: „Theory of financial markets", Prentice Hall 1973: 751.

Nun ist aber $a'R = R_p$ und $a'\underline{1} = 1$, so daß (23.ii) vereinfacht werden kann

(23.iii) $$\frac{1}{2}\begin{pmatrix} p \\ q \end{pmatrix} = A^{-1}\begin{pmatrix} R_p \\ \underline{1} \end{pmatrix}$$

(23.iii) eingesetzt in (22) gibt

$$a = V^{-1}\,(R\,\underline{1})\,A^{-1}\begin{pmatrix} R_p \\ \underline{1} \end{pmatrix}$$

oder

(23.iv) $$Va = (R\,\underline{1})\,A^{-1}\begin{pmatrix} R_p \\ \underline{1} \end{pmatrix}$$

Gleichung (23.iv) nennt die gewünschten optimalen Anlageproportionen des Investors, und zwar – wie leicht zu erkennen – ohne jedes idiosynkratische, d.h. projekt-spezifische Element. Der a-Vektor und daher auch die je optimale Portfoliostruktur ist für alle Anleger gleich, die denselben R_p-Wert als Mindeststandard in (19) vorgeben.

Für die folgenden Umformungen von (23.iv) werden drei Zwischenschritte benötigt.

(a) Die $2x2$ Matrix A ist gemäß (23.ii) definiert als

$$A = \begin{bmatrix} R'V^{-1}R & R'V^{-1}\underline{1} \\ \underline{1}'V^{-1}R & \underline{1}'R^{-1}\underline{1} \end{bmatrix} \equiv \begin{bmatrix} b & c \\ c & d \end{bmatrix}$$

Ihre Inverse ist dann

(23.v) $$A^{-1} = \frac{\text{Adjunkte Matrix zu } A}{\text{Determinante zu } A} = \frac{\begin{pmatrix} d & -c \\ -c & b \end{pmatrix}}{\begin{vmatrix} b & c \\ c & d \end{vmatrix}} = \frac{\begin{pmatrix} d & -c \\ -c & b \end{pmatrix}}{bd - c^2}$$

(b) Die Kovarianz zwischen irgendeinem (nicht notwendig effizienten) Portfolio q und einem zweiten Portfolio t ergibt sich durch Einsetzen von (23.iv) in (19)

$$\operatorname{cov}(\tilde{R}_q, \tilde{R}_t) = \sigma_{qt} = (R_q\;\underline{1})\,A^{-1}\begin{pmatrix} R_t \\ \underline{1} \end{pmatrix}$$

Sind nun q und t orthogonal zueinander, so daß $\operatorname{cov}(\tilde{R}_q, \tilde{R}_t) = 0$, dann ist q das *Zero-Beta-Portfolio* Z in bezug auf t.

$$(R_Z \ \underline{1})\, A^{-1} \begin{pmatrix} R_t \\ \underline{1} \end{pmatrix} = 0$$

Multiplikation beider Seiten mit der Determinante von A

$$(R_Z \ \underline{1}) \begin{pmatrix} d & -c \\ -c & b \end{pmatrix} \begin{pmatrix} R_t \\ \underline{1} \end{pmatrix} = 0$$

Schließlich, auflösen nach R_Z:

(23.vi) $$R_Z = (b - cR_Z)/(c - dR_t)$$

(c) Ebenso kann die Varianz des Portfolios t geschrieben werden als

$$\text{Var}\,(\tilde{R}_t) = \sigma_t^2 = (R_t \ \underline{1})\, A^{-1} \begin{pmatrix} R_t \\ \underline{1} \end{pmatrix}$$

Ersetzen von A^{-1} durch (23.v) und Ausmultiplizieren ergibt

(23.vii) $$\sigma_t^2 = (b - 2cR_t + dR_t^2)\, /\, (bd - c^2)$$

Die drei Zwischenergebnisse in (a), (b) und (c) sollen nun in Gleichung (23.iv) eingesetzt werden. Die rechte Seite von (23.iv) läßt sich mit Hilfe von (23.v) umschreiben

(23.viii) $$A^{-1} \begin{pmatrix} R_p \\ \underline{1} \end{pmatrix} = \begin{pmatrix} dR_p & -c \\ -cR_p & b \end{pmatrix} / \,(bd - c^2)$$

$$= \frac{dR_p - c}{bd - c^2} \begin{pmatrix} \underline{1} \\ -R_z \end{pmatrix} \quad \text{[wegen (23.vi)]}$$

Der Bruch $(dR_p - c)/(bd - c^2)$ ist aber identisch mit $\sigma_p^2/(R_p - R_z)$, wie leicht zu sehen ist:

Der Nenner: $R_p - R_z = R_p - (b - cR_t)/(c - dR_t) = (R_p c - dR_p^2 - b + cR_t)/(c - dR_t)$.

Der Zähler: Siehe Gleichung (23.vii).

Daher ist $\sigma_p^2/(R_p - R_z) = (dR_t - c)/(bd - c^2)$.

Zusammenfassend kann daher für (23.vi) geschrieben werden

$$Va = (R\,\underline{1})\, A^{-1} \begin{pmatrix} R_p \\ \underline{1} \end{pmatrix} = (R\,\underline{1})\, \frac{\sigma_p^2}{R_p - R_z} \begin{pmatrix} \underline{1} \\ -R_z \end{pmatrix}$$

Auflösung nach R ergibt

$$R = R_z \underline{1} + Va\,(R_p - R_z)/\sigma_p^2$$

Nun ist aber $(Va)/\sigma_p^2 = \beta$, weil Va der Vektor der Kovarianzen jedes einzelnen Papiers mit allen übrigen in p enthaltenen Projekten umfaßt.

Daher

$$R = R_z \underline{1} + (R_p - R_z)\,\beta = R_z\,(\underline{1} - \beta) + R_p \beta \tag{24}$$

Gleichung (24), die Zero-Beta-Form des CAPM[34], konnte als Implikation der Effizienz des Marktportfolios hergeleitet werden. Ersetzen wir jetzt noch den Index p durch jenen für das Marktportfolio, m, dann erhalten wir die übliche CAPM-Formulierung. Für jedes einzelne Projekt i gilt dann

$$E\,(R_i) = E\,(R_z)\,(1 - \beta_i) + E\,(R_m)\,\beta_i \tag{25}$$

wobei die Tatsache, daß es sich um erwartete Renditen handelt, explizit berücksichtigt wurde. $\beta_i = \text{cov}\,(R_i, R_m)/\text{var}\,(R_m)$ ist folglich das einzig bewertungsrelevante Risiko und wird als „systematisches" Risiko bezeichnet.

Einige Bemerkungen zu diesem Ergebnis sind angebracht[35]:

(1) Das relative Risikomaß Beta ist keine isolierbare Eigenschaft eines Projekts (bzw. seiner Rendite), sondern ergibt sich erst aus der Zusammenstellung mit anderen, im Grenzfall allen existierenden Vermögensgütern. Daher ist es nicht sinnvoll, von der Riskanz eines Projektes „an sich" zu reden. Ebenso sinnlos sind individuelle Risikovergleiche verschiedener Objekte *ohne* Bezug auf eine übergreifende Objektgesamtheit.

(2) Die Bewertungsrelevanz des relativen Beta-Maßes impliziert die approximative Irrelevanz der eigenen (idiosynkratischen) Varianz eines Wertpapiers: Unter den n Elementen der Kovarianz von R_i und R_m taucht die Varianz von R_i nur ein einziges Mal auf. In einem gleichgewichteten Portfolio folgt unmittelbar, daß der Einfluß der Varianz bei steigender Wertpapierzahl n gegen Null konvergiert.

(3) In Gleichung (24) kommt auch die Analogie zu dem Pooling-Ergebnis zum Ausdruck. Auf vollständigen Märkten, so wurde über die „Borch-Bedingung" abgeleitet, ergibt sich optimale Risikenteilung aus einem Pool-Arrangement aller beteiligten Akteure. Jeder Anleger ist dann nur noch von der Eigenschaft des Pools, nicht von der Varianz einzelner

---

34 Vgl. Black, F.: „Capital market equilibrium with restricted borrowing", in: Journal of Business 45 (1972): 444-455.

35 Vgl. zu den Eigenschaften des Beta-Maßes z.B. Elton / Gruber (1981), Teil II.

Prospekte, berührt. Konsequenterweise ist sein Augenmerk bei der Bewertung einzelner Projekte ausschließlich auf dessen Einfluß bezüglich der Eigenschaft des Pools gerichtet.

Werden im letzten Satz die Worte „Eigenschaft“ und „Pool“ durch die Begriffe „Varianz“ und „Marktportfolio“ ersetzt, dann haben wir eine Charakterisierung von „Beta“, dem relativen Risikomaß der Kapitalmarkttheorie.

In beiden Fällen – vollständige Märkte bei Borch einerseits und unvollständige Märkte etwa mit zwei-Fonds Spanning andererseits – liegt das Ergebnis in der für alle Akteure gleichen Struktur des riskanten Vermögensteils. Der für alle Anleger gemeinsame Wert des a-Vektors wiederum fußt auf der Exogenität der Wahrscheinlichkeitsverteilung $F(R)$. Diese Gegebenheit der stochastischen Eigenschaften der Welt äußerte sich in den Gleichungen (8) und (9) darin, daß die kumulierte Dichte $F(.)$ *nicht* nach dem Entscheidungsparameter a differenziert werden mußte. Eine solche Modellkonstruktion, bei der Handlungen des Akteurs keinen Einfluß nehmen auf die gemeinsame Wahrscheinlichkeitsverteilung aller Projekterträge, soll im folgenden „exogene Stochastik“ heißen.

3.3 Risikenteilung bei asymmetrisch verteilter Information

3.3.1 Einführung

Pareto-optimale Risikenteilung bei symmetrischer Informationsverteilung erzwingt in einer μ-σ Welt die alleinige Bewertungsrelevanz des Kovarianzrisikos in bezug auf den Gesamtmarkt. Es wurde außerdem gezeigt, daß die Annahme exogener Stochastik eine *hinreichende* Bedingung für dieses Ergebnis ist.

In diesem dritten Abschnitt soll nun untersucht werden, ob exogene Stochastik auch *notwendig* ist für das Ergebnis in Gleichung (30).

Dabei soll so vorgegangen werden, daß nach den Bedingungen für optimale Risikenteilung gesucht wird, wenn die stochastischen Eigenschaften der Welt von den Handlungen der Akteure abhängen. Diese Abhängigkeit mag durch die folgende Situationsbeschreibung motiviert werden:

Die betrachtete Volkswirtschaft besteht in der Ausgangssituation aus einer Menge von Individuen, die jeweils Alleineigentümer eines einzelnen Projektes sind, welches sie auch verwalten. Solange Anteile an diesen Projekten nicht handelbar sind, trägt jeder „Eigner-Manager“ das gesamte idiosynkratische Risiko seines Projektes, ohne eine Möglichkeit der Diversifikation.

Der riskante Teil seines Portfolios besteht dann zu 100 % aus den Anteilen an der eigenen Firma. Als verantwortlicher Manager fällt er auch alle Investitionsentscheidungen[36] in seinem und daher aller Kapitalgeber Interesse. Die Interessenkongruenz von Eigner und Manager ist in der Ausgangssituation trivialerweise gewährleistet, weil personelle Identität zwischen beiden besteht. Wird die personelle Identität aber aufgehoben, dann können tatsächliche Konflikte auftreten: Der Grund liegt in der asymmetrischen Informationsverteilung zwischen den Gruppen.

Die Annahme asymmetrischer Informationsverteilung besagt, daß nicht alle Handlungen des Managers kostenlos durch die Kapitalgeber beobachtet werden können. Wäre vollständige Beobachtbarkeit möglich, dann ließe sich ein Vertrag zwischen Kapitalgeber und Manager konstruieren, der dem Manager unter hoher „Straf"-Androhung für jede Eventualität die „richtige" Handlung vorschreibt. Bei Nicht-Beobachtbarkeit jedoch *kann* der Manager in seinem Eigeninteresse Entscheidungen fällen, die den Vermögensinteressen der Kapitalgeber zuwiderlaufen. Insbesondere kann der Manager ein Interesse daran entwickeln, seine Produktionsaufgabe mehr oder weniger engagiert zu erfüllen und dadurch einen nicht-trivialen Einfluß auf die Wahrscheinlichkeitsverteilung seines Projektes zu nehmen.

Mit der Einführung eines Wertpapiermarktes ergibt sich für jeden Eigner-Manager nun die Möglichkeit, (a) Eigen- durch Fremdkapital zu substituieren und (b), entsprechend, sein eigenes Portfolio um Anteile einiger oder mehrerer anderer Projekte zu erweitern. In dem Maße, in dem Diversifikation tatsächlich wünschenswert ist, wird die Aktivierung des Wertpapiermarktes zu einem Netz gegenseitiger Ansprüche führen. Das Portfolio eines typischen Anlegers enthält dann eine Menge „fremder" Projektanteile, deren stochastische Eigenschaften für ihn ein Datum sind, sowie eine zweite Teilmenge „eigener" Projektanteile, deren stochastische Eigenschaften durch seine späteren Handlungen beeinflußt werden.

Auswahl und insbesondere Art der Durchführung der jeweiligen Investitionsprojekte sind für den verantwortlichen Manager Teil seines Optimierungskalküls. In dieser um den Wertpapiermarkt erweiterten Ökonomie stellen sich Eigner-Manager gemischte Portfolios zusammen und beeinflussen gleichzeitig die Renditeverteilung *eines* Vermögensgutes im Portefeuille durch die Wahl eines bestimmten Investitionsvolumens oder -risikogehalts. In einer solchen Situation sprechen wir von *endogener* Stochastik.

Inwiefern unterscheiden sich nun der Kapitalmarkt bei symmetrischer und asymmetrischer Informationsverteilung?

---

36 „Investitionsentscheidung" beinhaltet hier auch die Aufwendung von Mitteln für „Konsum auf dem Arbeitsplatz" (fringe benefits) und andere Kapitalverwendungen, die im Interesse des Managers und zu Lasten der übrigen Kapitalgeber getroffen werden. Vgl. beispielsweise Jensen, M. und W. Meckling: „Theory of the firm: Managerial behavior, agency costs and ownership structure", in: Journal of Financial Economics 3 (1976): 305-360.

Im vorigen Abschnitt, der den Fall symmetrischer Verteilung von Informationen untersuchte, bestand das Problem darin, eine Teilungsregel der unsicheren Projekterträge auf alle Marktakteure zu finden, die eine pareto-optimale Risiken-Aufteilung ermöglicht. Das Pooling-Ergebnis ebenso wie die simple lineare Bewertungsgleichung des CAPM sind Resultate einer mikroökonomischen Optimierung, die sich ausschließlich auf den Effekt der Risikenteilung konzentriert. Die Einführung des allgemeineren Falles asymmetrisch verteilter Information verhindert aber alleiniges Konzentrieren auf Risikenteilung. Es gilt nämlich, das nun auftretende „Anreiz-Problem" zu berücksichtigen, den „trade-off" zur Risikenteilung herauszufinden, und eine Art von Balance zwischen den beiden Effekten (Ausgleich der marginalen Substitutionsraten) herzustellen.

Auf einer intuitiven Ebene liegt das Anreizproblem in dem Auseinanderfallen von Haftung und Entscheidung. Dies ist immer dann der Fall, wenn ein Manager nicht auch Alleineigner des von ihm betreuten Projektes ist[37].

Was also bewirkt die Endogenisierung der stochastischen Eigenschaften der Welt in dem üblichen Programm der Portfolio-Selektion? Insbesondere interessiert, ob der Übergang zum (Kapital-)Marktgleichgewicht wieder mit der strengen Zwei-Fonds-Separation einhergeht. Mit anderen Worten: Wählen Akteure auch bei endogener Stochastik die Struktur des Marktportfolios für den riskanten Teil ihres Gesamtportfolios? Sofern die Antwort auf diese Fragen negativ ist, kann folglich das systematische Risiko („Beta") nicht mehr die einzige bewertungsrelevante Risikokomponente sein. In diesem Falle ist auch gezeigt, daß die Exogenität der Stochastik sowohl hinreichend als auch notwendig für die Linearität der CAPM-Grundbeziehung (25) ist.

3.3.2 Ein Non-Pooling-Ergebnis für endogene Stochastik

Um in Abschnitt 3.2 zu dem allgemeinen Pooling-Ergebnis zu gelangen, war von dem folgenden Programm ausgegangen worden:

$$(6) \qquad \max_{a_{ij}} \; \Sigma_i G_i \int U_i \left[V_i \Sigma_j a_{ij} (R_j) \right] dF(R)$$

unter der Nebenbedingung

$$(7) \qquad R_j W_j = \Sigma_i a_{ij} (R_j) \, V_i$$

[37] Hier soll nicht im einzelnen auf asymmetrische Informationsverteilung eingegangen werden. Für eine einführende Behandlung vgl. Arrow, K.: „Uncertainty and the welfare economics of medical care", in: American Economic Review 53 (1963): 941-973; sowie Pauly, M.: „The economics of moral hazard: Comment", in: American Economic Review 59 (1969): 531-537. Die m.E. beste Einschätzung findet sich in Stiglitz (1983).

„Exogenität“ der Stochastik kommt in (6) in der Verteilungsfunktion $F(.)$ zum Ausdruck. F beschreibt eine Funktion, die als Domäne den J-dimensionalen Raum und als Gegendomäne das Intervall [0,1] aufweist. Diese aus allen R_j-Elementen gemeinsam gebildete Verteilungsfunktion ist bei symmetrischer Informationsverteilung lediglich eine Funktion der Projektrenditen. Asymmetrischer Informationsverteilung kann nun dadurch Rechnung getragen werden, daß jeder Akteur $i, i = 1, 2, \ldots, I$, in bezug auf die Rendite seines eigenen Projektes Einfluß nehmen kann auf die gemeinsame Verteilungsfunktion. $F(.)$ enthält dann neben dem Vektor R einen weiteren Vektor, z, der mit seinen Argumenten $z_i, i = 1, \ldots, I$ für die Handlungen der Akteure steht.

Das neue und um die Handlungen der Akteure erweiterte Programm[38/39] lautet dann

$$(26) \qquad \max_{(a_{ij},\, z_i)} \; \Sigma_i G_i \int U_i \left[V_i \Sigma_j a_{ij} (R_j) \right] dF(R, z)$$

unter den Nebenbedingungen

$$(27) \qquad R_j W_j = \Sigma_i a_{ij} (R_j) \, V_i$$

$$(28) \qquad \int U_i \left[V_i \Sigma_j a_{ij} (R_j) \right] d \, \frac{\partial F(R, z)}{\partial z_i} = 0 \qquad \forall i$$

Gleichung (28) ist die eigentliche Neuerung gegenüber dem ursprünglichen Programm. Sie stellt die Bedingung erster Ordnung dar für die optimale Handlung (hier beispielsweise: Investitionsentscheidung) des Akteurs i, *gegeben* die das Pareto-Programm (26) maximierende Wahl der Portfoliostruktur. Von besonderer Bedeutung ist der Term $d\,[\partial F(R, z) / \partial z_i]$: Die Ableitung der Verteilungsfunktion nach dem Aktionsparameter soll annahmegemäß nicht positiv sein: $\partial F(R, z) / \partial z_i < 0$.

Abbildung 3.1 verdeutlicht diese Beziehung für den univariaten Fall[40].

---

38 Vgl. zu einer weitgehend ähnlichen, jedoch auf den Zwei-Personen-Fall (Prinzipal-Agent) konzentrierten Perspektive Holmström (1979); Harris / Raviv (1978) sowie Baron (1979).

39 Es ist darauf hinzuweisen, daß das Programm in der genannten Form nicht vollständig formuliert ist. Insbesondere fehlt die notwendige Bedingung zweiter Ordnung. Ihre Gegebenheit wird hier zwar stillschweigend angenommen – jedoch kann davon nicht ohne weiteres ausgegangen werden, wie Grossmann, S. und O. Hart: „An Analysis of the Principal-Agent Problem“, in: Econometrica 51 (1983): 8-45, zeigen. Vgl. dort insbesondere S. 8.

40 Vgl. die Ausführungen zur stochastischen Dominanz in Anhang D.

Abbildung 3.1: Stochastische Dominanz der ersten Ordnung

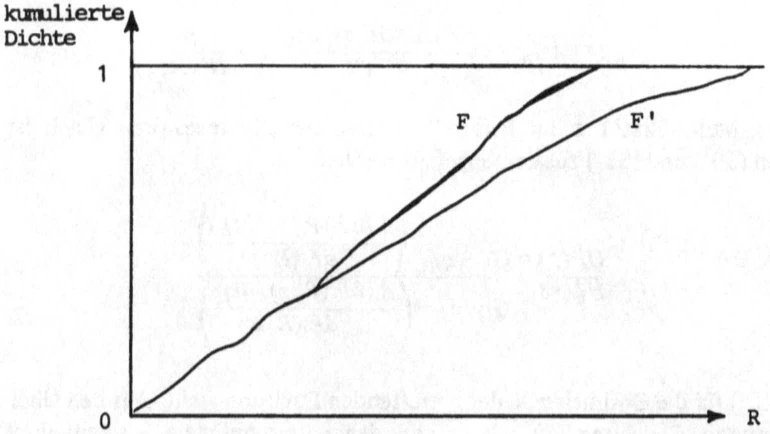

Die Verschiebung von F nach F' ist ausgelöst durch den nicht-negativen (marginalen) Effekt, den z_i auf den Vektor R ausübt, $\partial R/\partial z_i \geq 0$.

Das Lagrange-Programm lautet dann

(29) $$L = \Sigma_i G_i \int U_i [V_i \Sigma_j a_{ij} (R_j)] \, dF(R,z) + p \, [R_j W_j - \Sigma_i a_{ij} (R_j) \, V_i] -$$

$$\Sigma_i \, q_i \int U_i \, (V_i \Sigma_j a_{ij} (R_j)) \, d \frac{\partial F(R,z)}{\partial z_i}$$

wobei p und q die Multiplikatoren sind.

Punktweise Differenzierung nach $a_{ij}(R_j)$ ergibt die Euler-Lagrange-Bedingung

(30) $$G_i U_i' \, [V_i \Sigma_j a_{ij}^* (R_j)] \, V_i \, dF(R,z) = p V_i + q_i V_i U_i' \, [*] \, d \frac{\partial F(R,z)}{\partial z_i}$$

Umstellung und Division durch $dF(R,z)$

(30′) $$U_i' \, [*] \, \{G_i - q_i \frac{d \, (\partial F(R,z)/\partial z_i)}{dF(R,z)}\} = \frac{p}{dF(R,z)}$$

Bedingung (30′) verlangt die Angleichung aller Grenznutzen aus der Vermögensanlage.

Wie schon zuvor – vgl. Fußnote 39 – wird die Bedingung zweiter Ordnung als erfüllt angenommen. Operation (29) bis (30′) kann nun für einen zweiten

Anleger h mit Anlagegewichten $a_{hj}(R_j)$ wiederholt werden. Entsprechend ergibt sich als Euler-Lagrange-Bedingung

$$(31') \qquad U_h'(*) \left\{G_h - q_h \frac{d\,(\partial F(R,z)/\partial z_h)}{dF(R,z)}\right\} = \frac{p}{dF(R,z)}$$

Da der Multiplikator p im Pareto-Programm für alle Investoren gleich ist, können (30′) und (31′) zusammengefaßt werden.

$$(32) \qquad \frac{U_i'(*)}{U_h'(*)} = \frac{G_h - q_h \left(\frac{d\,(\partial F(R,z)/\partial z_h)}{dF(R,z)}\right)}{G_i - q_i \left(\frac{d\,(\partial F(R,z)/\partial z_i)}{dF(R,z)}\right)}$$

wobei (*) für die Optimalstelle der betreffenden Funktion steht. Aus den Überlegungen zu Gleichung (9) wissen wir, daß pareto-optimale Risikenteilung genau dann vorliegt, wenn die rechte Seite von (32) konstant ist[41].

Nun kann aber $d\,[\partial F(R,z)/\partial z_h]/dF(R,z)$ unter den getroffenen Annahmen nicht konstant sein.

Um dies zu sehen[42] wird die folgende Sprachregelung vereinbart:

$d\,[\partial F(R,z)/\partial z_i]/dF(R,z) = [\partial f(R,z)/\partial z_i]/f(R,z) \equiv f_{z(i)}/f$, wobei $f(.)$ die zu $F(.)$ gehörende Dichtefunktion und $F(.)$ folglich als kontinuierlich differenzierbar angenommen ist. Wäre nun $f_{z(i)}/f$ = konstant = k, dann könnte diese Konstante nur Null sein, denn $f_{z(i)}$ ist stets gleich Null, wegen $\int f = 1$. Unter diesen Umständen ist aber $\int f \cdot k$ ebenfalls gleich Null. Dies impliziert aber, daß $f_{z(i)}$ an jeder Stelle gleich Null ist, was unserer Annahme $\partial F(R,z)/\partial z_i < 0$ widerspricht.

Die Erfüllung der Borch-Bedingung setzt daher $q_i = 0$ voraus. Der Wert für q_i in (29) ergibt sich aus der Differenzierung nach z_i:

$$(33) \qquad G_i \int U_i(*)\, d\,\frac{\partial F(R,z)}{\partial z_i} = q_i \int U_i(*)\, d\,\frac{\partial^2 F(R,z)}{\partial z^2{}_i}$$

Nun ist das Integral auf der rechten Seite von (33) gerade die Bedingung zweiter Ordnung für die optimale Wahl von z_i durch den Akteur und daher negativ. Das Vorzeichen von q_i muß daher entweder dem Vorzeichen der linken Seite von (33) entgegengesetzt oder Null sein. Das Integral der linken Seite ist definiert über die Veränderung der Dichtefunktion. Da wir stochastische Dominanz der ersten Ordnung angenommen haben und außerdem

---

41 Vgl. Borch (1960): 167–169.

42 Der Beweis folgt Holmström (1979): 78.

$\int d\,[\partial F(R,z)/\partial z_i] = 0$ sein muß, wissen wir, daß das „Differenzintegral" niedrigere Nutzenwerte mit negativen und höhere Nutzenwerte mit positiven Dichtedifferenzen gewichtet. Da die Summe der positiven jene der negativen Dichtedifferenzen entspricht, muß das Integral auf der linken Seite von (33) stets positiv sein. Folglich ist q_i strikt negativ, so daß für das Programm (29) gefolgert werden kann: Die gesamtgesellschaftliche Wohlfahrt (i.e. die Integralsumme von (29)) steigt mit jedem z_i. Mit anderen Worten: Jeder Akteur begrüßt den steigenden Arbeitseinsatz z aller anderen Akteure. Der Schattenpreis jedes z_i ist positiv.

Es ist Zeit für eine kleine Pause, um die ‚Ernte' der letzten Seiten zusammenzufassen. In einer etwas umständlich anmutenden Argumentation ist gezeigt worden, daß optimale Risikenteilung bei asymmetrischer Informationsverteilung nicht zu der einfachen Borch-Bedingung führt. Die rechte Seite in Gleichung (32) ist *keine* Konstante. Führt dieses Ergebnis nun gleichzeitig zu einer Zerstörung der Pooling-Regelung? Hier ist der zentrale Punkt dieses Abschnitts erreicht: Erweist sich nämlich die Pooling-Regel nicht länger als optimal, dann ist uno acto auch die lineare Bewertungsformel des CAPM hinfällig.

In Anlehnung an die Vorgehensweise in Abschnitt 3.2 wird nun Bedingung (32) nach R_j differenziert.

(34) $$U_i''(*)\, V_i \frac{\partial a_{ij}^*}{\partial R_j} B_i + \frac{\partial B_i}{\partial R_j} U_i'(*) = U_h''(*)\, V_h \frac{\partial a_{hj}^*}{\partial R_j} B_h + \frac{\partial B_h}{\partial R_j} U_h'(*)$$

wobei $B_i \equiv G_i - q_i \{d\,[\partial F(R,z)/\partial z_i]/dF(R,z)\}$ und entsprechend $B_h = G_h - q_h \{d\,[\partial F(R,z)/\partial z_h]\, dF(R,z)\}$.

Isolierung von $V_i\,[\partial a_{ij}^*/\partial R_j]$ und Summierung über alle i ergibt

(35) $$\begin{aligned} \Sigma_i V_i \frac{\partial a_{ij}^*}{\partial R_j} = {} & V_h \frac{\partial a_{hj}^*}{\partial R_j} B_h U_h''(*) \cdot (\Sigma_i U_i''(*)^{-1}\, B_i^{-1}) + \\ & \frac{\partial B_h}{\partial R_j} \cdot \frac{U_h'(*)}{\Sigma_i U_i''(*)\, B_i} + \Sigma_i \frac{\partial B_i}{\partial R_j} A_i^{-1}\, B_i^{-1} \end{aligned}$$

wobei $A_i = -[U_i''(*)/U_i'(*)]$ den Koeffizienten der absoluten Risikoaversion bezeichnet[43].

Aus der Differenzierung von (27) nach R_i wissen wir aber, daß

$$\Sigma_i V_i \partial a_{ij}/\partial R_j = W_j\,,$$

[43] Vgl. Pratt, J.: „Risk aversion in the small and in the large", in: Econometrica 32 (1960): 122-136; sowie Arrow, K.: „Essays in the theory of riskbearing", North Holland 1971, Kapitel drei.

so daß auch die rechte Seite von (35) im Gleichgewicht dem Marktwert des Projektes j entsprechend muß.

Die gleiche Operation kann dann für ein zweites Objekt q wiederholt werden:

$$W_q = V_h \frac{\partial a^*_{hq}}{\partial R_q} B_h U_h''(*) \cdot (\Sigma_i U_i''(*)^{-1} B_i^{-1}) +$$

(36)

$$\frac{\partial B_h}{\partial R_q} \frac{U_h'(*)}{\Sigma_i U_i''(*) B_i} + \Sigma_i \frac{\partial B_i}{\partial R_q} A_i^{-1} B_i^{-1}$$

Division von (35) durch (36) führt dann für lineare Teilungsregeln zu einer *gemeinsamen* Portfoliostruktur, wenn B_h und B_i Konstanten sind[44]. Dann nämlich ergibt sich die Bedingung für das Pooling-Ergebnis aus dem ersten Abschnitt:

$$\text{(16)} \qquad \frac{W_j}{W_q} = \frac{\partial a^*_{hj} / \partial R_j}{\partial a^*_{hq} / \partial R_q}$$

Im Zusammenhang mit Gleichung (32) ist aber bereits gezeigt worden, daß sowohl B_h als auch B_i *keine* Konstanten sein können.

Folglich ist die je optimale Portfoliostruktur des Anlegers h abhängig (i) von seiner Beeinflussungsmöglichkeit der Verteilungsfunktion F, sowie (ii) von dem Koeffizienten der absoluten Risikoaversion und damit von den Krümmungseigenschaften der individuellen Nutzenfunktion:

$$\text{(37)} \qquad \frac{a^*_{hj}}{a^*_{hq}} = g \left(\frac{\partial F(R, z)}{\partial z_h} ; A_h \right)$$

Die Portfoliostruktur des h wird durch idiosynkratische Elemente beeinflußt. Bei endogener Stochastik kann deshalb kein erst-bestes Pool-Arrangement erwartet werden, sofern die Akteure nicht als identisch angenommen werden. Ein Modell mit Akteuren, deren Nutzenfunktionen lineare Transformationen voneinander sind, würde die mit der Einführung asymmetrischer Informationsverteilung verbundene Problemstellung trivialisieren. Der Sonderfall identischer Akteure soll deshalb im weiteren außer Betracht bleiben.

---

44 Dieser Fall – B_i und B_h als Konstante – ist nicht notwendig für die Ableitung einer gemeinsamen Portfoliostruktur bei asymmetrischer Informationsverteilung. Inspektion von (40) und (41) zeigt, daß auch die Bedingung

$$(\partial B_h / \partial R_q)\, U_h'(*) = -\, (\Sigma_i U_i''(*) B_i)\, (\Sigma_i \frac{\partial B_i}{\partial R_q} A_i^{-1} B_i^{-1})$$

zu dem genannten Ergebnis führen würde.

3.3.3 Marktbewertungstheorie und endogene Stochastik

3.3.3.1 Zur Formulierung des Modells

Nachdem im vorangegangenen Abschnitt das Non-Pooling-Ergebnis für den Fall asymmetrischer Informationsverteilung auf vollständigen Märkten gezeigt werden konnte, stellt sich sofort die Frage, inwiefern die auf der Zwei-Fonds-Separation aufbauende Marktbewertungstheorie neu zu überdenken ist.

„Beta" als der relativ zu einem effizienten (Markt-)Portefeuille kalkulierte Risikobeitrag eines Wertpapiers zum Gesamtrisiko des Marktes kann jetzt nicht mehr als ein hinreichendes Maß für das bewertungsrelevante Risiko angesehen werden. Über die nicht eindeutig beobachtbare Handlung des Akteurs (und Manager-Eigners) tritt eine zusätzliche Risikodimension auf, die selbstverständlich von einem rational kalkulierenden Markt erkannt und in den Preisen diskontiert wird. Die im folgenden zu überprüfende Vermutung richtet sich auf die Bedeutung der Varianz: Im Gegensatz zur traditionellen Finanztheorie wird bei endogener Stochastik auch die idiosynkratische Varianz eines Projekts bewertungsrelevant. Kann diese behauptete Rolle der eigenen Variabilität einer Projektrendite gezeigt werden, dann ergeben sich erhebliche Änderungen sowohl in bezug auf die *Weite* der von der Finanztheorie zu beschreibenden Phänomene, als auch bezüglich der *Perspektive*, aus der eine Erklärung vorgenommen wird. Wie weiter unten am Beispiel von Kreditverträgen noch ausführlich zu zeigen sein wird, werden beobachtbare Regelmäßigkeiten, die in der praxisorientierten Finanzlehre immer schon benannt worden sind, mit Hilfe einer Varianz-orientierten Sichtweise auch finanztheoretisch erklärbar.

In den folgenden Abschnitten dieses Kapitels soll das Entscheidungsproblem des Investors bei asymmetrischer Informationsverteilung untersucht werden. Ungleiche Informationsstände ergeben sich dabei aus der Trennung der Gesamtheit der Akteure in (i) die Gruppe der Anleger und (ii) die Gruppe der Manager-Eigner. Letztere können (aber müssen nicht) Teil-Eigner der von ihnen geleiteten Unternehmung sein. Sie haben realen Einfluß auf das Investitionsverhalten beziehungsweise Produktionsergebnis ihrer Firma, welcher hier ganz unspezifiziert durch die Wahl eines „Aktivitätsniveaus" z dargestellt wird. In allgemeiner Form wird dann für die Nutzenfunktion des repräsentativen Anlegers und Manager-Eigners $V(y)$ und $U(y, z)$ geschrieben. Dabei steht „y" für ‚Einkommen am Periodenende' und, wie üblich, soll die Nutzenfunktion konkav sein mit $\partial V/\partial y$, $\partial U/\partial y > 0$ und $\partial^2 V/\partial y^2$, $\partial^2 U/\partial y^2 < 0$ sowie $\partial U/\partial z < 0$. Folglich ist mit der Wahl von z ein bestimmtes ‚Arbeitsleid' verbunden.

Etwas problematischer ist die Bestimmung des Einkommensterms y. Gehen wir zur Illustration davon aus, die Rendite eines jeden Projektes j, R_j, sei stochastisch und ließe sich in der Form $\tilde{R}_j = E(\tilde{R}_j) + \epsilon_j$ schreiben. Dabei ist $\tilde{R}_j$ eine zufallsbedingte Realisierung, $E(\tilde{R}_j)$ deren Erwartungswert, und ϵ_j stellt einen Störterm dar, dessen Mittelwert $E(\epsilon_j)$ Null beträgt und eine Varianz $E(\epsilon_j^2) = \sigma_\epsilon^2 < \infty$ hat.

Durch diese Festlegung bezüglich der Zufallsvariablen ergibt sich der Term y (Einkommen) als der Portfolioertrag aus einer Investition in ein riskantes Projekt j und ein risikofreies Projekt mit Rendite R^*: $y = [\alpha R_j + (1 - \alpha) R^*] W$, wobei W für das Vermögen des Akteurs steht.

Die Betrachtung des Portfolioproblems eines typischen Anlegers offenbart eine Unvereinbarkeit mit einer wichtigen Implikation der Kapitalmarkttheorie, nämlich der Bewertungs- und damit Entscheidungsirrelevanz des diversifizierbaren oder unsystematischen Risikos.

$$(38) \qquad \max_{\alpha} EV(y) = EV \{[\Sigma_i \alpha_i (\bar{R}_i + \epsilon_i) + (1 - \Sigma_i \alpha_i) R^*] W\}$$

wobei die Budgetbedingung bereits eingearbeitet worden ist $[\Sigma_i \alpha_i + (1 - \Sigma_i \alpha_i) = 1]$. Die notwendige Bedingung für ein Maximum in bezug auf Projekt K lautet

$$(39) \qquad EV'(*)(\bar{R}_K + \epsilon_K - R^*) = 0$$

Umformung von (39) ergibt

$$(40) \qquad E(V' \epsilon_K) = - E[V'(\bar{R}_K - R^*)]$$

Da aber der Anleger risikoscheu ist, so daß die Funktion V konkav in y ist und außerdem $(\bar{R}_K - R^*)$ regelmäßig positiv ist[45], gilt folglich

$$(41) \qquad E(V' \epsilon_K) = \operatorname{cov}(V', \epsilon_K) > 0$$

oder: Das Ausmaß des idiosynkratischen Risikos von Papier j nimmt Einfluß auf die Entscheidung über die Portfoliostrukturierung. Ein solches Ergebnis steht aber im Widerspruch zur alleinigen Bewertungsrelevanz des Kovarianzrisikos.

Wir werden daher im weiteren einen anderen Weg verfolgen[46]. Zum einen wird angenommen, daß alle Akteure auf dem Kapitalmarkt die Wahrscheinlichkeitsverteilung aller Renditen und damit auch die als multivariat normal gesetzte gemeinsame Verteilungsfunktion $F(\ldots)$ kennen. Ferner verhalten sich die Akteure rational in dem Sinne, daß sie ihre Schätzungen über das

---

45 Vgl. Merton (1982): Abschnitt 2.

46 Wie z.B. im Abschnitt „Prediction", Intrilligator, M.: „Econometric Methods and Applications", Prentice Hall 1978: 108-112, erläutert.

zukünftige Renditeniveau nach der Methode der kleinsten Quadrate vornehmen.

Dazu wird von der allgemeinen Beziehung

(42) $$R_j = f(R_m) + \epsilon_j$$

ausgegangen, wobei $f(R_m)$ derart festgelegt ist, daß die bedingte Wahrscheinlichkeitsverteilung der Störvariablen ϵ für gegebene R_m-Werte stets gleich ist

(43) $$E(\epsilon_j \mid R_m) = \text{konstant} = 0$$

(44) $$\text{Var}(\epsilon_j \mid R_m) = \sigma^2_{\epsilon_j} = \text{konstant}$$

(43) legt die Unkorreliertheit von Störterm und Rendite fest. Für jede Realisation von R_m gilt daher für R_j

(45) $$\hat{R}_j = E(R_j \mid R_m) = f(R_m)$$

Dieser bedingte Erwartungswert $\hat{R}_j$ gibt den theoretischen Wert von R_j unter Ausblendung des Fehlerterms ϵ_j wieder. Bei Verwendung eines linearen Funktionsverlaufs für $f(R_m)$ in der Form

(46) $$R_j = a_j + b_j R_m + \epsilon_j$$

ergibt sich als Schätzer für b_j[47]

$$\hat{b}_j = \frac{E(R_m - \bar{R}_m)(R_j - \bar{R}_j)}{E(R_m - \bar{R}_m)^2} = \frac{\sigma_{mj}}{\sigma^2_m}$$

$\hat{b}_j$ entspricht damit als Prognosewert dem über eine Gleichgewichtsbedingung abgeleiteten Risikomaß β_j im CAPM. Entsprechend ist der theoretische Wert für a_j, $\hat{a}_j$, gemäß der Kapitalmarkttheorie zu identifizieren als $\hat{a}_j = (1 - \beta_j) R^*$[48].

Wenn sich alle Akteure im Modell des beschriebenen effizienten Schätzverfahrens bedienen, dann läßt sich die Zielgröße Endeinkommen schreiben als

(47) $$y = [(\Sigma_i \alpha_i R_i + (1 - \Sigma_i \alpha_i) R^*] W$$

$$= [\Sigma_i \alpha_i \beta_i (R_m - R^*) + R^*] W$$

---

47 Zur (elementaren) Ableitung vgl. jedes Ökonometrie-Lehrbuch, wie Intriligator (1978): 96-98.

48 Den Übergang von der kapitalmarkttheoretischen zur ökonometrischen Formulierung diskutieren Black / Jensen / Scholes (1972).

Das Optimierungsprogramm des Akteurs lautet daher

$$(48) \qquad \max_{(\alpha_i, z)} \; X = \int U \left\{ [\Sigma_i \alpha_i \beta_i (R_m - R^*) + R^*] \, W, z \right\} dF(R, z)$$

Wie zuvor stellt $R_m = \Sigma_j w_j R_j$ den Ertrag auf das Marktportefeuille dar, wobei w_j den Anteil von Projekt j am Wert des Gesamtmarktes ausmacht, so daß $\Sigma_j w_j = 1$.

Die Bedingungen erster Ordnung für ein Maximum von (48) sind

$$(49) \qquad \frac{\partial X}{\partial \alpha_j} = \int U_1 (*) \, \beta_j (R_m - R^*) \, dF(R, z) = 0$$

$$(50) \qquad \frac{\partial X}{\partial z} = \int U_2 (*) \, dF + \int U (*) \, dF_z = 0$$

Dabei bezeichnet $U_i(.)$ die Ableitung von $U(.)$ nach dessen i-tem Argument, und (*) nennt als Evaluierungsstelle das (gesuchte) Optimum.

Als Bedingung zweiter Ordnung erhält man

$$(51) \qquad \frac{\partial^2 X}{\partial \alpha^2} = \int U_{11} (*) \, [\beta_j (R_m - R^*)]^2 \, dF \leqq 0$$

$$(52) \qquad \frac{\partial^2 X}{\partial z^2} = \int U_{22} (*) \, dF + \int U_2 (*) \, dF_z + \int U (*) \, dF_{zz} + \int U_2 (*) \, dF_z \leqq 0$$

Gleichungen (49) bis (52) determinieren einen optimalen α-Vektor, $\alpha^* = \{\alpha_1^*, \alpha_2^*, \ldots, \alpha_m^*\}$. Substitution dieses Vektors α^* in Gleichung (49) liefert eine Identität, die nun unter Zuhilfenahme des Theorems über implizite Funktionen verwendet werden soll, um einige komparativ-statische Ergebnisse – und damit Aussagen über die Portfoliostruktur – zu ermöglichen[49].

Zuerst und sozusagen als Test auf die Konsistenz der Modellformulierung soll nach der Auswirkung einer isolierten Zunahme der unsystematischen Risikokomponente auf die Portfolioentscheidung des Investors gefragt werden. Aus finanztheoretischen Überlegungen ist hinreichend bekannt, daß eine alleinige Veränderung des unsystematischen Risikos, d.h. ohne Beeinflussung der Kovarianzmatrix, keine Veränderung des Erwartungsnutzens der Akteure in einem Marktkontext bewirkt. Wir *erwarten* daher, daß sich die Portfoliostruktur nicht ändert.

49 Diese Vorgehensweise erläutern beispielsweise Silberberg, E.: „The structure of economics – A mathematical analysis", Prentice Hall (1978): 134-139; sowie Intriligator, M.: „Mathematical optimization and economic theory", Prentice Hall 1971: 196-201.

$$(53) \qquad \frac{\partial \alpha_j}{\partial \epsilon_j} = 0$$

Wie ändert sich die Portfoliostruktur, wenn der erwartete „excess return" des Papiers $j, \bar{R}_j - R^* = \beta_j (\bar{R}_m - R^*)$, autonom zunimmt[50]?

Es zeigt sich dabei, daß das Vorzeichen von $\partial \alpha_j / \partial \underline{R}_j$, wobei $\underline{R}_j = \bar{R}_j - R^*$, ($\underline{R}_j$ = ‚excess return' von R_j) abhängt von der Form der Nutzenfunktion. Für den Fall abnehmender absoluter Risikoaversion, $A' < 0$, ist das gesuchte Vorzeichen positiv. Wie sich zeigen wird, steht die Beziehung $\partial \alpha_j / \partial \underline{R}_j$ in enger Beziehung zur Slutsky-Dekomposition der traditionellen Konsumtheorie[51].

Implizite Differenzierung von (49) erbringt

$$(54) \qquad \frac{\partial \alpha_j}{\partial \underline{R}_j} = - \left(\frac{\int U_1 (*)\, dF}{\int U_{11} (*) [\beta_j (R_m - R^*)]^2\, dF} + \frac{\int U_{11} (*)\ \beta_j (R_m - R^*)\, W \alpha_j dF}{\int U_{11} (*) [\beta_j (R_m - R^*)]^2\, dF} \right)$$

Der erste Term in (54) repräsentiert den reinen Substitutionseffekt, i.e. $\partial \alpha_j / \partial R_j$ bei Konstanz des Vermögensniveaus. Dieser Effekt ist stets eindeutig bestimmbar. Da in der Formulierung (54) nach der Ertragsratc, d.h. nach (eins dividiert durch den Preis für Projekt j) differenziert worden ist, muß der Substitutionseffekt positiv sein.

Etwas schwieriger zu bestimmen ist das Vorzeichen des zweiten Terms in (50). Eindeutig kann $\partial \alpha_j / \partial R_j$ nur dann sein, wenn beide Terme das gleiche Vorzeichen aufweisen. Der zweite Ausdruck in (54) bezeichnet den reinen Vermögenseffekt, wie er sich bei Konstanz der Überschußrendite $\underline{R}_j$ ergibt. Das Vorzeichen dieses Terms entspricht demjenigen des Zählers, weil der Nenner – die Bedingung zweiter Ordnung (51) – negativ sein muß. Außerdem gleicht die eckige Klammer der Überschußrendite $\underline{R}_j$, wenn $F(.)$ exogen gegeben ist, so daß $E\epsilon_j = 0$.

Weiter vorne wurde y, das Endvermögen, definiert als

$$y = \{\Sigma_j \alpha_j [\beta_j (\bar{R}_m - R^*)] + R^*\}\, W = \{\Sigma_j \alpha_j (\bar{R}_j - R^*) + R^*\}\, W$$

---

50 Im folgenden wird ein ursprünglich von Arrow (1971) verwendetes Argument angewandt. Dabei stütze ich mich auf Lippman, S. und J. McCall: „The economics of uncertainty. Selected Topics and probabilistic methods", in: Arrow, K. und M. Intriligator (Eds.): „Handbook of mathematical economics", North Holland 1981: 211-284; sowie Milde, H.: „Über einige komparativ-statische Resultate der Portfolio-Theorie", Diskussionspapier, Universität Konstanz (Serie A-Nr. 169), 1982.

51 Vgl. Standardlehrbücher der Mikroökonomie, wie z.B. Silberberg (1978) oder Varian, H.: „Microeconomic theory", Norton 1980: 95 f.

Für positive Überschußrenditen $(\bar{R}_j - R^*) > 0$ ist dann $y > W$. Nun sei angenommen, daß der betrachtete Investor abnehmende absolute Risikoaversion habe[52]:

(55) $$A_i'(y) = \frac{\partial}{\partial W}\left[\frac{U_i''(y)}{U_i'(y)}\right] = [A_i(y)] - [U_i'''(y)/U_i'(y)]$$

Wird nun $A_i'(y) < 0$ angenommen[53], dann folgt aus (55), daß $U'''(y) > [U''(y)]^2/U'(y) > 0$. Wegen $y > W$ gilt daher außerdem $A_i(y) < A_i(W)$ und, durch Umformung,

(56) $$U''(y) > -A_i(W)\,U'(y)$$

Multiplikation von (56) mit $[\beta_j(R_m - R^*)]\,\alpha_j y$ und Bildung des Erwartungswerts liefert

(57) $$\int U''(y)\,\{\beta_j(R_m - R^*)\,\alpha_j y\}\,dF(R, z) >$$
$$-A_i(W)\int U'(y)\,[\beta_j(R_m - R^*)\,\alpha_j y]\,dF(R, z)$$

unabhängig vom Vorzeichen von α_j.

Ein Vergleich mit (39) zeigt, daß die rechte Seite von (57) Null ist, so daß bei $A'(y) < 0$ der untersuchte Term in (57) positiv sein muß.

Ist nun aber die Überschußrendite $\underline{R}_j = \bar{R}_j - R^*$ negativ, dann ergibt sich eine Umkehrung der Größenbeziehung (56). Wird (56) dann mit der nun negativen geschweiften Klammer multipliziert, so erhält man die gleiche Größenbeziehung wie in (57).

Zusammenfassend gilt daher für den Gesamteffekt: $\partial a_j/\partial \underline{R}_j > 0$ wenn $A'(y) < 0$, weil dann Substitutions- und Vermögenseffekt das gleiche Vorzeichen haben. Ist hingegen $A'(y) > 0$, i.e. mit steigendem Endvermögen nimmt die absolute Risikoaversion des Investors zu, dann wirken Substitutions- und Vermögenseffekt in Gleichung (54) gegeneinander. Das Vorzeichen von $\partial a_j/\partial \underline{R}_j$ läßt sich in diesem Falle nicht mehr ableiten, solange keine weiteren Annahmen über den spezifischen Verlauf der Nutzenfunktion gemacht werden.

Was legen nun Plausibilitätsüberlegungen in bezug auf das „empirisch zu erwartende“ Vorzeichen von $A'(y)$ nahe?

---

52 Dabei ist die Existenz der dritten Ableitung von $U(\,.\,)$ angenommen.

53 Vgl. Lippman / McCall (1981): 235 f.

Hierzu bemerkt Pratt:

„(I)t seems likely that many decision makers would feel they ought to pay less for insurance against a given risk the greater their assets. Such a decision maker will want to choose a utility function for which $A(y)$ is decreasing.“[54]

Ähnlich schreibt auch Arrow:

„Decreasing absolute risk aversion ... certainly seems supported by every day observation: ... (It) amounts to saying that the willingness to engage in small bets of fixed size increased with wealth, in the sense that the odds demanded diminish. If absolute risk aversion increased with wealth it would follow that as an individual becomes wealthier, he would actually decrease the amount of risky assets held.“[55]

Zurückgekehrt wird nun zu der eingangs geschilderten Teilung der Akteure in Anleger und Manager-Eigner. Im weiteren Verlauf konzentrieren wir uns wieder auf je einen „repräsentativen“ Akteur. Das Argument baut sich dann wie folgt auf:

Zuerst (Abschnitt 3.3.3.2) wird untersucht, wie sich das optimale Portfolio der Anleger (ausgedrückt durch $\{\alpha^a\}^*$ und der Manager-Eigner $\{\alpha^m\}^*$ sowie das optimale Handlungs- oder Aktivitätsniveau z^* bei symmetrischer Informationsverteilung darstellt. Die Lösung $\{(\alpha^a)^*, (\alpha^m)^*, z^*\}$ bei kooperativem Verhalten ist die Referenzgröße für das Optimierungsprogramm bei asymmetrischen Informationsständen (Teil 3.3.3.3). Es läßt sich zeigen, daß der Manager-Eigner nun eine andere Wahl von z^* und α^* vornimmt, so daß Wohlfahrtsverluste zu Lasten der außenstehenden Kapitalgeber feststellbar sind.

In diesem sogenannten Zweit besten Optimum bei nichtkooperativem Verhalten gibt es aber eine Pareto-verbessernde Handlungsweise der Anleger (Teil 3.3.3.4): Sie können die Interdependenz von Portfolio- und Handlungsentscheidung des Manager-Eigners ausnützen, indem sie dessen Wahlmöglichkeit bezüglich α^m einschränken und dadurch eine „bessere“ z-Wahl veranlassen. Welche (indirekten) Kontrollmöglichkeiten haben nun die außenstehenden Kapitalgeber? Es kann gezeigt werden, daß das unbeobachtbare z mittelbar identifizierbar ist: Die idiosynkratische Varianz des Projektes kann diese Rolle übernehmen. Anhand eines Beispiels wird gezeigt, daß auch auf einem funktionsfähigen Kapitalmarkt das unsystematische Risiko bewertungsrelevant werden kann.

3.3.3.2 Das Pareto-optimale Referenzmodell

Nach den beiden „Vorübungen“ $\partial\alpha_j/\partial\epsilon_j$ und $\partial\alpha_j/\partial\underline{R}_j$ soll nun der hier eigentlich interessierenden Frage bezüglich der Abhängigkeit von Anleger- und Manager-Eigner-Verhalten nachgegangen werden.

[54] Pratt (1964): 123.

[55] Arrow (1971): 96.

Ausgegangen wird von einem repräsentativen Anleger mit der Zielfunktion

$$(58)\qquad EV(y) = \int V[(\Sigma_i \alpha_i^a \beta_i (R_m - R^*) + R^*)\, W^a]\, dF(R, z)$$

sowie einem repräsentativen Manager-Eigner mit

$$(59)\qquad EU(y, z) = \int U[(\Sigma_i \alpha_i^m \beta_i (R_m - R^*) + R^*)\, W^m]\, dF(R, z)$$

Das vom Manager tatsächlich erbrachte Leistungsniveau wird *nach* Festlegung seiner Entlohnung (hier gedacht als Lohnvertrag)[56] gewählt, so daß diese keine Funktion des tatsächlichen z sein kann. Diese Annahme ist auch notwendig, um die Unbeobachtbarkeits-Prämisse in bezug auf z nicht sozusagen durch die Hintertüre aufzuheben. Daher enthält das Ausgangsvermögen des Manager-Eigners bereits den Barwert des zukünftigen Einkommens.

Das Programm zur Auffindung des pareto-effizienten Vektors $\{\alpha^a, \alpha^m, z\}$ lautet dann in der Lagrange-Form:

$$(60)\qquad L = EV(y) + \lambda[-\bar{u} + EU(y, z)] + \mu[K - \Sigma_i \alpha_i^a W^a - \Sigma_i \alpha_i^m W^m]$$

In Gleichung (60) stellen λ und μ die Lagrangemultiplikatoren dar; $\bar{u}$ gibt dasjenige Nutzenniveau an, das einem potentiellen Manager-Eigner zumindest geboten werden muß, um ihn am Abwandern in die nächst-beste Beschäftigung zu hindern. $\bar{u}$ beinhaltet daher so etwas wie den gängigen Marktlohn, ausgedrückt in Erwartungsnutzen-Einheiten. Die zweite Nebenbedingung gibt die Markträumungsbedingung an, wobei mit K der aggregierte Marktwert aller riskanten Projekte bezeichnet wird.

Die notwendigen Bedingungen (erster Ordnung) für die Maximierung über α^a, α^m lauten[57]

$$(61)\qquad L\alpha_j^a = \int V_y(*)\, \beta_j (R_m - R^*)\, W^a dF - \mu W^a = 0$$

$$(62)\qquad L\alpha_j^m = \lambda \int U_y(*)\, \beta_j (R_m - R^*)\, W^m dF - \mu W^m = 0$$

Um die formale Darstellung zu vereinfachen, wird $\partial V/\partial y \equiv V_y$, $\partial V/\partial z \equiv V_z$ sowie $dF(R, z) \equiv dF$ gesetzt. Wird eine Funktion an der optimalen Stelle evaluiert, so wird diese Stelle durch „(*)“ gekennzeichnet. Schließlich werden die optimalen Werte für α und z durch einen hochgestellten Stern gekennzeichnet.

---

56 Zu einer Modell-Formulierung, bei der die Entlohnungs*form* selber endogen bestimmt wird, vgl. Abschnitt 4.2.

57 Die hinreichenden Bedingungen zweiter Ordnung werden als erfüllt vorausgesetzt.

Aus (61) und (62) ergibt sich durch Umformung

$$(63)\quad -\lambda = \frac{\int V_y(*)\,(R_m - R^*)\,dF}{\int U_y(*)\,(R_m - R^*)\,dF} = \frac{\operatorname{cov}(V_y, (R_m - R^*)) + EV_y\,(\bar{R}_m - R^*)}{\operatorname{cov}(U_y, (R_m - R^*)) + EU_y\,(\bar{R}_m - R^*)}$$

Satz 1: Manager-Eigner und Anleger halten bei symmetrischer Informationsverteilung das gleiche riskante Portfolio.

Begründung:

Da der Grenznutzen beider Akteure in jeder Umweltlage für ein pareto-optimales Tauschgleichgewicht gleich sein muß, ergibt sich $\operatorname{cov}(V_y(*), R_m) = \operatorname{cov}(U_y(*), R)$, *oder* unabhängig von der Form der Nutzenfunktion sollen die resultierenden Kovarianzen von Grenznutzen und Marktrendite lineare Transformationen voneinander sein. Aufgrund der Additivitätseigenschaft des Kovarianzoperators gilt diese Beziehung aber nur für gleiche Portfoliostrukturen.

Die Optimalitätsbedingung für z lautet

$$(64)\qquad L_z = \int V(*)\,dF_z + \lambda\,[\int U(*)\,dF_z + \int U_z(*)\,dF] = 0$$

so daß gilt

$$(65)\qquad \frac{\int V(*)\,dF_z}{\int U(*)\,dF_z} = -(\lambda + \lambda\,\frac{\int U(*)\,dF_z}{\int U_z(*)\,dF})$$

Satz 2: Die pareto-optimale z-Wahl garantiert, daß die Zuwächse an Erwartungsnutzen beider Akteure gemessen in (marginalen) „Arbeitsleid"-Einheiten lineare Transformationen voneinander sind.

Satz 2 läßt sich durch Inspektion von (65) leicht nachprüfen, weil λ eine Konstante ist.

3.3.3.3 Die Nicht-kooperative Lösung

In diesem Abschnitt rückt die Unbeobachtbarkeitsannahme bezüglich z in den Mittelpunkt, i.e. der Fall asymmetrischer Informationsverteilung. Das optimale Aktivitätsniveau kann nun nicht mehr von Anlegern und Managern gemeinsam (kooperativ) festgelegt werden, weil der außenstehende Anleger für jede spezifische Renditerealisation nicht unterscheiden kann zwischen einem hohen z-Wert und einem entsprechenden Wert des Störterms ϵ. Über die empirische Bedeutung der Unbeobachtbarkeitsannahme ist bereits in Kapitel 1 gesprochen worden[58].

Für jede gegebene Struktur seines Portfolios wählt daher der Manager-Eigner das optimale Aktivitätsniveau, z^*, indem er die erste Ableitung von (66) gleich Null setzt

$$(66) \qquad \max_z \int U[(\Sigma_i \alpha_i^m \beta_i (R_m - R^*) + R^*)\, W^m, z]\, dF(R, z)$$

$$(67) \qquad \int U(*)\, dF_z + \int U_z(*)\, dF = 0$$

i.e. das marginale Arbeitsleid gleicht gerade dem Nutzenwert der marginalen Vermögensveränderung. Ein Vergleich der Optimalitätsbedignungen für den kooperativen Fall (mit z^*) und dem nicht-kooperativen Fall (mit z^{**}) in Gleichung (64) und (67) zeigt, daß $z^* = z^{**}$ nur dann, wenn $\int V(*)\, dF_z = 0$. Hieraus ergibt sich unmittelbar

Satz 3: Das optimale Aktivitätsniveau in der nicht-kooperativen Situation wird als „zu niedrig" empfunden, so daß eine von den Anlegern beobachtete Steigerung von z zu einer Wohlfahrtssteigerung führen würde.

Beweis: Der Erwartungsnutzen für das Pareto-Programm lautet auf

$$(68) \qquad \max EV(y) + \lambda(-\bar{u} + EU(y, z))$$

Differenzierung nach z, dem Aktivitätsniveau, und anschließende Einsetzung der Optimalitätsbedingung des Manager-Eigners aus (67) ergibt

$$(69) \qquad \int V(*)\, dF_z > 0 \quad \text{wegen stochastischer Dominanz der ersten Ordnung}$$

Durch die Konstruktion des Pareto-Programms in (68) erscheint der Wohlfahrtsgewinn auf seiten des Anlegers, die umgekehrte Situation ist jedoch leicht konstruierbar. Satz 3 besagt, daß in der zweit-besten Situation ein gemeinsames Interesse von Anleger und Manager-Eigner existiert, demzufolge nach Möglichkeiten gesucht wird, *sichtbar* ein höheres z-Niveau zu wählen. Satz 3 ist insofern symmetrisch, als das Interesse gleichermaßen von Anleger und Manager-Eigner getragen wird, weil es zumindest potentiell die Möglichkeit der Teilung des Gewinnzuwachses gibt.

---

58 Vgl. auch die Ableitung für einen allgemeineren Fall in Stiglitz (1974), hier 242-245.

Einige Erläuterungen:

(i) Satz 3 stellt die modell-bezogene Variante des Coase-Theorems dar. Demnach liegt das Interesse an einer Internalisierung externer Effekte potentiell in beiderseitigem Interesse, sofern Kompensationsmöglichkeiten existieren und Transaktionskosten relativ niedrig sind[59].

(ii) Die angesprochene Anreizwirkung der Teilung des Gewinnzuwachses kann im übrigen nur „ziehen", wenn die Nutzenfunktion der Akteure nicht ausschließlich auf deren *relative* Vermögenssituation bezogen ist. Fehlt nämlich ein absoluter (Vermögens-)Term in der Nutzenfunktion (diese sind also vom Typ „Dusenberry"), dann erweisen sich Nash-Verhandlungsgleichgewichte als indifferent in bezug auf die Wahl eines höheren Aktivitätsniveaus, so daß der relative Nutzenwert unverändert bleibt.

(iii) Obwohl gemäß Satz 3 die nicht-kooperative Lösung durch „zu wenig" Manager-Aktivität gekennzeichnet ist, kann nicht ausgeschlossen werden, daß das Aktivitätsniveau in der nicht-kooperativen Situation höher als in der kooperativen gewählt wird. Ob dieser extreme Fall eintreten kann, hängt – wie Inspektion von Gleichung (64) zeigt – von der Form der Nutzenfunktion ab, insbesondere dem Verhältnis der zweiten Ableitungen U_{zz} und U_{yy} zueinander[60].

(iv) Auf welche Weise die symmetrisch gewünschte Aktivitätssteigerung ermöglicht wird, läßt sich nicht allgemein klären. In Frage kommen zumindest zwei Instrumente: Erweiterung der ausgeübten Kontrolle, oder Einführung einer anreizorientierten Entlohnung. Erstere setzt die Identifizierung eines geeigneten Kontroll*instruments* voraus, das zumindest im statistischen Sinne hinreichend eng mit der unbeobachtbaren Variablen z korreliert, um Informationswert zu besitzen. Die Literatur hat sich in der jüngsten Zeit mehrfach mit den Eigenschaften dieser sogenannten „sufficient statistics" beschäftigt[61].

Das Programm des Manager-Eigners in Gleichung (66) offenbart fernerhin die Interdependenz von Aktivitätswahl, z^*, und Portfoliostruktur, α^*. Um dies zu sehen, wird durch implizites Differenzieren von (67) der marginale Effekt einer Veränderung von z^* aufgrund einer Veränderung der Portfoliostruktur, α^*, untersucht:

$$(70)\quad \frac{\partial z}{\partial \alpha_k} = -\frac{\int U_y(*)\,\beta_k\,(R_m - R^*)\,W^m dF_z + \int U_{zy}(*)\,\beta_k\,(R_m - R^*)\,W^m dF}{\int U(*)\,dF_{zz} + \int U_{zz}(*)\,dF}$$

59 Coase, R.: „The problem of social cost", in: Journal of Law and Economics 3 (1960): 1-44; Barzel, Y.: „The firm as a coordinator of contracts", Manuskript, University of Chicago 1982. Eine einfache Darstellung findet sich in Silberberg (1978): 496-499.

60 Vgl. hierzu auch Nalebuff / Stiglitz (1983): Theorem 3 und S. 29.

61 Siehe Holmström (1982): 330-334, sowie die dort angegebene Literatur. Wir werden weiter unten durch Präzisierung des Modells ein solches hinreichendes Kontrollinstrument in der idiosynkratischen Varianz identifizieren.

so daß Vorzeichen $\partial z/\partial\alpha_k$ = Vorzeichen $\{\int U_y(*)\,\beta_k\,(R_m - R^*)\,W^m dF_z +$

$\int U_{zy}(*)\,\beta_k\,(R_m - R^*)\,W^m dF\}$

Satz 4: Portfolio- und Handlungswahl beeinflussen sich gegenseitig, und der Differentialquotient $\partial z/\partial\alpha_k$ wird im allgemeinen dann Null sein, wenn die Rendite des zu wählenden Projektes unabhängig von der Marktrendite ist.

Kommentar: Wenn $\beta_k = 0$ folgt $\partial z/\partial\alpha_k = 0$. In allen anderen Fällen ist $\partial z/\partial\alpha_k \neq 0$ regelmäßig gesichert, wenn $U_{zy} \neq 0$, i.e. wenn die Nutzenfunktion nicht separabel ist. In diesem Fall ist Freizeit als Korrelat des Aktivitätsniveaus z normal oder inferior im Konsum[62].

Wir wenden uns nun wieder dem (eingeschränkten) Pareto-Programm der Anleger zu. Annahmegemäß können diese die tatsächlichen Entscheidungen des Manager-Eigners nicht beobachten. Sie wissen aber von dieser Informationsasymmetrie und können diese entsprechend in ihrem eigenen Entscheidungsprozeß berücksichtigen. Nach dem bisher über den Manager-Eigner Gesagten bietet es sich an, die optimale Gestaltung *seines* Portfolios bewußt zu behindern und ihm einen bestimmten Wert von α_k vorzugeben. Dabei ist beabsichtigt, unter Ausnutzung der Interdependenz von Portfolio- und Handlungswahl letztere quasi indirekt über eine zusätzliche Nebenbedingung zur Portfoliowahl zu beeinflussen. Aufgrund von Satz 3 ist diese Politik potentiell wohlfahrtssteigernd und liegt im gemeinsamen Interesse aller Beteiligten[63].

Das Programm der Anleger lautet dann

$$\max_{\{\underline{\alpha}^a,\, \alpha^m\}} \int V\,[(\Sigma_i \alpha_i^a \beta_i\,(R_m - R^*) + R^*)\,W^a]\,dF\,(R, z\,(\alpha^m)) \tag{71}$$

unter der Nebenbedingung

$$\int U\,[(\Sigma_i \alpha_i^m \beta_i\,(R_m - R^*) + R^*)\,W^m,\, z\,(\alpha^m)]\,dF\,(R, z\,(\alpha^m)) \tag{72}$$

---

62 Vgl. insbesondere die schöne Darstellung in Cooper, R.: „A note on overemployment/underemployment in labor contracts under asymmetric information", in: Economics Letters 12 (1983): 81-87; sowie Brown, M. und E. Wolfstetter: „Underemployment and normal leisure", in: Economics Letters 15 (1984): 157-163.

63 Eine alternative Formulierung würde die Erste-Ordnungs-Bedingung des Managers nach dem Handlungsparameter z direkt ins Programm schreibe (als weitere Nebenbedingung), und dafür z nicht mehr als Funktion von α^m schreiben. Eine solche Vorgehensweise wählt beispielsweise Holmström (1979).

Im Unterschied zum kooperativen Programm ist nun der Abhängigkeit der Handlungswahl z von der Portfoliostruktur α^m Rechnung getragen worden. Es ist zu beachten, daß über den Term $z(\alpha^m)$ das partielle Maximierungsproblem des Manager-Eigners explizit berücksichtigt worden ist. Auf jede $\{\alpha^m\}$-Vorgabe reagiert der Manager mit einer für ihn optimalen und von außen nicht beobachtbaren z^*-Wahl. Die resultierende Optimalitätsbedingung ist daher über den Ausdruck (70) beeinflußt.

Ein zweiter wesentlicher Unterschied zum kooperativen Programm betrifft das Fehlen einer Markträumungsbedingung: Weil der zu untersuchende Entscheidungsprozeß den realen Investitionsprozeß der Volkswirtschaft (über die Festlegung von z^*) beeinflußt, kann nicht mehr gleichzeitig das individuell (Nash-)optimale Handlungsniveau z^{**} gefunden *und* das Pareto-Optimum erreicht werden. Dieser Unvereinbarkeit ist im Programm (71) und (72) durch die Einschränkung der α^m-Wahl Rechnung getragen worden.

Im Ergebnis ist dies eine Generalisierung der traditionellen Ineffizienz-Behauptung von Share-Cropping-Verträgen. Um dies an einem einfachen Beispiel zu zeigen, wird die typische Zwei-Personen-Situation eines Share-Cropping-Arrangements betrachtet. Der Share-Cropper S wählt seine Handlung z so, daß sein Netto-Einkommen (= Nutzen, da risikoneutral) $y = \beta g(z) - k(z)$ maximiert. Dabei bedeuten β, g und k den vereinbarten Anteil am Endprodukt, die Produktionsmenge und die „Kosten" der Handlung. g und k sind dabei zunehmend und respektive konkave/konvexe Funktionen von z. Dann lautet das Pareto-Programm (der Landeigentümer sei ebenfalls risikoneutral):

$$\max_z \; (1-\beta)\, g(z) + \lambda\, [-\bar{u} + \beta g(z) - k(z)]$$

so daß sich als Optimalitätsbedingung ergibt:

$$(*) \qquad (1-\beta)\, g' + \lambda\, (\beta g' - k') = 0$$

Das optimale Handlungsniveau ergibt sich aber aus

$$\max_z \; \beta g(z) - k(z)$$

$$(**) \qquad \text{als } \beta g'(z) - k'(z) = 0$$

Konsistenz von (*) und (**) verlangt aber $\beta = 1$, oder: Es gibt keine reine Teilungsregel, $0 < \beta < 1$, derzufolge simultan Pareto-Optimum und Effizienz erreicht werden.

Für den Fall einer Volkswirtschaft mit zahlreichen Akteuren bezieht sich die (In-)Konsistenzthese dann auf die über das Nash-Gleichgewicht abgeleitete Budget-Bedingung[64].

Sei nun λ der Lagrange-Multiplikator, der mit der Wettbewerbsbedingung (72) verbunden ist, dann ergibt sich als notwendige Bedingung für eine innere Lösung des Programms in (71) und (72)

$$(73) \qquad \{\alpha_j^a\} : \int V_y(*)\, \beta_j (R_m - R^*)\, W^a dF(R, z)$$

$$(74) \qquad \{\alpha_k^m\} : \int V(*)\, dF_z \frac{\partial z}{\partial \alpha_k} + \lambda [\int U_y(*)\, \beta_k (R_m - R^*)\, W^m dF$$

$$+ \frac{\partial z}{\partial \alpha_k} (\int U_z(*)\, dF + \int U(*)\, dF_z)] = 0$$

Wegen Bedingung (67) vereinfacht sich (74) zu

$$(75) \qquad \int V(*)\, dF_z \frac{\partial z}{\partial \alpha_k} + \lambda \int U_y(*)\, \beta_k (R_m - R^*)\, W^m dF = 0$$

Könnte nun der Manager – entgegen der getroffenen Vereinbarung – sein Portfolio frei wählen, so würde er α_k^m setzen, auf daß

$$(76) \qquad \int U_y(*)\, \beta_k (R_m - R^*)\, W^m dF = 0$$

Diese für den Manager-Eigner optimale Lösung kann daher nur gelten, wenn

$$\int V(*)\, dF_z\, \partial z / \partial \alpha_k = 0$$

Nun läßt sich aber zeigen, daß zumindest für die zwei hier interessierenden Fälle der stochastischen Dominanz der ersten Ordnung (FSD) sowie der stochastischen Dominanz der zweiten Ordnung (SSD) der Term $\int V(*)\, dF_z$ positiv ist[65].

(a) Betrachten wir zuerst den Fall stochastischer Dominanz der ersten Ordnung (FSD). Diese ist gegeben, wenn eine Erhöhung von z die Verteilungsfunktion von $R_m, F(.)$ in eine Funktion $G(.)$ verwandelt, so daß gilt

$$(77) \qquad \int V(R_m)\, dF_z = \int V(R_m)\, d\,[G(R, z) - F(R, z)] \leq 0$$

mit strikter Ungleichheit für zumindest eine R_m-Realisation. Bedingung (77) besagt, daß

$$E^G\,[V(R_m)] > E^F\,[V(R_m)]$$

64 Zu dem entsprechenden allgemeineren Beweis vgl. Holmström (1982), Theorem 1.

65 Vgl. Fußnote 40 und 41.

sofern V eine zunehmende Funktion von R_m ist, wobei E^G und E^F die Erwartungswerte von $V(R)$ über die Verteilung $G(.)$ und $F(.)$, respektive, angeben. Da aber $V(R_m) = V[(\Sigma_i \alpha_i \beta_i (R_m - R^*) + R^*) W^a]$ konkav in y, und y linear in R_m ist, ist der erste Teil der Behauptung nachgewiesen.

(b) Von stochastischer Dominanz der zweiten Ordnung (SSD) wird immer dann gesprochen, wenn

(78) $$\int_{-\infty}^{t} [F(R, z) - G(R, z)]\, dt \geqq 0$$

mit strikter Ungleichheit für zumindest einen Wert der Integrationsvariable t. Zusätzlich soll gelten, daß

(79) $$\int_{-\infty}^{+\infty} V(R_m)\, dF = \int_{-\infty}^{+\infty} V(R_m)\, dG$$

so daß wir den Spezialfall einer Mittelwert-konservierenden Verschiebung der Verteilungsfunktion betrachten. Unter Bedingung (79) beschreibt SSD den Fall einer „Streckung“ oder „Kompression“ einer Verteilung bei konstantem Mittelwert.

Nun gilt aber allgemein, daß eine Mittelwert-konservierende Streckung (MKS) den Erwartungswert einer konkaven (konvexen) Funktion verringert (erhöht). Die umgekehrte Beziehung gilt dann für die Mittelwert-konservierende Kompression (MKK). Unter (a) ist bereits begründet worden, daß die Nutzenfunktion $V(y)$ konkav in R_m ist, so daß für einen MKK gilt

(80) $$\int V(y)\, d[F(R_m) - G(R_m)] > 0$$

womit der zweite Teil der Behauptung nachgewiesen ist.

Kehren wir zurück zur Gleichung (75). Die dort angegebene Optimalitätsbedingung stimmt nur dann mit der partiellen Portfoliooptimierung des Manager-Eigners in Gleichung (76) überein, wenn der Differentialquotient $\partial z / \partial \alpha_k$ gerade Null ist. Weiter oben wurde aber festgestellt

$$\frac{\partial z}{\partial \alpha_k} \gtrless 0, \text{ wenn}$$

$$\{\int U_y(*)\, \beta_k (R_m - R^*)\, W^m dF_z + \int U_{zy}(*)\, \beta_k (R_m - R^*)\, W^m dF\} \gtrless 0$$

Folglich läßt sich dieser Abschnitt zusammenfassen in

Satz 5: Wenn die Einwirkungsmöglichkeit des Manager-Eigners auf die gemeinsame Renditeverteilung einer Dominanz der ersten oder zweiten

Ordnung entspricht, dann können Einleger über die Beschränkung der Portfoliowahl des Managers dessen (unbeobachtbares) Handlungsniveau in ihrem Sinne beeinflussen.

Aus (75) ist nun ersichtlich, daß

(81) $$\int U_y (*)\, \beta_k (R_m - R^*)\, W^m dF \gtrless 0, \text{ wenn } \frac{\partial z}{\partial \alpha_k} \lessgtr 0$$

Für den Fall einer separablen Nutzenfunktion mit $U_{zy}(*) = 0$ ergibt sich dann

Satz 6: Für $U_{zy}(*) = 0$ wird $\partial z/\partial \alpha_k$ eindeutig positiv. Für $U_{zy}(*) \leqq 0$ kann $\partial z/\partial \alpha_k$ auch negativ werden.

$U_{zy} \leqq 0$ bedeutet, daß ein steigendes Einkommen das (marginale) Arbeitsleid erhöht oder konstant hält. Da diese Annahme aber plausibel ist, kann das Vorzeichen von $\partial z/\partial \alpha_k$ nicht eindeutig bestimmt werden. Ein solchermaßen unspezifiziertes Ergebnis ist im übrigen immer dann zu erwarten, wenn bei komparativ-statischen Untersuchungen Vermögens- und Substitutionseffekte mit nicht notwendig gleichen Vorzeichen auftauchen[66].

Zusammenfassend kann festgehalten werden, daß die Eigenkapitalposition der Manager eine entscheidende Rolle für die Möglichkeit einer Außensteuerung seines Verhaltens darstellt. Wie schon weiter oben ausgeführt, ist die Rolle des Eigenkapitals durchaus symmetrisch, so daß es im Eigeninteresse des Managers liegt, eine Mindestquote eigener Passiva zu halten, um die Wahl eines bestimmten Handlungsniveaus zu signalisieren[67].

3.3.3.4 Zur Bewertungsrelevanz des unsystematischen Risikos – ein Beispiel

Das allgemeine Argument des vorausgegangenen Abschnitts voll nun an einem einfachen – und daher auch formal noch überschaubaren – Beispiel untersucht werden, um die Rolle der idiosynkratischen Varianz bei der Marktbewertung mit asymmetrisch verteilter Information etwas genauer zu betrachten.

Hierfür wird angenommen, daß sich die Nutzenfunktion des Manager-Eigners schreiben läßt in der Form

66 Eine gute Darstellung der Slutsky-Dekomposition findet sich in Silberberg (1978): 239-250.

67 Diese Folgerung unseres Modells steht daher im Einklang mit den Arbeiten von Leland, M. und D. Pyle: „Informational asymmetries, financial structure, and financial intermediation", in: Journal of Finance 32 (1977): 595-610; sowie der Arbeit von Ross, S.: „The determination of financial structure: The incentive-signalling approach", in: Bell Journal of Economics 8 (1977); 23-40.

(82) $$EU(y, z) = E(y - u(z))$$

wobei $U'(z) > 0$ und $U''(z) < 0$, so daß das „Arbeitsleid" positiv und zunehmend ist. Die in der Literatur häufig anzutreffende Form[68] von Gleichung (82) impliziert, (i) daß der Manager-Eigner sich risiko-neutral verhält und (ii) daß das Konsumgut ‚Freizeit' (als Komplement zur Arbeit) gerade in den Grenzbereich zwischen einem normalen und einem inferioren Gut fällt[69].

Auch bei der Beschreibung des Einkommens y wird von der bisherigen Praxis insofern abgewichen, als die aus Gleichung (42) folgende Beziehung ausgenutzt wird:

(83) $$R_j = \hat{R}_j + \epsilon_j$$

Dabei stellt ϵ_j die Differenz zwischen dem prognostizierten Wert $(\hat{R}_j) = R^* + \beta_j (R_m - R^*)$ und dem tatsächlich realisierten Wert $(R_j \mid R_m)$ dar. Bleibt die Verteilungsfunktion erhalten, unter der R_j prognostiziert wurde, so gilt selbstverständlich $E(\epsilon_j) = 0$.

Das Programm des Manager-Eigners lautet daher

(84) $$\max_z EU(y, z) = \int \{(\Sigma_i \alpha_i (\hat{R}_i + \epsilon_i) + (1 - \Sigma_i \alpha_i) R^*) W^m - U(z)\} \, dF(R, z)$$

Die Bedingung erster Ordnung für ein Maximum von EU ist dann

(85) $$\int \Sigma_i \alpha_i (\hat{R}_i + \epsilon_i) W^m dF_z - \int U'(z) \, dF - \int U(z) \, dF_z = 0$$

wobei Gebrauch gemacht wurde von der definitorischen Beziehung

$$\int (1 - \Sigma_i \alpha_i) R^* W^m dF_z = (1 - \Sigma_i \alpha_i) R^* W^m \int dF_z = 0$$

Die Bedingung zweiter Ordnung ($Bz0$) lautet entsprechend

(86) $$\int \Sigma_i \alpha_i (\hat{R}_i + \epsilon_i) W^m dF_{zz} - \int U''(z) \, dF - \int U'(z) \, dF_z - \int U(z) \, dF_{zz} \leqq 0$$

(85) und (86) identifizieren ein optimales Handlungsniveau, z^*, welches – eingesetzt in (85) – die Bedingung erster Ordnung in eine Identität verwandelt. Implizites Differenzieren ergibt dann

68 Vgl. Cooper (1983).

69 Vgl. Holmström (1982): 326.

(87) $$\frac{\partial z}{\partial \alpha_k} = -\frac{1}{Bz0} \{\int (\hat{R}_k - \epsilon_k)\, dF_z\}$$

Für eine große Klasse von Verschiebungen einer Funktion F zu einer Funktion G ist $\int(\hat{R}_k + \epsilon_k)\, dF_z \neq 0$, so z.B. bei FSD[70].

Nach dieser Beschreibung des Manager-Verhaltens kann nun jenes der Anleger untersucht werden. Entsprechend der bisherigen Vorgehensweise wird geschrieben

(88) $$\begin{aligned} \max_{\alpha_k^m,\, \alpha_i^a} \quad & \int V[(\Sigma_i \alpha_i^a \beta_i (R_m - R^*) + R^*)\, W^a]\, dF(R, z(\alpha_k^m)) \\ & + \lambda \{-\bar{u} + \int[(\Sigma_i \alpha_i^m (\hat{R}_i + \epsilon_i) + (1 - \Sigma_i \alpha_i^m) R^*)\, W^m \\ & - u(z(\alpha_k^m))]\, dF(R, z(\alpha_k^m))\} \end{aligned}$$

Hieraus ergeben sich die $(n + 1)$ notwendigen Bedingungen

(89) $$\{\alpha_i^a\} : \int V_y(*)\, \beta_i (R_m - R^*)\, dF = 0 \quad \text{für alle } i,$$

(90) $$\begin{aligned} \{\alpha_k^m\} : & \int V(*)\, dF_z \frac{\partial z}{\partial \alpha_k} + \lambda [(\int \Sigma_i \alpha_i^m (\hat{R}_i + \epsilon_i)\, W^m \\ & - u(z^*))\, dF_z \frac{\partial z}{\partial \alpha_k} + \int U'(z^*) \frac{\partial z}{\partial \alpha_k}\, dF \\ & + \int(\hat{R}_k + \epsilon_k - R^*)\, dF] = 0 \end{aligned}$$

Gleichung (90) läßt sich etwas übersichtlicher schreiben als

(90′) $$\begin{aligned} & \int \{V(*) + \lambda u(z^*)\}\, dF_z \frac{\partial z}{\partial \alpha_k} + \int \{u'(z^*) \frac{\partial z}{\partial \alpha_k} + \hat{R}_k + \epsilon_k - R^*\}\, dF \\ & + \lambda \int \Sigma_i \alpha_i^m (\hat{R}_i + \epsilon_i)\, W^m dF_z \frac{\partial z}{\partial \alpha_k} = 0 \end{aligned}$$

In (90′) interessiert vor allem der dritte Term:

(91) $$\begin{aligned} & \lambda \int \Sigma_i \alpha_i^m (\hat{R}_i + \epsilon_i)\, W^m dF_z\, \partial z / \partial \alpha_k \\ & = \lambda \int \Sigma_i \alpha_i^m (\hat{R}_i + \epsilon_i)\, W^m [\int(\hat{R}_k + \epsilon_k)\, d\bar{F}_z / Bz0]\, dF_z \\ & = -\frac{\lambda W^m}{Bz0} \int \Sigma_i \alpha_i^m (\hat{R}_i + \epsilon_i)\, dF_z \int(\hat{R}_k + \epsilon_k)\, dF_z \end{aligned}$$

70 Die Verschiedenheit von Null gilt in der Regel auch für stochastische Dominanz der zweiten Ordnung. Vgl. im einzelnen Anhang D.

$$= \emptyset \; [\Sigma_i \alpha_i \, (E\hat{R}_i \hat{R}_k + E\hat{R}_i \epsilon_k + E\hat{R}_k \epsilon_i + E\epsilon_i \epsilon_k)$$
$$- \operatorname{cov}(\hat{R}_k, \hat{R}_m)/\alpha_k]$$

wobei alle Erwartungswerte über die Verschiebung $F(.) - G(.)$ ermittelt werden, und $\emptyset \equiv -(\lambda W^m)/Bz0$.

Ausdruck (91) faßt den Einfluß der Veränderung von z_k auf die gemeinsame Verteilung aller Renditen zusammen. Bei dem Übergang von $F(.)$ nach $G(.)$ verändert sich regelmäßig die gesamte Kovarianzmatrix des Marktportfolios. Haben wir es beispielsweise mit einer Verschiebung von $F(.)$ im Sinne der stochastischen Dominanz der ersten Ordnung zu tun, dann ist cet. par., i.e. bei konstant-gehaltenem β_k, der Erwartungswert des Fehlerterms ungleich Null. Dies ist nicht verwunderlich, weil unter der neuen Verteilung $G(.)$ β_k nicht mehr der korrekte Kleinste Quadrate-Schätzer sein kann: β_k ist nicht mehr ein „best linear unbiased estimator". Folglich ist $E(\hat{R}_i \epsilon_k) = \operatorname{cov}(\hat{R}_i, \epsilon_k) + E(\hat{R}_i) E(\epsilon_k)$ ebenfalls von Null verschieden, genauso wie $E(\hat{R}_k \epsilon_i) = \operatorname{cov}(\hat{R}_k, \epsilon_i) + E(\hat{R}_k) E(\epsilon_i)$.

Alle bisher genannten Terme in (91) haben einen gemeinsamen Nachteil: Es ist prinzipiell unmöglich, die strukturelle Verschiebung der gesamten Kovarianzmatrix zu evaluieren, selbst dann, wenn in Tages- oder noch kürzeren Abständen Renditeberechnungen durchgeführt würden. Der Grund hierfür liegt in der Unentscheidbarkeit in bezug auf die *Quelle* der systematischen Verschiebung der Kovarianzmatrix. Es darf nicht vergessen werden, daß alle (börsennotierten) Firmen in den Augen der uninformierten Anleger das strukturell gleiche Wahlproblem bezüglich des je optimalen Handlungsniveaus z_i^* haben: Bei Veränderung der Kovarianz zwischen R_j und ϵ_i ist auch a posteriori nicht entscheidbar, ob sich z_j oder z_i oder beide oder gar ein drittes z_ℓ geändert haben.

Dieser fundamentale Unbeobachtbarkeitseinwand gilt jedoch für einen Term in (91) nicht:

$$\Delta E(\epsilon_k \epsilon_k) = \int \epsilon_k \epsilon_k \, d\, [F(.) - G(.)]$$

Die Varianz von ϵ_k, i.e. das unsystematische Risiko, ist als einzige Größe durch isolierte Betrachtung von Firma k beobachtbar, so daß sich hier das Inferenzproblem nicht ergibt.

Satz 7: Bei asymmetrischer Informationsverteilung gewinnt die idiosynkratische Varianz eines Projektes in den Augen der Anleger Bewertungsrelevanz.

Kommentar: Die in Satz 7 ausgedrückte Folgerung ergibt sich allein aus dem Bedürfnis der außenstehenden Anleger nach (indirekter) Beobachtbarkeit des Managerverhaltens. Da sich durch seine Handlungen bei einer eventuellen Veränderung der systematischen Risiko-Komponente notwendig auch eine Veränderung der unsystematischen Komponente ergibt, ist es sinnvoll, die idiosynkratische Varianz einer Projektrendite im Auge zu behalten. Dieses „Im-Auge-Behalten“ wird aber gerade durch $\Delta E(\epsilon_k \epsilon_k)$ erfaßt, da ΔE die *Differenz* der Erwartungswerte bezüglich der Funktion F und G angibt. $\Delta E(\epsilon_k \epsilon_k)$ spiegelt daher die *Veränderung* des unsystematischen Risikos wider.

Für die Marktbewertung ergibt sich dann ein Ausdruck der Form

$$E(\tilde{R}_i) - R^* = \gamma \left[\frac{\operatorname{cov}(\tilde{R}_i, \tilde{R}_m)}{\operatorname{var}(\tilde{R}_m)} (\bar{R}_m - R^*)\right] + (1-\gamma)\left[g \cdot \operatorname{var}(\tilde{R}_i)\right] \tag{92}$$

Die Funktion $g(\operatorname{var}(\tilde{R}_i))$ soll hier andeuten, daß die *Form* der Bewertungsrelevanz des unsystematischen Risikos noch ungeklärt ist. Sicher ist lediglich, *daß* sie im Falle endogener Stochastik eine Rolle spielt. Es ist deshalb zumindest verfrüht, die Marktbewertung eines Projektes von dem *Niveau* des idiosynkratischen Risikos abhängig zu machen[71]. Wahrscheinlicher erscheint mir, daß lediglich eine Veränderung der Varianz, jeweils über eine „Periode“ kalkuliert, bewertungsrelevant ist[72], wie z.B. $g(\operatorname{var}(\tilde{R}_i)) = (a_1 \sigma^2_{\epsilon_t} - a_2 \sigma^2_{\epsilon_{t-1}})$. Eine Konstanz von σ^2_ϵ führt demnach im Laufe der Zeit zu einer Gültigkeit der traditionellen CAPM-Formel, so daß die neoklassische Marktbewertungstheorie den „steady-state“ Grenzfall der Marktbewertung bei endogener Stochastik darstellt.

3.4 Diskussion der Ergebnisse

3.4.1 Zur Bewertungsrelevanz der idiosynkratischen Variabilität

Abschnitt 3.3 hat vorgeführt, daß die Endogenisierung der Stochastik einen nicht-trivialen Effekt auf das resultierende Marktgleichgewicht hat. Im Gegensatz zur Kapitalmarkttheorie einer erst-besten Welt führt das Auftreten asymmetrischer Informationsverteilung zu einem zweit-besten Optimum, das durch

---

71 So argumentiert Holmström (1982): 338 in einem abschließenden, intuitiven Abschnitt, in dem er vorschlägt, die von ihm analysierte Teamsituation auf einen Gesamtmarkt zu übertragen.

72 Die Länge des individuellen Entscheidungshorizonts wird regelmäßig als homogen angesehen. Eine Aufhebung dieser Annahme führt zu nichttrivialen Problemen, die allerdings für das Thema dieses Abschnitts keine weitere Klarheit bringen würde. Vgl. Schneider, D.: „Kapitalanlagevorschriften und Verbraucherschutz“, in: Zeitschrift für betriebswirtschaftliche Forschung 16 (1983), Sonderheft zur Kapitalanlageplanung: 5-30, hier: 13-18.

den Grundkonflikt zwischen Risikoteilung und Anreizeffekt gekennzeichnet ist.

Die Behandlung der *Risikoteilung* ist ausschließlich Thema der mikroökonomischen Finanztheorie. Ihre Grundstruktur mit dem Ergebnis identischer riskanter Portefeuilles für alle Investoren wurde im Teil 3.2 behandelt. Wird neben der Möglichkeit von Tauschverträgen in einer stochastischen Welt auch asymmetrische Informationsverteilung berücksichtigt, dann entsteht als neues Problem die induzierte *Anreizwirkung* festgelegter Vertragsformen.

Es ist eine wichtige Beobachtung, daß erst das Zusammenwirken aller drei Elemente Risiko, Teilungsvertrag (i.e. Risikoaversion) und asymmetrische Informationsverteilung die Entstehung von Anreizproblemen begründet. Sind beispielsweise die Agenten risikoneutral, dann existiert auch keine Veranlassung, Teilungsverträge zwischen den Akteuren auszuhandeln. Damit entfällt aber auch das Anreizproblem. Gemäß der Bedingung für optimale Risikenteilung bedeutet Risikoneutralität (beispielsweise) des Prinzipals, daß dieser das Gesamtrisiko übernimmt.

Ebenso einfach liegt der Fall, wenn zwar risikoscheue Akteure in einer stochastischen Welt handeln, jedoch die Informationsverteilung symmetrisch ist. Dann läßt sich jeder Teilungsvertrag stets so formulieren, daß für jede mögliche Umweltlage die angemessene, d.h. zum erst-besten Optimum führende Handlung eindeutig und im Vorhinein festgelegt wird. „Asymmetrische Informationsverteilung" bezieht sich hier entweder auf die Handlungen des Akteurs sowie deren Beobachtbarkeit, oder auf die tatsächlich eingetretene Umweltlage.

Ein Standardtheorem der neoklassischen Finanztheorie betrifft die Trennbarkeit von Vermögens- und Portfoliostruktur einerseits, sowie realen Investitionsentscheidungen andererseits. $\partial z/\partial\alpha \neq 0$ in Gleichung (70) zeigt, daß dieses Separationstheorem nicht ohne weiteres auf den Fall endogener Stochastik übertragbar ist. In der oben gewählten Modellformulierung besteht eine Abhängigkeit zwischen der Wahl des Handlungsparameters z und der Fraktion des Projektwertes, den der Akteur in seinem Portfolio hält[73]. Die in jedem Einzelfall exakte Form dieser Abhängigkeit kann weder im Modell hergeleitet werden, noch darf sie „in der Realität" als gegeben angenommen werden. Die tatsächliche Handlungswahl des Akteurs hatten wir ja als unbeobachtbar qualifiziert, so daß ein unmittelbarer Rückschluß von der Beobachtung einer R_i-Realisation auf die zeitlich vorgelagerte z-Wahl nicht möglich ist[74].

---

73 In einer alternativen Modellformulierung, bei der auf die Diversifikationsmöglichkeiten des Managers abgestellt wird, läßt sich leicht zeigen, daß ein steigender Eigentums-Anteil des Managers an seinem Projekt zwar Anreizprobleme verkleinern kann, aber andererseits ihn veranlaßt, zu risikoarme Projekte zu wählen. Vgl. Marcus, A.: „Risksharing and the theory of the firm", Bell Journal of Economics 13 (1982): 369-378.

74 Das hier angesprochene Inferenz- oder Deutungsproblem ist in einem mehrperiodigen Kontext ganz oder teilweise lösbar, sofern sogenannte „sufficient statistics" verwendet werden können.

Worin liegt nun die Bedeutung des Ergebnisses $\partial z/\partial \alpha \neq 0$ für alle übrigen Investoren und damit für den Markt? Die Unbeobachtbarkeit von z zusammen mit dem Einfluß auf die Renditerealisation via ϵ zwingen alle übrigen Marktteilnehmer, auch das „unsystematische" Risiko σ_ϵ zu beobachten. Die idiosynkratische Varianz des Projekts j steht – und dies hat Abschnitt 3.3.3.4 dieses Kapitels gezeigt – in keinem Verhältnis zur Marktbewertung und damit zur individuellen Portfolioentscheidung, wenn und nur dann wenn die Informationsverteilung am Markt von symmetrischer Gestalt ist. Ungleich verteilte Informationen und damit das Problem des „Moral Hazard" hingegen führen dazu, daß erwartungsgetreue Renditerealisationen nur bei gleichzeitiger Kontrolle der idiosynkratischen Renditeschwankungen sichergestellt sind. Kontrolle der idiosynkratischen Varianz eines Projekts ist die *allgemeine Folgerung* aus der vorgenommenen Modellerweiterung zur endogenen Stochastik. Auf welche Weise eine solche Festschreibung der Varianz gleichzeitig zu einer Festschreibung der unbeobachtbaren Handlung des Manager-Eigners führen kann, ist unter anderem Thema des folgenden Kapitels.

In der behandelten Modellvariante unter Verwendung des Konzepts der stochastischen Dominanz kann darüber hinaus eine *spezielle* Folgerung gezogen werden: Maßnahmen eines Manager-Miteigners, die geeignet sind, die Varianz eines Projekts zu vermindern, können vom Markt als marktwertbeeinflussend angesehen werden[75].

In beiden Fällen kann eine Vereinbarung zwischen Manager-Miteigner und außenstehenden Kapitalgebern (wie beispielsweise der „Kreditvertrag") nicht an der unbeobachtbaren Handlungsvariablen z orientiert sein, sondern muß sich auf die idiosynkratische Varianz konzentrieren[76]. Satz 7 sowie die Beziehung $E(\tilde{R}_i) - R^* = \gamma\beta_i(\bar{R}_m - R^*) + (1-\gamma)\,g\,(\mathrm{var}\,(\tilde{R}_i))$ beschreiben diese Folgerung.

Das zentrale Ergebnis dieser Überlegungen zur Kapitalmarkttheorie bei (teilweise) endogener Stochastik behauptet die Bewertungsrelevanz der Varianz *zusammen* mit dem Kovarianz- oder systematischen Risiko.

Neben asymmetrischer Informationsverteilung sind zwei weitere Wege bekannt, die zu dem gleichen Ergebnis führen: Zum einen ist dies die Berücksichtigung von Transaktionskosten, zum anderen die Erweiterung der Vermögensgüter um das „idiosynkratische" Humankapital.

---

75 Die Untersuchung asymmetrischer Informationsverteilung unterscheidet sich im Ergebnis daher von den Transaktionskosten-Erweiterungen des CAPM. Vgl. die Angaben in Fußnote 77 und 78.

76 Aus diesem Grunde kann in einem eingeschränkten Sinne von Einzel-Kreditvergabeentscheidung gesprochen werden – im Unterschied zu Rudolph, B.: „Die Kreditvergabeentscheidung der Banken", Opladen 1974, geschieht dies allerdings nicht trotz, sondern wegen der Kapitalmarkttheorie.

3.4.2 Zu zwei alternativen Erklärungen: Transaktionskosten- und Humankapitalansatz

Nach der ersten Argumentationsweise führen positive Transaktionskosten, Informationskosten, oder auch Unteilbarkeiten zu einer Begrenzung der tatsächlich in einem Anlegerportfolio gehaltenen unterschiedlichen Wertpapiere. Aufgrund dieser Begrenzung hält jeder Anleger ein lediglich unvollkommen diversifiziertes Portefeuille, so daß ein allgemeines Linearitätstheorem in bezug auf das Marktportefeuille nicht mehr herleitbar ist. Die Bewertungsbeziehung verwendet dann anstelle des Faktors Beta ein gewichtetes Mittel aus Beta und Varianz des jeweiligen Papiers[77].

Der zweite Argumentationsweg verwendet die CAPM-Erweiterung im Hinblick auf nicht-handelbare Vermögensgüter. Jeder Manager ist dabei dem Problem ausgesetzt, daß er seine Humankapital-Investition ohne weitere Diversifikationsmöglichkeiten an das Schicksal einer Unternehmung bindet. Aus dem Versuch, die Variabilität dieser Einkommenskomponente zu verringern, entspringt eine Unternehmenspolitik, die zum einen zur Auswahl risikoarmer Projekte tendiert, und die zum anderen eine Verstetigung der auszuweisenden Periodengewinne anstrebt[78].

Zu beachten ist die Gemeinsamkeit beider Argumentationsweisen: Aus unvollständiger Diversifikation der Portfolios einzelner Anleger wird die Ungültigkeit der approximativen Irrelevanz (vgl. Abschnitt 3.2) des idiosynkratischen Risikos gefolgert. Die Informationsverteilung spielt in beiden Fällen keine Rolle. Es stellt sich daher die Frage nach der Konsistenz dieser Hypothesen im Marktzusammenhang[79].

Wenn Transaktionskosten die mögliche Zahl unterschiedlicher Papiere im Portfolio beschränkt und dadurch eine weniger denn maximale Diversifikation erzwingt – warum halten dann nicht alle Anleger Fondsanteile, die ihrerseits wohldiversifiziert sind? Und ähnlich für das Humankapital: Wenn undiversifiziertes Humankapital zu suboptimalen Managerentscheidungen beiträgt und damit den Marktwert der Unternehmung mindert – warum ersinnen schlaue Aktionäre und Aufsichtsräte dann nicht Regelungen, die das Management zumindest teilweise von ihrem hohen systematischen Humankapital-

---

[77] Hierzu gehören vor allem Levy, H.: „Equilibrium in an imperfect market: A constraint on the number of securities in the portfolio", in: American Economic Review 68 (1978): 643-658; Mayshar, J.: „Transaction costs and the pricing of assets", in: Journal of Finance 36 (1981): 583-597; Goldsmith, D.: „Transaction costs and the theory of portfolio selection", in: Journal of Finance 31 (1976): 1127-1139.

[78] Grundlegend ist hier Mayers, D.: „Nonmarketable assets and capital market equilibrium under uncertainty", in: Jensen, M. (Ed.): „Studies in the theory of capital markets", New York (Praeger) 1972: 223-248; sowie Amihud, Y., J. Kamin und J. Ronen: „‚Managerialism', ‚ownerism' and risk", in: Journal of Banking and Finance 7 (1983): 189-196.

[79] Vgl. hierzu auch Kapitel 1.

risiko entlasten? Diese zweite Vorgehensweise ist also auch deshalb fragwürdig, weil das zu erklärende Phänomen der Bewertungsrelevanz des idiosynkratischen Risikos vom Kapitalmarkt (und dessen Vertragsformen) auf den Arbeitsmarkt (und dessen Regelungen) verlagert wird. Eine Begründung für die „Phantasielosigkeit" der Regelungen auf dem Arbeitsmarkt kann aber regelmäßig nicht gegeben werden.

Die in diesem Kapitel gewählte Vorgehensweise der „endogenen Stochastik" legt eine weitere Überlegung nahe:

Bei der Untersuchung des zweit-besten Optimums zeigte sich, daß das Vorliegen asymmetrischer Informationsverteilung potentiell Auswirkungen auf die Rolle des idiosynkratischen Risikos bei der Marktbewertung hat.

Dieses Resultat läßt Anpassungsreaktionen der betroffenen übrigen Marktteilnehmer noch ganz außer Acht. Neben anderen haben Harris/Raviv (1979)[80] gezeigt, daß jedes zweit-beste Optimum bei asymmetrischer Informationsverteilung durch eine nicht-ausgeschöpfte Kooperationsrente gekennzeichnet ist. Mit anderen Worten, ein zweit-bestes Optimum ist regelmäßig unstabil, weil alle beteiligten Akteure einen Anreiz auf zumindest teilweise Umgehung des durch ungleichen Informationsstand induzierten Wohlfahrtsverlustes haben. Welche Form diese Umgehungsversuche haben, kann selbstverständlich nicht allgemein vorhergesagt werden. Ebenso wird das Ausmaß der Wiederannäherung an das erst-beste Pareto-Optimum in jedem Einzelfall anders gelagert sein. Mit den im zweit-besten Optimum provozierten Umgehungsversuchen ist freilich eine begründete Ausgangssituation für die Entstehung von Institutionen und institutionellen Regelungen gegeben.

Die Analyse einer Marktsituation mit endogener Stochastik leistet daher zweierlei: Zum einen begründet sie die Rolle der Varianz in ihrer Abhängigkeit vom Handlungsniveau des Akteurs für die Marktbewertung. Des weiteren aber lenkt sie das Auge auf institutionelle Regelungen, die die reine Tauschoperation auf Märkten ergänzen und fragt nach deren Bedeutung für Begrenzung und/oder Steuerung des idiosynkratischen Risikos eines Projekts[81]. Die Etablierung institutioneller Regelungen entspricht der Konstruktion *zusätzlicher* Nebenbedingungen in dem Programm der gesamtgesellschaftlichen Optimierung. Erfolgt beispielsweise die Einbindung von Akteuren durch eine bestimmte Art der Sanktionierung, so wird in *deren* Optimierungsprogramm die Menge der möglichen Handlungsalternativen um beispielsweise die Teilmenge „extremer Schädigungen" verkleinert. Das Einfügen einer solchen Nebenbedingung soll aber – siehe Satz 3 – zu einer Pareto-Verbesserung führen können.

---

80 Harris / Raviv (1979): 231-259, hier S. 241 f.; ebenso Holmström (1979) und Shavell (1979).

81 Ein Versuch in diese Richtung findet sich in Kapitel 4.

Aus dieser Überlegung ergibt sich eine massive Infragestellung der traditionellen (neoklassischen) Wohlfahrtstheorie: In Lehrbüchern zur Allokationstheorie ist es üblich, jedes Einführen von Nebenbedingungen als eine Verminderung der Menge ursprünglich vorhandener Wahlhandlungen darzustellen und daraus ipso facto einen Wohlfahrtsverlust abzuleiten. Bei asymmetrischer Informationsverteilung oder endogener Stochastik ist dieses Argument nicht mehr gültig: Das Etablieren von Nebenbedingungen *kann* allgemein Wohlfahrtsverbesserung erbringen[82].

In diesem Zusammenhang ist zu vermerken, daß oftmals die Forderung nach einer Befreiung des Marktsystems (bzw. der Marktwirtschaft) von staatlichen oder sonstigen regulierenden Eingriffen sich des genannten neoklassischen Arguments bedient[83]. Damit bedarf die Gültigkeit dieses Arguments der impliziten Annahme symmetrischer Informationsverteilung und steht folglich auf äußerst schwachen Füßen.

3.4.3 Zu empirischen Tests des CAPM

Zusammenfassend unterscheiden sich die drei Argumentationswege (Asymmetrische Informationsverteilung, Humankapital, Transaktionskosten) in bezug auf ihre Fähigkeit zur Erklärung institutionalistischer „Umgehungsversuche". Einig sind sie sich aber alle drei in der neu begründeten Bedeutung des idiosynkratischen Risikos. Dieses allgemeine Ergebnis steht im Einklang mit zahlrichen empirischen Untersuchungen.

Lintner[84] testete für den Zeitraum 1954-1963 unter Verwendung der damals üblichen Methodologie[85] die Beziehung zwischen der erwarteten Rendite eines Papiers j einerseits, sowie dessen systematischem Kovarianzrisiko β_j und dessen unsystematischem Varianzrisiko σ^2 (ϵ_j) andererseits am US-Aktienmarkt.

---

82 Ein formales Beispiel einer Pareto-Verbesserung durch staatliche Intervention unter der Annahme rationaler Erwartungen liefern Newbery, D. und J. Stiglitz: „The theory of commodity price stabilization – A study in the economics of risk", Oxford (Clarendon) 1981: 207-238, insbesondere S. 231 f.; ebenso Adolph, B. und E. Wolfstetter: „Pareto-verbessernde Fiskalpolitik im Allgemeinen Gleichgewicht bei rationalen Erwartungen", Diskussionspapier, Freie Universität Berlin 1983.

83 Vgl. zu dieser Überlegung den Aufsatz von Newbery, D. und J. Stiglitz: „Pareto-inferior trade", in: Review of Economic Studies 51 (1984): 1-12, insbes. S. 10 f.; sowie weiter oben, Fußnote 82.

84 Lintner, J.: „Security prices, risk and maximal gains from diversification", in: Journal of Finance 20 (1965): 587-615. Die empirischen Resultate bringt ausführlicher Douglas (1969); vgl. auch Jensen, M.: „Tests of capital market theory and implications of the evidence", in: Bicksler, J. (Ed.): „Handbook of Financial Economics", North Holland 1979: 13-54, insbes. S. 35.

85 Für eine kurze Darstellung der Testmethodologie in der Kapitalmarkttheorie vgl. Krahnen (1983): 106-122, wo auch auf die schwerwiegenderen Kritikpunkte statistischer und theoretischer Art eingegangen wird. Instruktiv ist insbesondere Roll (1977).

(93) $$E(R_j) = a_1 + a_2\beta_j + a_3\sigma^2(\epsilon_j)$$

Das Testergebnis, welches später in ähnlicher Form unter anderen von Miller/Scholes reproduziert wurde[86], ergab folgende Schätzwerte für die Koeffizienten a_1, a_2 und a_3, wobei die Angabe in Klammern die vom traditionellen CAPM vorhergesagten „theoretischen Werte" angeben.

Übersicht 3.1: CAPM-Test von Lintner (1965).

a_1 =	0,10	(0,05)
a_2 =	0,06	(0,07)
	(t = 6.9)	
a_3 =	0,24	(0,00)
	(t = 6.8)	

Ohne auf die Interpretation der Testergebnisse im allgemeinen einzugehen[87], soll hier lediglich das frappierende Resultat $a_3 = 0{,}24$ erwähnt werden. Während das CAPM gemäß den ausführlichen Erläuterungen in Abschnitt 3.2 dieses Kapitels eindeutig die Irrelevanz der idiosynkratischen Varianz $\sigma^2(\epsilon)$ behauptet, erklärte diese Größe offensichtlich in erheblichem Maße die Schwankungen von $E(R_j)$ in den Jahren 1954-1963. Der Koeffizient ist mit einer t-Statistik von 6.8 auch eindeutig signifikant[88]. Trotz vieler methodischer Probleme bei dem Lintner-Test[89] bleibt der Erklärungsbeitrag der Varianz auch in dem methodisch „sauberen" Replikationsversuch von Miller / Scholes (1972) signifikant – und steht damit im Gegensatz zur Kapitalmarkttheorie.

„Such an association [i.e. between expected return and variance, *JPK*] runs directly counter to the fundamental economic principle, long associated with the name of Frank Knight, that profit – in the sense of a return in excess of pure interest on the capital employed – is the reward for bearing true 'uncertainty', not mere 'risks'. Knight himself defined the latter as those hazards for which a probability distribution could describe the possible outcomes. Economists today no longer make the distinction in quite these terms, of course, since they prefer to visualize decision makers as always considering some subjective prior probability distribution, however diffuse it might happen to be. Instead, they would express the essence of Knight's point by contrasting

---

86 Vgl. Douglas, G.: „Risk in the equity markets: An empirical appraisal of market efficiency", Yale Economic Essays 9 (1969): 3-45; sowie Miller, M. und M. Scholes: „Rate of return in relation to risk: A reexamination of some recent findings", in: Jensen (1972): 47-77.

87 Siehe hierzu insbesondere Lintner (1965) sowie Miller / Scholes (1972).

88 Die t-Statistik mißt das Verhältnis von geschätztem Koeffizienten zu seiner Standardabweichung und gehorcht für ausreichend große Beobachtungszahlen (ca. 30 und mehr) der Studentschen t-Verteilung. t-Werte größer 2 gelten im allgemeinen als signifikant. Vgl. beispielsweise Intriligator (1978): Abschnitt 5.4.

89 Vgl. hierzu die exzellente Arbeit von Miller / Scholes (1972).

(a) those risks which are essentially independent and hence can be eliminated by pooling arrangements of one kind or another and (b) those risks common to all assets and which hence cannot be pooled away."[90]

Die Berücksichtigung asymmetrischer Informationsverteilung im Kontext des Kapitalmarktes hat aber gezeigt, daß aus dem resultierenden Interessenkonflikt des Eigner-Managers zwischen Portfolio- und Handlungsentscheidung über die tatsächliche oder potentielle Verschiebung der Fehlerverteilung (ϵ) die idiosynkratischen Renditevariationen ihren unsystematischen Charakter verlieren können. Obwohl nach diesem Modell in einem Steady-State Gleichgewicht mit einer erneuten Irrelevanz der Varianz zu rechnen ist – im Gegensatz zu den Modellen von Levy und Mayers in 3.3.4.2 –, gilt die Relevanz der Varianz für allgemein „dynamische" Situationen, wo die Miteigner-Manager nicht-triviale und unbeobachtbare Einwirkungsmöglichkeiten auf die Renditeverteilung haben.

Dieser Abschnitt zur empirischen Bedeutung des unsystematischen Risikos kann in der folgenden Überlegung zusammengefaßt werden: Es ist zu erwarten, daß die idiosynkratische Varianz als Indikator für das Handlungsniveau des Managers *einerseits* vom Markt beobachtet wird, und daher bewertungsrelevant ist, aber daß sie *andererseits* keinen signifikanten Einfluß auf die erwartete Rendite nimmt, sofern die erstrebte Einbindung des Managers in bezug auf das Handlungsniveau z erfolgreich gewesen ist.

Dieses „einerseits-andererseits" wird aber ebenfalls von der Empirie gestützt:

„The cross-sectional squared correlation between $\bar{R}_j$ and β_j for the period 1931-1965 for the ten portfolios (. . .) was 0.9914. This increased to 0.9916 when the residual variance, $\sigma^2(c_j)$, (. . .) was also included in the regression.

$$\bar{R}_j = \underset{(0,0004)}{0,0039} + \underset{(0,0004)}{0,0102}\beta_j + \underset{(0,3577)}{0,9706}\sigma^2(\epsilon_j)$$

$$\bar{\beta}_j = 1,007; \; s(\beta) = 0,3380; \; \bar{\sigma}^2(\epsilon_j) = 0,0004; \; s(\sigma^2(\epsilon_j)) = 0,0004$$

While the coefficient on $\sigma^2(\epsilon_j)$ has a t-value of 2.71 it explains very little of the mean returns, since the mean of $\sigma^2(\epsilon_j)$ is only 0,0004 and it's variance is only $(0,0004)^2$. Thus while the variable may be statistically significant, it's *economic* significance is virtually nil since $\bar{R}_j$ is on the average equal to 0.0142, or roughly 35 times larger than the average contribution of $\sigma^2(\epsilon_j)$ to the portfolio returns."[91]

Diese Beobachtung Jensens stammt aus dem Jahre 1972. Charakteristischerweise konnte man damals die Daten nicht ökonomisch deuten, so daß diese Angaben tatsächlich in einer Fußnote erscheinen. Heute ließe sich dem Zitat

90 Vgl. Miller / Scholes (1972): 51 f.

91 Jensen, M.: Capital markets: Theory and evidence", in: Bell Journal of Economics 3 (1972): 357-398, hier: S. 367.

hinzufügen, daß die „ökonomische Signifikanz" von $\sigma^2 (\epsilon_j)$ wohl deshalb so klein gewesen ist, weil die von der Aktionärsseite intendierte Festschreibung der idiosynkratischen Varianz in dem betrachteten Zeitraum offenbar im großen und ganzen gelungen ist. Ihre Relevanz erklärt sich daher aus einer Steuerungs- oder Regulierungsaufgabe, deren Erfolg gerade nicht aus dem Beitrag zur erwarteten Rendite ablesbar ist.

4. Kapitel: Information, Unsicherheit und Vertragsstruktur: Zur Funktion der Risikentransformation bei Kreditinstituten

4.1 Das Problem: Irreführende Intuition und die Annahme symmetrischer Informationsverteilung

Die meisten Modelle, die der Erklärung des Bankverhaltens im makro- und mikroökonomischen Kontext dienen sollen, beginnen auf einem deskriptiven Niveau, indem das beobachtete Verhalten der Finanzinstitution, nämlich: das Abschließen von Kreditverträgen, konstatiert wird. Ausgehend von dieser *Setzung* wird dann nach komparativen Vorteilen der (institutionellen) Bankorganisation relativ zu einer direkten Markttransaktion gefragt. Typische Ergebnisse in diesem Sinne beschreiben die niedrigeren Transaktionskosten eines professionellen „contractors", die Vorteile privater (im Gegensatz zu öffentlicher) Informationsverarbeitung oder die erweiterten Möglichkeiten zusätzlicher Vereinbarungen, wie beispielsweise der Stellung von Sicherheiten[1].

In all diesen Modellen ist der Kreditvertrag exogen vorgegeben und trägt in keiner Weise zu der funktionellen Erklärung der Rolle des Finanzintermediärs auf Märkten bei. In diesem Kapitel soll ein anderer Weg beschritten werden, indem die Existenz der Bank hergeleitet wird über die *Form* des Darlehnsvertrages in einer Welt asymmetrischer Informationsverteilung und positiver Konkurs-Wahrscheinlichkeit.

Dies ist ein wichtiger Schritt hin zu einem Verständnis institutionellen Handelns. In der Literatur herrscht mittlerweile weitgehende Übereinstimmung, daß Institutionen aller Art sinnvoll nur aus der Qualität der Überbrückungsleistung zu verstehen sind, die sie relativ zu einem reibungslos funktionierenden gesellschaftlichen Prozeß erbringen[2].

---

1 Vgl. Benston, G. und C. Smith: „A transactions cost approach to the theory of financial intermediation", in: Journal of Finance 31 (1976): 215-231; Leland, H. und D. Pyle: „Informational asymmetries, financial structure, and financial intermediation", in: Journal of Finance 32 (1977): 371-388; Campbell, T. und W. Kracaw: „Information production, market signalling, and the theory of financial intermediation", in: Journal of Finance 35 (1980): 863-882; sowie Rudolph, B.: „Kreditsicherheiten als Instrumente zur Umverteilung und Begrenzung von Kreditrisiken", in: Zeitschrift für betriebswirtschaftliche Forschung 36 (1984): 16-43.

2 Erinnert sei an die Darstellung des dialektischen Charakters dieser Argumentationsweise. Vgl. Abschnitt 2. dieser Arbeit im ersten Kapitel, sowie Wood, J.: „Financial intermediaries and monetary control", in: Journal of Monetary Economics 8 (1981): 145-163.

Wenn diese Sichtweise übernommen wird, ist es aber schon aus Konsistenzgründen erforderlich, daß eine Erklärung des Verhaltens einer Institution gerade die *Form* ihres Verhaltens herleiten kann.

Eine vergleichbare Voreingenommheit bezüglich der „evidenten" Existenz spezifischer Vertragsformen spiegelt sich in der nun schon viele Jahre alten Diskussion über die angeblich „zu geringe" Eigenkapitalquote bundesrepublikanischer Unternehmen wider. So heißt es beispielsweise in der Zeitschrift „Wertpapier" unter dem Titel „Eigenkapitallücke aus der Sicht der Aktie":

„Diese Investitionen [in Industrieanlagen Anfang der 60er Jahre, JPK] werden im historischen und geographischen Vergleich *schlechter* finanziert, als das noch vor gut zehn Jahren üblich war. Seit 1969 haben wir einen rückläufigen Anteil des Eigenkapitals an der Bilanzsumme deutscher Unternehmen . . . : Wir betreiben zu wenig Zukunftsvorsorge durch Investitionen, die *angemessen* von Eigenkapital unterlegt sind."[3]

Die Beobachtung „übermäßiger" Fremdfinanzierung und „unangemessenen" Eigenkapitals deckt sich mit der Auffassung, daß sich Beteiligung und Darlehn grundsätzlich unterscheiden im Hinblick auf die Risikobereitschaft und damit auch im Hinblick auf die faktisch übernommene Risikomenge. Als repräsentativ darf die folgende Äußerung gelten:

„Wird eine Investition von mehreren Personen finanziert, hängt das Risiko, das jeder einzelne trägt, davon ab, welche Aufteilung der unsicheren zukünftigen Erträge vereinbart ist. So hat beispielsweise jemand, der die Position eines Kreditgebers hat, einen erfolgsunabhängigen Zahlungsanspruch. *Er trägt entsprechend weniger Risiko*. Hingegen partizipiert jemand, der die Position eines Eigenkapitalgebers hat, in der Regel anteilmäßig an Gewinn und Verlust und *demgemäß am Risiko*."[4]

Diese Charakterisierung der Unterschiede zwischen Eigenkapital und Fremdkapital ist mikroökonomisch – wie zu zeigen sein wird – nicht haltbar. Nur noch ein kleiner Schritt trennt diese ‚intuitive' Behandlung von Finanzierungsformen von der Folgerung bezüglich der Effizienz oder Ineffizienz eines Finanzsystems. Ein Bankenapparat wie jener der Bundesrepublik erscheint dann tendenziell als ‚ineffizient'. Er bedient sich in so überwältigendem Umfang des Darlehnsvertrages, daß einzelne Institute regelmäßig als ‚Kredit-Institute' bezeichnet werden:

---

[3] Claussen, P.: „Eigenkapitallücke aus der Sicht der Aktie", in: Wertpapier 30 (1982): 865-869, hier S. 865 (Hervorhebung JPK).

[4] Koch, H.D. und R.H. Schmidt: „Ziele und Instrumente des Anlegerschutzes", in: Betriebswirtschaftliche Forschung und Praxis 3 (1981): 231-250, hier S. 231 f. (Hervorhebung JPK). In diesem Aufsatz wird im übrigen dezidiert die informationsökonomische Perspektive zu einer fruchtbaren Anwendung gebracht. Es ist deshalb besonders aufschlußreich, selbst bei diesen Autoren eine „positivistische Voreingenommenheit" in bezug auf die Finanzierungsformen festzustellen.

„Man bedenke die Größenordnung jener bei uns heute, 1980, angewachsenen Versorgungs-Positionen, die da alle auf Anspruchsbeträge lauten, die nicht unmittelbar konkret betriebserfolgsabhängig sind. Das muß Anlaß zum Alarm geben: Wir sind nämlich von dem geschilderten äußersten Extremfall einer Risiken-Zuweisungs-Ordnung und Versorgungs-Konstruktion mit höchst kräftigen eingebauten Tendenzen zur Selbstzersetzung gar nicht sehr weit entfernt. ‚Lähmung unternehmerischer Initiative wegen allzu hoher Fremdfinanzierung', ‚Staat als Reparaturbetrieb zur Vermeidung von Vermögensverlusten der Inhaber von Versorgungsansprüchen', ‚Abwanderung der Arbeiter und Angestellten aus etablierten Formen in abgabelastfreie, in die Welt der Ausweichwirtschaft' – das sind ja alles bereits heute höchst aktuelle Themen."[5]

Allen drei Quellen – Claussen, Koch / Schmidt und Stützel – ist gemeinsam, daß sie einer analytischen Begründung entbehren und statt dessen – selbst im Rahmen einer Markttheorie bei asymmetrischer Informationsverteilung wie bei Koch / Schmidt – einen Begriffsinhalt verwenden, der der statischen Theorie *ohne* Informations-, Unsicherheits- und Konkursproblemen entlehnt ist. Sie behandeln daher eine Welt, die die besonderen Merkmale von Kreditmärkten gerade nicht umfaßt.

Darüber hinaus ist ihnen gemeinsam, daß alternative Finanzierungsformen – Beteiligung/Darlehn oder Eigenkapital/Fremdkapital – lediglich bezüglich der Komponente Risikoteilung miteinander verglichen werden. Hierbei wird regelmäßig die traditionelle Portfolio-Theorie angesprochen, derzufolge – in der Terminologie von Arnold[6] – Risikentransformation in der Zerlegung und/oder Zusammensetzung von Risiko- und Chancebündeln in homogene oder heterogene Parten besteht, so daß Diversifikationseffekte erzielbar sind. Gemäß dieser Sichtweise sind Finanzintermediäre Veranstaltungen zur Überbrückung der Diskrepanz zwischen Anleger- und Investorpräferenzen. Mit der Beschreibung seines Portfolios ist auch der Intermediär vollständig beschrieben[7].

Wir wollen in diesem Abschnitt die Untersuchung von Finanzierungsformen erweitern um die Klasse der Informationsprobleme, und hier insbesondere „Moral Hazard" und „Verifikation", um auf diese Weise eine *allgemeinere* Behandlung von Teilungsverträgen zu ermöglichen[8]. Dabei wird sich zeigen,

---

[5] Stützel, W.: „Funktionen und Zukunftsaufgaben der Aktie – heute 1980", Manuskript Saarbrücken 1980, S. 21.

[6] Vgl. Arnold, H.: „Risikentransformation", in: Büschgen, E.: „Handwörterbuch der Finanzwirtschaft", Göttingen 1976, Spalte 1506-16.

[7] So beispielsweise Reitz, B.: „Zur Bedeutung der Finanzunternehmung für die Geldpolitik", Poeschel Verlag 1976: 83-122. Eine ausführliche Würdigung der „Bank-als-Portefeuille"-Perspektive findet sich im zweiten Kapitel der vorliegenden Arbeit.

[8] Auf andere Weise und mit zum Teil unterschiedlichem Ergebnis wurde der Kreditvertrag unter informationsökonomischer Perspektive in deutscher Sprache erstmals von Schmidt, R.H.: „Informationen und Institutionen auf Märkten", Habilitationsschrift 1979: 313-334, behandelt.

daß die oben zitierten Sichtweisen *nur* unter symmetrischer Informationsverteilung sinnvoll sein können – ein Spezialfall der Informationsverteilung, der von allen denkbaren Verteilungen wohl die geringste Plausibilität für sich beanspruchen kann.

4.2 Überblick und Zusammenfassung der Ergebnisse

Den üblichen Bankmodellen zufolge konzentriert sich die Finanzinstitution bei ihren Kreditvergabe-Entscheidungen allein auf den Aspekt der Risikobestimmung und -mischung. Hierunter fallen auch Versuche, den Prozeß der Informationsgewinnung unmittelbar mit der Risikobestimmung zu kombinieren. Dabei wird in der Regel eine „Informationsfunktion" angenommen, die es gestattet, durch kostenwirksame Datenaufbereitung (Stichwort: Bilanzanalyse und Finanzplan) eine exaktere Bestimmung der Ertragsvariabilität des betreffenden Investitionsprojektes vorzunehmen[9].

Die Hauptschwäche dieser Modelle ist, daß sie zwar Mängel des Informationsstandes auf seiten des Kapitalgebers annehmen, diese jedoch prinzipiell und im Sinne einer Produktionsfunktion für überwindbar halten. Damit ist aber jede Art strategischen, d.h. reaktiven, Verhaltens des Kapitalnehmers von vornherein ausgeschlossen. Informationsgewinnung seitens der Bank führt nämlich in diesen Modellen stets zu einer Verringerung der erwarteten Ertragsvariabilität, so daß die Finanzinstitute vor Beginn der Informationssuche im eigentlichen Sinne durch irrationale Erwartungen gekennzeichnet sind. Derartige „Pessimismus-Annahmen" sollten scharf getrennt werden von den uns interessierenden Modellen asymmetrischer Informationsverteilung, die grundsätzlich nicht im Widerspruch stehen zu einer Theorie rationaler Erwartungsbildung.

Eine *Ausnahme* zu der Portfolio-Perspektive stellt die Arbeit von Rudolph (1974) zur Kreditvergabeentscheidung der Banken dar, weil Rudolph explizit den Charakter der *Einzel*-Kreditvergabe*entscheidung* betont. Allerdings leitet Rudolph seine Aussage aus der *Beobachtung* her und sucht nicht nach einer mikroökonomischen Fundierung. Im einzelnen betont er die Notwendigkeit der Einzelentscheidung im Gegensatz zur Portfolio-Entscheidung aufgrund der faktischen Filialorganisation der Geschäftsbanken – eine Feststellung, die unmittelbar die Frage auslöst, warum ausgerechnet die Filialorganisation

[9] Vgl. Aigner, D. und C. Sprenkle: „A simple model of information and lending behavior", in: Journal of Finance 23 (1968): 151-166; Milde, H.: „Kreditrisiko und Informationsaktivität im Bankbetrieb", Zeitschrift für Wirtschafts- und Sozialwissenschaften 96 (1976): 127-142 und die ideenreiche Arbeit von Virmani, A.: „The nature of credit markets in developing countries", World Bank Staff Diskussionspapier Nr. 524, Juni 1982. Virmani geht hier – ähmlich wie Aigner / Sprenkle – von einer grundsätzlich überpessimistischen Ertragserwartung seitens der Bank aus. Alle Autoren verletzten die Hypothese rationaler Erwartung.

gewählt worden ist, *obwohl* daraus anscheinend Effizienzverluste (im Vergleich zum Portfolio-Optimum) hinzunehmen sind.

Aus diesem Blickwinkel der üblichen Bankmodelle ist es aber folgerichtig, daß Intermediäre als diversifizierte Vermögensfonds auf ihrer Aktivseite zumindest überwiegend reine Eigenkapitalpositionen halten. Abschnitt 4.3 zeigt, daß bei symmetrischer Informationsverteilung die gewinnmaximierende Bank ein diversifiziertes Beteiligungsportefeuille halten wird[10].

Der tatsächlichen Situation auf dem Kapitalmarkt kommt man sehr viel näher, wenn von der Annahme gleichverteilter Informationen abgegangen wird. Statt dessen wird angenommen, daß der Kapitalnehmer während der gesamten Dauer der Vertragsbeziehung zur Bank in der Lage ist, auf die stochastischen Eigenschaften ‚seines' Projekts Einfluß zu nehmen. Diese Einflußnahme ergibt sich daraus, daß jeder Projekterfolg in seiner Höhe entscheidend von Einsatzbereitschaft, Phantasie und Fleiß des Kapitalnehmers bestimmt wird. Diese „motivationalen Faktoren" sind für den außenstehenden Kapitalgeber nicht beobachtbar, weder ex-ante noch ex-post. Folglich kann der Vertrag zwischen Kapitalnehmer und Bank nicht auf den tatsächlichen Arbeitseinsatz abgestellt sein: Als Ausweg bietet sich eine Vertragsgestaltung an, die den Kapitalnehmer anreizt, einen möglichst hohen Arbeitseinsatz zu leisten. Dies kann geschehen, indem von dem Grundsatz optimaler Risikenteilung abgewichen wir, um dem Kapitalnehmer über partielle Beteiligung am Unternehmenserfolg zu einem motivierteren Verhalten zu bewegen.

Die optimale Vertragsgestaltung als Vergleich zwischen reinem Beteiligungs- und Darlehnsvertrag wird auch für den Fall positiver Konkurswahrscheinlichkeit untersucht. Im folgenden Schritt wird die Unbeobachtbarkeit der Bezugsgröße des Vertrages, d.h. des *Nettoerlöses*, angenommen, so daß ein reales Verifikationsproblem in bezug auf den realisierten Unternehmenserfolg zu behandeln ist. Dieses Verifikationsproblem erweist sich als das entscheidende Problem zum Verständnis des „Sinns" eines Kreditvertrages.

Zusammenfassend lauten die Ergebnisse dieses Kapitels:

(i) Bei symmetrischer Informationsverteilung ohne Konkursmöglichkeit erweist sich der Beteiligungsvertrag als (Pareto-)optimal. Banken halten nur Eigenkapital-Positionen.

(ii) Bei asymmetrischer Informationsverteilung ist die Beteiligungskomponente jedes effizienten Vertrages strikt positiv, so daß Risikenteilung vereinbart wird.

(iii) Das Pareto-effiziente Arrangement beinhaltet Obergrenzen der Kapitalüberlassung, die empirisch nicht zu unterscheiden sind von sogenannter

---

10 Siehe hierzu den Aufsatz von Engels, W.: „Die Beteiligung von Banken an Nicht-Banken", in: Kolloquium der Adolf-Weber-Stiftung, Berlin 1978, der genau diese Folgerung zieht.

„Kreditrationierung". Tatsächlich wird durch die Mengenrestriktion der Tatsache Rechnung getragen, daß die Riskanz einer Position „endogen" ist, d.h. durch die Form der vertraglichen Vereinbarung beeinflußt wird. Von „Rationierung" im eigentlichen Sinne des Wortes kann hier nicht gesprochen werden.

(iv) Der reine Darlehnsvertrag (Kreditvertrag) unterscheidet sich in bezug auf induzierte Veränderungen der Stochastik grundlegend vom reinen Beteiligungsvertrag:

- Er induziert mehr Anstrengung (Arbeit), und korrigiert daher tendenziell eine Pareto-Ineffizienz.
- Er induziert „zu viel" Risikobereitschaft des Investors, obwohl der Kapitalgeber risikoneutral ist.
- Er (und nur er) erfüllt als Vertragsarrangement die „Wahrheitsbedingung", so daß kein Verifikationsproblem bestehen bleibt.

(v) Die Ergebnisse von (iv) implizieren, daß der Kreditvertrag auslöst:

- die Notwendigkeit der Kontrolle des *operational Leverage* und damit der Fixkosten-Höhe der Unternehmung;
- die Notwendigkeit der Selbstbindung des Investors gegenüber dem außenstehenden Kapitalgeber, und damit die Notwendigkeit der Bereitstellung von Eigenkapital, beziehungsweise im Falle mehrerer Gläubiger von Sicherheiten als Form der Bevorrechtigung von Eigenkapital[11].

(vi) Ergebnis (iv) und (v) legen eine Erklärung der Funktion von Finanzintermediären nahe. Der Intermediär erbringt Risikentransformationsleistungen. Diese bestehen allerdings *nicht* in der Diversifizierung eines riskanten Portefeuilles, sondern in der Einflußnahme auf die stochastischen Eigenschaften existierender Investitionsprojekte. Die Einflußnahme geschieht durch die Form der Vertragsgestaltung, wobei sich der gestutze Teilungsvertrag (Darlehnsvertrag) als optimal für die Anreizsteuerung in einer Welt erweist, in der Konkurs möglich und verfahrensrechtlich geregelt ist.

(vii) Aus der Struktur des Kreditvertrages folgt unmittelbar – und wiederum: im Gegensatz zur Beteiligung – die Bewertungsrelevanz des unsystematischen Risikos. Dieses Resultat stellt die Verbindung her zu dem allgemeinen Ergebnis des dritten Kapitels, wo für die Kapitalmarkt-Theorie bei asymmetrischer Informationsverteilung ebenfalls die Relevanz der idiosynkratischen Varianz gezeigt werden konnte.

---

11 Die Beziehung von Eigenkapital und Sicherheiten untersuchen Schmidt (1979): 324-329 und, ähnlich, Rudolph (1984): 30-36. Beide Autoren betonen Anreiz- und Selbstbindungswirkung von Sicherungsrechten. Die Perspektive dieses Kapitels stimmt mit der von Schmidt und Rudolph daher überein.

4.3 Zur Struktur von Teilungsverträgen

Im folgenden sollen die Beziehungen zwischen Risikoteilung, Anreizwirkungen und *Form* des Teilungsvertrages untersucht werden. Jede vertragliche Vereinbarung zur Kapitalüberlassung zwischen einem Sparer und einem Investor kann als ein Teilungsvertrag aufgefaßt werden. Dabei bleibt vorerst ganz unbestimmt, ob es sich etwa um einen Beteiligungsvertrag handelt, bei dem unsichere, spätere Erlöse anteilsmäßig auf die Vertragspartner aufgeteilt werden, oder ob ein Darlehnsvertrag mit der entsprechenden Teilungsregel zur Anwendung gelangt. Die anfängliche „Unbestimmtheit" ist gewollt: Aus der jeweiligen Situationsstruktur heraus soll nach der je optimalen Vertragsform gesucht werden. Dabei erweist sich die Annahme der Unbeobachtbarkeit bestimmter Variablen seitens des Kapitalgebers als fundamental für ein Verständnis der empirisch so dominierenden Kreditbeziehung. Wir werden auf diese Weise eine (informations-)ökonomische Erklärung des Kreditvertrages versuchen. In einem zweiten Schritt gilt es dann zu prüfen, inwieweit eine institutionelle Veranstaltung „Bank" besser (und daher kostengünstiger) als die Institution „Markt" derartige Kreditverträge abschließen kann.

Die grundlegende Literatur zu diesem Abschnitt ist nur in Ausnahmefällen älter als 10 Jahre und hat sich insbesondere durch die Beschäftigung mit dem in Entwicklungsländern häufig zu beobachtenden „Share-cropping"-Arrangement entwickelt[12]. Eng verknüpft hiermit beschäftigt sich die ‚Prinzipal-Agent' Literatur allgemein mit dem Informationsproblem in Zwei-Personen-Beziehungen[13]. In der Interdependenz von Prinzipal-Agent- und Marktbeziehung liegt sicherlich die ganz besondere Schwierigkeit. Auch die aktuelle Forschung bewegt sich hier noch in den Anfängen[14]. Schließlich ist als Hintergrund die auf der Prinzipal-Agent-Beziehung aufbauende Literatur zur Funktionsweise von Kreditmärkten zu nennen[15].

12 Stiglitz, J.: „Risk and incentives in sharecropping", in: Review of Economic Studies 41 (1974): 219-255; Reid, J.: „Sharecropping and agricultural uncertainty", in: Economic Development and Cultural Change 24 (1976): 549-576; Newberry, D. und J. Stiglitz: „Sharecropping, risk sharing and the importance of imperfect information", in: Roumasset, J.: „Risk, uncertainty and agricultural development", New York 1979: 311-339; sowie Braverman, A. und J. Stiglitz: „Sharecropping and the interlinking of agrarian markets", in: American Economic Review 72 (1982): 695-715.

13 Holmstroem, B.: „Moral hazard and observability", in: Bell Journal of Economics 10 (1979): 74-91; Baron, D.: „The incentive problem and the design of investment banking contracts", in: Journal of Banking and Finance 3 (1979): 157-175; Ross, S.: „Agency theory: The principal's problem", in: American Economic Review 63 (1973): 134-139; Jensen, M. und W. Meckling: „Theory of the firm: Managerial behavior, agency costs and ownership structure", in: Journal of Financial Economics 3 (1976): 305-360; Harris, M. und A. Raviv: „Optimal incentive contracts with imperfect information", in: Journal of Economic Theory 20 (1979): 231-259; Stiglitz, J.: „The pure theory of moral hazard", in: Geneva Papers on Risk and Insurance 8 (1983): 4-43.

14 Braverman / Stiglitz (1982) sowie Mitra, P.: „A theory of interlinked rural transactions", in: Journal of Public Economics 20 (1983): 167-191.

15 Stiglitz, J. und A. Weiss: „Credit rationing in markets with imperfect information", in: American Economic Review 71 (1981): 393-410; Hansen, R. und J. Thatcher:

Im ersten Abschnitt – 4.3.1 – wird nach den optimalen Teilungsverträgen unter Unsicherheit gefragt, wobei die Informationsverteilung als symmetrisch angenommen ist. Diese einschränkende Setzung wird in Teil 4.3.2 fallengelassen, so daß die Notwendigkeit tatsächlicher Risikenteilung abgeleitet werden kann. Mit der horizontalen sowie der vertikalen Teilung werden in 4.3.3 dann die zwei wesentlichen Teilungsstrukturen untersucht und die Anreizkompatibilität der letzteren nachgewiesen. Anschließend daran – Teil 4.4.4 – werden die Ergebnisse diskutiert im Hinblick auf die Funktion von Finanzinstitution und Kapitalmarkt bei asymmetrischer Informationsverteilung.

4.3.1 Symmetrische Informationsverteilung

Um die Analyse so einfach als möglich zu halten, wird von einem ein-periodigen Modell mit lediglich zwei Akteuren ausgegangen, dem Kapitalnehmer als ‚Investor' einerseits sowie dem Kapitalgeber als ‚Bank' andererseits. Der Investor besitzt ein Projekt, das er ganz oder teilweise von der Bank finanzieren läßt. Im Umfang der Kapitaleinlage der Bank kann der Investor sein eigenes Kapital aus der Unternehmung herausziehen und anderwärts verwenden, z.B. konsumieren. Daher betrachten wir im folgenden den Fall der Kapitalsubstitution. Dies geschieht neben Vereinfachungsgründen vor allem deshalb, um das zusätzliche Problem der Bestimmung eines optimalen Investitionsvolumens nicht zu vermischen mit den uns interessierenden Anreizproblemen.

Des weiteren ist der Investor ein rationaler Erwartungsnutzen-Maximierer mit der strikt konkaven Nutzenfunktion U, wobei $U' > 0$, $U'' < 0$ und $U''' > 0$ sein soll: der positive Grenznutzen sinkt mit abnehmender Rate. Der Nutzen ist definiert über Einkommen, y, und ‚Arbeitsaufwand', z: $EU = EU(y, z)$. Die Bank hingegen soll aufgrund ihrer weiten Diversifikationsmöglichkeiten risikoneutral sein und maximiert deshalb den erwarteten Gewinn, $E\pi$.

Das zu finanzierende Projekt generiert eine Endauszählung $xg(z)$, die sowohl von dem Arbeitsaufwand z des Investors, als auch von der stochastischen Variable θ abhängt: $x = x(\theta)$ hat die positiven reellen Zahlen als Träger, und für die Produktionsfunktion g soll gelten $\partial g/\partial z > 0$, $\partial^2 g/\partial z^2 < 0$. Die Nota-

„On the nature of credit rationing in competitive credit markets", in: Journal of Banking and Finance 7 (1983): 273-284; Holmström, B.: „Moral hazard in teams", in: Bell Journal of Economics 13 (1982): 324-340; Townsend, R.: „Optimal multiperiod contracts and the gains from enduring relationships under private information", in: Journal of Political Economy 90 (1982): 1166-1186; Nalebuff, B. und J. Stiglitz: „Prizes and Incentives: Towards a general theory of competition and compensation", in: Bell Journal of Economics 14 (1983): 21-43; Nalebuff, B. und J. Stiglitz: „Information, competition and markets", in: American Economic Review 73 (1983): 278-283; Stiglitz, J. und A. Weiss: „The incentive-effects of terminations-Application to the credit and labor markets", in: American Economic Review 73 ((1983): 912-927.

tion wird stark vereinfacht, wenn der Erwartungswert über die Verteilungsfunktion $F(.)$ geschrieben wird, wobei F unmittelbar von x (und daher mittelbar von θ) bestimmt, und von γ parametrisiert wird: $F = F(x, \gamma)$[16].

Der Faktor γ stellt neben dem Arbeitseinsatz die zweite Entscheidungsvariable des Investors dar. Über die Auswahl des konkreten Investitionsprogramms kann er nämlich die in Zukunft zu erwartende Variabilität des Auszahlungsstromes beeinflussen. So erfordert beispielsweise die Wahl einer relativ kapitalintensiven Technologie die frühzeitige Festlegung des Investitionsvolumens und der gesamten Kostenstruktur *ohne* die spätere Möglichkeit einer günstigeren Kapazitätsanpassung. Im Gegensatz dazu impliziert eine eher arbeitsintensive Technologie, symbolisiert durch einen niedrigeren γ-Wert, eine höhere Flexibilität bei unter Umständen stark abnehmenden Skalenerträgen.

Die Festlegung von γ bewirkt daher über die Auszahlungsstruktur einen „operating leverage", der zu einer veränderten Variabilität des Netto-Cashflows führt[17].

Im folgenden soll der Fixkostenfaktor γ die Verteilung F im Sinne einer stochastischen Dominanz der zweiten Ordnung beeinflussen[18]. Die beiden Entscheidungsvariablen z und γ ermöglichen daher dem Investor, (isolierte) Verschiebungen sowohl des Mittelwertes als auch der Varianz der Projektrendite vorzunehmen[19].

Um den Teilungsvertrag zu kennzeichnen, wird die lineare Form gewählt[20], so daß $y = \beta x - \alpha$ mit α, β als Konstanten. Da symmetrische Informationsverteilung angenommen wurde, besteht das Verhandlungsproblem zwischen Investor und Bank in der gemeinsamen Festlegung der Größen α, β, z, γ, auf daß das Paretoprogramm gelöst wird. Dieses sogenannte ‚kooperrative' Programm maximiert den Erwartungsnutzen des einen Akteurs unter der Nebenbedingung, daß der zweite Akteur ein bestimmtes Mindest-Nutzenniveau $\hat{r}$ erhält[21].

16 Vgl. zu dieser Formulierung Holmström (1979): 74-91, hier: S. 76 f.

17 Die Hebelwirkung Fixkosten verursachender Anlagen auf den Nettoeinkommensstrom wird vorgestellt in Weston, F. und E. Brigham: „Managerial Finance", The Dryden Press 1981: 229-233. Vgl. außerdem Jones, R. und J. Ostroy: „Flexibility and Uncertainty", in: Review of Economic Studies 51 (1984): 13-32, insbes. S. 24-26.

18 Vgl. den Anhang 3.5 im dritten Kapitel.

19 Eine ähnliche Formulierung verwenden Braverman / Stiglitz (1982).

20 Die Beschränkung auf lineare Teilungsverträge beinhaltet den reinen Fixlohnvertrag, den reinen Beteiligungsvertrag sowie alle Zwischenformen. Die Klasse linearer Verträge ist deshalb weniger restriktiv als manchmal angenommen wird. Für eine allgemeine Darstellung ohne die Linearitätsannahme vgl. Harris / Raviv (1979).

21 Die Lösung des Pareto-Programms entspricht daher der Bestimmung eines Tauschgleichgewichts im Rahmen der Edgeworth-Box.

(1) $$\max_{\alpha, \beta, z, \gamma} \quad V = U[\beta x g(z) - \alpha, z]\, dF(x, \gamma) + \lambda[-\hat{r} + \int (1-\beta)\, x g(z) + \alpha)\, dF(x, \gamma)]$$

In (1) ist λ der Lagrangesche Multiplikator. Als notwendige Bedingungen erster Ordnung ergeben sich[22]:

(2.α) $$-\int U_y(*)\, dF + \lambda = 0$$

(2.β) $$\int U_y(*)\, xgdF - \lambda \int xgdF = 0$$

(2.z) $$\int [U_y(*)\, \beta x g' + U_z(*)]\, dF + \lambda(1-\beta) \int x g' dF = 0$$

(2.γ) $$\int U(*)\, dF_\gamma + \lambda \int (1-\beta)\, xgdF_\gamma = 0$$

wobei $F_\gamma \equiv \partial F(x, \gamma)/\partial\gamma$ und $\int dF_\gamma = 0$.

Die Bedingung erster Ordnung in (2) hat zwei interessante Eigenschaften:

Satz 1: Der optimale Teilungsvertrag bei symmetrischer Informationsverteilung impliziert $\beta = 0$, *oder*: Der Investor ist als Lohnempfänger des Kapitalgebers aufzufassen. Als Zusatz ergibt sich: Ist der Kapitalnehmer (beispielsweise als Bank) risikoneutral und der Kapitalgeber (beispielsweise als Kleinsparer) risikoscheu, dann ist $\beta = 1$, oder: Der Sparer schließt einen Darlehnsvertrag mit der Bank ab.

Beweis[23]: Auflösen von (2.α) und (2.β) nach λ und Gleichsetzen

(3) $$\int U_y(*)\, dF \int xgdF = \int U_y(*)\, xgdF$$

Da aber definiert ist

(4) $$\int U_y(*)\, xgdF = \operatorname{cov}(U_y(*), xg) + \int U_y(*)\, dF \int xgdF$$

folgt, daß im Optimum $\operatorname{cov}(U_y(*), xg) = 0$. Strikte Konkavität von $U(.)$ erzwingt aber dann $\partial y/\partial x = 0$, q.e.d.

Kommentar: Dieses Standardergebnis optimaler Teilungsverträge ist auch auf die Bank-Investor-Beziehung anwendbar und legt nahe, daß ein effizientes Arrangement zwischen Kapitalgeber und -nehmer die vollständige Versicherung des risikoscheuen Vertragspartners vorsieht. In der angenommenen Situation (lediglich die Bank ist risikoneutral) folgt unmittelbar als Handlungsanweisung

---

22 Die hinreichenden Bedingungen zweiter Ordnung werden als erfüllt angenommen.

23 Für einen alternativen, aber umständlicheren Beweis vgl. Stiglitz (1974): 230.

an die Bank, die von ihr finanzierten Projekte ganz oder teilweise zu übernehmen. Angewendet auf den Kapitalmarkt bedeutet dies, daß Finanzinstitute, die überwiegend Kreditverträge in ihr Portefeuille nehmen, im Prinzip ein pareto-ineffizientes Arrangement treffen. Diese These ist in der Literatur vertreten worden[24].

Es scheint offensichtlich, daß die Optimalität einer vollständigen Versicherung (gleichbedeutend mit einem Lohnvertrag für den Investor) von der Annahme über die Informationsverteilung abhängt, so daß die Funktionsbestimmung der Banken nicht bei der Effizienz des Kapitalmarktes, sondern bei der Informationsverteilung anzusetzen hat.

Eine weitere Eigenschaft von (2) zeigt sich bei Inspektion von (2.z): Ein Pareto-Optimum bei nicht-kooperativem Verhalten und $\beta < 1$ kommt nicht ohne Zusatzbedingungen zustande. Für $0 < \beta < 1$ ist der Ausdruck in eckiger Klammer negativ, weil $\lambda(1-\beta)Exg' > 0$. Daraus folgt, daß in der Pareto-effizienten Situation $\beta EU_y(*)xg' > -EU_z(*)$. Nicht-kooperatives Verhalten des Investors würde aber $\beta EU_y(*)xg' = EU_z(*)$ setzen *oder*: Der Investor gleicht das erwartete Arbeitsleid dem erwarteten Einkommennutzen *multipliziert* mit β an, so daß er – abnehmender Grenzproduktivität eingedenk – *zu wenig* arbeitet. Der effiziente Arbeitseinsatz bei nicht-kooperativem Verhalten verlangt $\beta = 1$[25].

Dies ist das traditionelle Argument bezüglich der angeblichen Ineffizienz der wirtschaftshistorisch bedeutsamen Vertragsform des ‚Share-cropping'[26]. In der Literatur wurden vor allem zwei „Korrekturverfahren" diskutiert, die die Pareto-Effizienz herstellen können: Die Verwendung wiederholter kurzfristiger Verträge als angemessenes Sanktionsinstrument[27] sowie das Abschließen von Verträgen, die detaillierte Handlungsvorgaben an die Adresse des Kapitalnehmers enthalten[28].

---

24 Vgl. beispielsweise Engels (1978), insbesondere S. 14-19, wo es heißt: „Effiziente Kapitalmärkte tendieren zu großer Transformationstiefe, wobei im Extrem die Passiven aus Sichteinlagen und die Aktiven aus Realinvestitionen bestehen ... " (S. 18).

25 Vgl. die entsprechende Feststellung in Holmström (1982), Proposition 1, insbesondere den Beweis auf S. 339.

26 Ganz ähnlich argumentieren die traditionellen ‚Ineffizienz'-Beweise in bezug auf die „Labor-managed firm". Für eine Richtigstellung vgl. Brown, M., G. Meran und E. Wolfstetter: „Optimal employment in Illyria: The labor-managed firm reconsidered", Diskussionspapier, Freie Universität Berlin, April 1983.

27 Vgl. Townsend (1982); Crawford, V.: „Dynamic bargaining: Long-term relationships governed by short-term contracts", Diskussionspapier, University of California, San Diego 1983; sowie für den Bereich der Share-Cropping Literatur Johnson, D.: „Resource allocation under share contracts", in: Journal of Political Economy 58 (1950): 111-123.

28 Vgl. insbesondere Cheung, S.: „The theory of share-tenancy", Chicago University Press 1969.

4.3.2 Asymmetrische Informationsverteilung

Nachdem das Grundmodell eingeführt worden ist, wird nun die Erweiterung im Hinblick auf ungleich verteilte Informationen untersucht. Prinzipiell kann sich die Annahme der Unbeobachtbarkeit seitens der Bank auf die Variablen z, γ und x beziehen. Dabei repräsentieren z und γ ‚moralisches Risiko' in dem Sinne, daß der Investor *nach* Vertragsabschluß möglicherweise ein Interesse an der Veränderung von Arbeitseinsatz und Riskanz des Projektes hat. Dies wird manchmal als „post contractual opportunistic behavior" bezeichnet[29]. Durch Variation von z und γ ändert sich real Produktionsprozeß und -ergebnis. Die Unbeobachtbarkeit von x hingegen führt zu einem Mißrepräsentations- oder Verifikationsproblem. Möglicherweise ist die Verteilungsregel zwischen Investor und Bank so formuliert, daß der Kapitalnehmer sein Einkommen durch eine falsche Angabe von x erhöhen kann. Um diese Gefahr auszuschließen, muß nach anreizkompatiblen (im Sinne von „Truth-revealing") Verträgen gesucht werden. Dies soll weiter unten in einem gesonderten Abschnitt geschehen. Zuerst wird die Unbeobachtbarkeit von z und γ jeweils alleine betrachtet, so daß in diesem Teil die Verträge problemlos über $X = \{x_1, \ldots, x_n\}$, den Nettoerlös, formuliert werden können.

Aufgrund der Asymmetrie in bezug auf z und γ kann die Bank nun nicht mehr beide Größen ‚optimal' im Vertrag festlegen. Ebenso kann der Kapitalnehmer – selbst wenn er wollte – kein glaubwürdiges Versprechen bezüglich des optimalen z und γ Wertes abgeben. Statt dessen muß die Bank sich strategisch verhalten und in ihr Kalkül einbeziehen, daß der Kapitalnehmer stets das seinen Erwartungsnutzen maximierende z^*, γ^* wählen wird *in Abhängigkeit* von den sonstigen Vertragsbedingungen, d.h. α und β.

$$(5) \qquad \max_{z,\,\gamma} \; W = \int U\left[\beta x g(z) - \alpha, z\right] dF(x, \gamma)$$

mit den notwendigen Bedingungen

$$(6.z) \qquad \int U_y(*)\, \beta x g' dF = - \int U_z(*)\, dF$$

$$(6.\gamma) \qquad \int U(*)\, dF_\gamma = 0$$

(6.z) und (6.γ) liefern die je optimalen z^* und γ^* als $z^* = z^*(\alpha, \beta)$ und $\gamma^* = \gamma^*(\alpha, \beta)$. Einsetzen dieser Werte in (6.z) ergibt eine Identität, aus der sich durch implizites Differenzieren ableiten läßt[30].

---

29 Klein, B., R. Crawford und A. Alchian: „Vertical integration, appropriable rents, and the competitive contracting process", in: Journal of Law and Economics (1978): 297-326, prägen diesen Begriff.

30 Braverman / Stiglitz (1982): 700. Die dort im Text folgende Einschränkung ist zu beachten.

(7) $$(sgn)\,\frac{\partial z}{\partial \alpha} = (sgn)\,\{-\int U_{yy}\,(^*)\,\beta x g'dF - \int U_{zy}\,(^*)\,dF\} \gtrless 0$$

wobei (sgn) für ‚Vorzeichen' im Sinne von positiv oder negativ steht.

Satz 2: Der Arbeitseinsatz des Investors steigt mit der festen Größe α, sofern

(i) $U_{zy} \leqq 0$ für alle x, und

(ii) $\text{cov}\,(U_{yy}\,(^*), x) - EU_{yy}\,(^*)\,E\,(x) > 0$, und

(iii) $\beta > 0$.

Anmerkung: Bedingungen (i) und (ii) implizieren (iii), wie unten gezeigt wird. Es verbleiben zwei notwendige Bedingungen. Deren erste ist intuitiv plausibel, weil $U_{zy} \leqq 0$ verlangt, daß eine Zunahme des Einkommens das marginale Arbeitsleid nicht gleichzeitig vermindern darf. Diese Bedingung ist stets erfüllt, wenn die „normale" substitutive Beziehung zwischen Einkommen und Freizeit besteht, i.e. Freizeit ein nicht-inferiores Gut ist. Die zweite Bedingung, die von Braverman / Stiglitz nicht erwähnt wird, ist allerdings restriktiv. (ii) setzt nämlich voraus, daß $\text{cov}\,(U_{yy}\,(^*), x)$ nicht zu stark negativ ist, so daß der (stets) negative Term $EU_{yy}\,(^*)\,E\,(x)$ ihn dominiert. Notwendig, aber nicht hinreichend hierfür ist die wiederum plausible Bedingung $U''' > 0$, i.e. die negativen zweiten Ableitungen von U werden mit steigendem x numerisch kleiner. Wird daher in Satz 2 die Größe α als Kreditrückzahlungsbetrag aufgefaßt, so geben (i) und (ii) die Bedingungen an, unter denen steigende Kreditvolumina zu steigendem Arbeitseinsatz führen[31].

Außerdem gilt

(8) $$(sgn)\,\frac{\partial z}{\partial \beta} = (sgn)\,\{\int U_{yy}\,(^*)\,\beta x^2 g g'dF + \int U_y\,(^*)\,x g'dF + \int U_{zy}\,(^*)\,x g dF\} \gtrless 0$$

Das Vorzeichen von (8) ist unbestimmt, weil die Ausdrücke in der geschweiften Klammer entgegengesetzte Vorzeichen annehmen; so ist der mittlere Term wegen (6.z) stets positiv.

Ebenso läßt sich zeigen

(9) $$(sgn)\,\frac{\partial \gamma}{\partial \alpha} = (sgn)\,\{-\int U_y\,(^*)\,dF_\gamma\} = (sgn)\,\{-\int U_y\,(^*)\,[dG\,(.) - dF\,(.)]\}$$

31 Ebenda.

Sofern $U(*)$ strikt konvex ist (i.e. $U'' > 0$) und der Übergang von $F(.)$ nach $G(.)$ einem „mean preserving spread" im Sinne von Rothschildt / Stiglitz entspricht[32], ist $\partial\gamma/\partial\alpha < 0$: Wird α wie bei Braverman / Stiglitz als rückzahlbarer Kreditbetrag interpretiert, so führt ein steigendes Kreditvolumen zu einem verminderten ‚Operating Leverage' der Firma – und damit zu einem abnehmendem Kreditrisiko. Die umgekehrte Folgerung gilt für den Fall zunehmender Risikoaversion, wenn $U_{yyy} < 0$.

Schließlich

$$(10) \qquad (sgn)\,\frac{\partial\gamma}{\partial\beta} = (sgn)\,\{\textstyle\int U_y\,(*)\,x dF_\gamma\} = (sgn)\,\{\textstyle\int U_y\,(*)\,x d\,[G\,(.) - F\,(.)]$$

Da der Übergang von F nach G den Mittelwert von x unverändert läßt, ist $(sgn)\ \partial\gamma/\partial\beta = (sgn)\ [\text{cov}^G\ (U_y\ (*), x) - \text{cov}^F\ (U_y\ (*), x)] > 0$, wobei cov^i die Kovarianz unter der Verteilung i angibt.

Gleichungen (6) bis (10) haben gezeigt, daß der Investor auf Veränderungen der Vertragsbedingungen α und β reagiert. Daher besteht die Aufgabe der Verhandlung zwischen Bank und Investor nun in der Auswahl desjenigen $\{\alpha, \beta\}$, das den Erwartungsnutzen des Kreditnehmers maximiert *und* dem Kapitalgeber den marktüblichen Ertrag $\hat{\pi}$ bietet. Um den Einfluß der Vertragsgestaltung auf Arbeit und Risiko isoliert betrachten zu können, wird zuerst γ und dann z parametrisiert.

$$(11) \qquad \max_{\alpha,\beta}\ \textstyle\int U\,[\beta x g\,(z\,(\alpha,\beta)) - \alpha,\ z\,(\alpha,\beta)]\ dF\,(x,\gamma)$$

unter der Nebenbedingung

$$(12) \qquad \textstyle\int [(1-\beta)\,x g\,(z\,(\alpha,\beta)) + \alpha]\ dF\,(x,\gamma) \geqq \hat{\pi}$$

Im folgenden bezeichnet λ wiederum den mit (12) verbundenen Lagrange-Multiplikator. Da (12) im Optimum mit Gleichheit gelten soll, ist λ positiv[33]. Differenzierung nach α und β ergibt

$$(13.\alpha) \qquad \{\textstyle\int U_y\,(*)\,(\beta x g'\partial z/\partial\alpha - 1)\,dF + \int U_z\,(*)\,\partial z/\partial\alpha\,dF\} - \lambda\,\{\textstyle\int (1-\beta)\,x g'\partial z/\partial\alpha\,dF + 1\} = 0$$

---

32 Eine Einleitung einschließlich notwendiger Literaturverweise findet sich im Teil 3.5 des dritten Kapitels. Ein ähnliches Vorgehen wählen Braverman / Stiglitz (1982): 701-703.

33 Vgl. zum folgenden Abschnitt Mitra (1983), insbesondere S. 169-179.

(13.β)
$$\{\int U_y(*)\,(\beta x g'\partial z/\partial\beta - x)\,dF + \int U_z(*)\,\partial z/\partial\beta\,dF\} - \lambda\,\{\int(1-\beta)\,x g'\partial z/\partial\beta - x g)\,dF\} = 0$$

Bezeichnen wir die jeweils erste geschweifte Klammer in (13.α) und (13.β) mit EU_a und EU_β respektive, so vereinfacht sich die Notation erheblich.

(14.α)
$$EU_\alpha = \lambda\,[\int(1-\beta)\,x g'\partial z/\partial\alpha\,dF + 1]$$

(14.β)
$$EU_\beta = \lambda\,[\int((1-\beta)\,x g'\partial z/\partial\beta - x g)\,dF]$$

so daß folgt

Satz 3: Unter der Bedingung von Satz 2 ($\partial z/\partial\alpha > 0$) wird der Kapitalnehmer (Investor) bei asymmetrischer Informationsverteilung stets rationiert.

Kommentar: Bei $\partial z/\partial\alpha > 0$ ist die rechte Seite von (14.α) negativ. Freie Wahl von α durch den Investor zu Marktsätzen würde aber resultieren in $EU_\alpha = 0$. Mit α als Rückzahlungsbetrag ergibt sich Satz 3.

Die Intention dieser Rationierung ist einleuchtend. Über (14) besteht eine direkte Beziehung zwischen dem Vertrag bezüglich der Kapitalüberlassung und dem Anreiz zu arbeiten. Die Bank kann nun diese Abhängigkeit ausnutzen, indem sie das Finanzierungsvolumen nicht durch den Investor frei wählen läßt. Dies ähnelt dem Ergebnis von Stiglitz / Weiss[34] und Mitra[35].

Gemäß Satz 3 hat die Bank über das bereitgestellte Kapitalvolumen eine indirekte Steuerungsmöglichkeit des unbeobachtbaren Arbeitsniveaus. Aber: Ist diese Beeinflussung des Investors überhaupt notwendig? Muß denn davon ausgegangen werden, daß der Investor *nicht* das pareto-optimale z^* wählt?

Satz 4: Bei asymmetrischer Informationsverteilung wird das vom Investor gewählte z als „zu klein" empfunden. Die Wahl von γ hingegen ist effizient.

Beweis: Differenzierung des Lagrange-Programms (11) - (12) nach z und Einsetzen der Bedingung (6.z) ergibt $\lambda\int(1-\beta)\,x g'dF > 0$, oder: Die Bank würde gerne *mehr* Arbeitseinsatz des Investors festschreiben[36].

---

34 Stiglitz / Weiss (1981).

35 Mitra (1983): 177.

36 Vgl. Proposition 1 in Holmström (1979); sowie Satz 3 im dritten Kapitel dieser Arbeit, Abschnitt 3.3.3.3.

Da wir von einer risikoneutralen Bank ausgehen, kann selbstverständlich kein ‚Ineffizienz-Ergebnis' in bezug auf γ erwartet werden. Tatsächlich ergibt die Differenzierung des Programms nach γ (bei Konstanz von z)

$$EU_\gamma = \int (1 - \beta)\, xg dF_\gamma = 0,$$

was ja Bedingung (6.γ) entspricht.

Das in Satz 4 ausgedrückte Anreizproblem bezüglich z hat trotz der Risikoneutralität des Kapitalgebers Auswirkungen auf die Risikoteilung:

Satz 5: Bei asymmetrischer Informationsverteilung trägt der Kapitalnehmer einen Teil des Ertragsrisikos, i.e. $\beta > 0$ gilt strikt, für U''' ausreichend positiv.

Beweis: Umformung von (13.α) unter Verwendung der Identität $E(U_y x)/Ex = EU_y + \mathrm{cov}(U_y, x)/Ex$ und Isolierung von β ergibt

$$(15) \qquad \beta = \frac{(EU_y/Ex) - (\partial z/\partial \alpha)\,(EU_z/Ex) + \lambda\,(g'\,(\partial z/\partial \alpha) + (1/Ex))}{g'\,(\partial z/\partial \alpha)\,((\mathrm{cov}\,(U_y, x)/Ex) + EU_y + \lambda)}$$

Nun zeigt Inspektion von (15), daß $\beta = 0$ nur für $(\partial z/\partial \alpha) < 0$ möglich ist, ein Fall, der gemäß Satz 2 ausgeschlossen ist. Angenommen, per absurdum, $\beta < 0$, so daß das Einkommen des Investors nun negativ mit der Variable x variiert. Dann ist $\mathrm{cov}(U_y, x)$ positiv und (15) führt zu $\beta > 0$, einem Widerspruch. Folglich verlangen Bedingung (15) zusammen mit Satz 2, daß $\beta > 0$[37/38].

Um zu klären, ob $\beta < 1$ gezeigt werden kann, wird der Argumentationsweise von Stiglitz gefolgt[39]. Wir wissen, daß der Kapitalgeber das Ziel (16) verfolgt

$$(16) \qquad \max_{\alpha} \int ((1 - h)\, xg\, (z\, (\alpha, \beta)) + \alpha)\, dF$$

wobei $h(.)$ die $\{\alpha, \beta\}$-Kombinationen definiert, die dem Kapitalnehmer unter Wahrung seiner optimalen z-Wahl auf dem gleichen Nutzenniveau $\hat{u}$ halten, i.e.

$$\beta^* = h\,(\alpha, \hat{u}) \text{ mit } \operatorname*{argmax}_{z}\, EU\,(\beta xg\,(z) - \alpha, z) = \hat{u}$$

---

[37] $\beta > 0$ läßt sich ebenso aus (6.γ) unter der Annahme eines MKS ableiten.

[38] Für den Zusammenhang von absoluter Risikoaversion und Nutzenfunktion vgl. Lippman, S. und J. McCall: „The economics of uncertainty", in: Arrow, M. und M. Intriligator (Eds.): „Handbook of mathematical economics", North Holland 1981: 211-283, hier: Lemma 1 auf S. 235 f.

[39] Vgl. Stiglitz (1974): 219-255, hier S. 243 f. Sein Ergebnis ($0 < \beta < 1$) setzt freilich eine restriktive Klasse von Nutzenfunktionen voraus.

Differenzierung nach α und Umstellung ergibt

$$(17) \qquad \beta = 1 + \frac{1 + gExU_y\ (*)}{Exg'\partial z/\partial\alpha} \gtrless 1$$

(17) ist aber kleiner als eins, wenn $ExEU_y < -(1/g)$, was wiederum eine bestimmte Anforderung an die Nutzenfunktion darstellt[40].

Zusammenfassend impliziert asymmetrische Informationsverteilung, daß $\beta \neq 0$: Zwischen den Akteuren findet zum Zwecke der Anreizsteuerung weniger-als-optimale Risikenteilung statt.

4.3.3 Untersuchung der horizontalen und vertikalen Teilungsregel

Von welcher *Form* die soeben abgeleitete Risikenteilung sein soll, ist bis zu diesem Punkt noch offen geblieben. Wir werden im folgenden zwei „reine" Teilungsformen auf ihre Anreizwirkungen hin untersuchen. Wie bei jedem Teilungsvertrag gilt es, qua Vereinbarung die Wahrscheinlichkeitsverteilung zukünftiger Erträge, die ihrerseits eine Funktion dieser Vereinbarung ist (endogene Stochastik), auf die beteiligten Akteure aufzuteilen. Als reine Formen sollen daher der horizontale und der vertikale Teilungsvertrag untersucht werden.

‚Horizontal' und ‚vertikal' bezieht sich dabei auf die Perspektive ex-ante, i.e. bei Vertragsschluß, so daß sich die folgenden Aufteilungen ergeben.

Abbildung 4.1: Zum horizontalen Teilungsvertrag

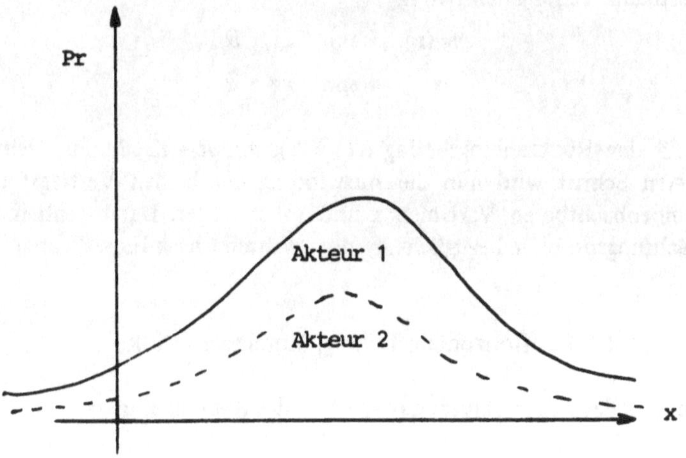

40 N.B., daß $EU_y x$ stets negativ ist, weil aus (6.z.) folgt: $EU_y x = EU_z/\beta g' < 0$.

Abbildung 4.2: Zum vertikalen Teilungsvertrag

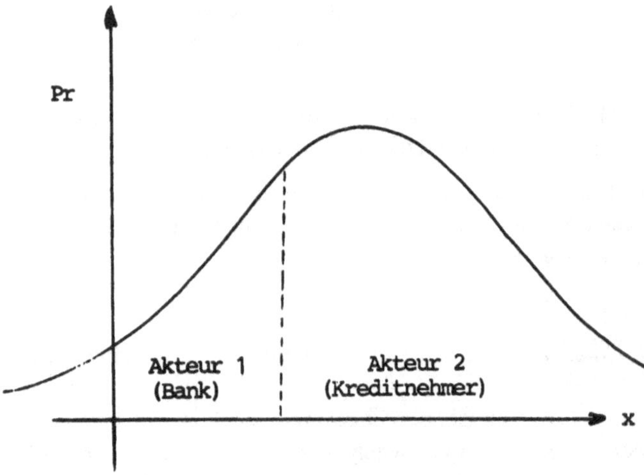

Betrachtet wird wiederum die Beziehung zwischen einem Kapitalgeber („Bank") und einem Kapitalnehmer („Investor"). Diese maximieren ihr Endvermögen bzw. den erwarteten Nutzen.

Zu Beginn der Periode erhält der Investor eine Summe α von dem Kapitalgeber. Als Gegenleistung erhält dieser am Ende der Periode

(i) bei horizontaler Teilung den Betrag $(1 - \beta)\, xg\,(z)$

(ii) bei vertikaler Teilung den Betrag

$$\begin{array}{lll} xg\,(z) & \text{wenn} & xg \leq \hat{\alpha} \\ \hat{\alpha} & \text{wenn} & xg > \hat{\alpha} \end{array}$$

wobei $\hat{\alpha}$ für den Rückzahlungsbetrag $\alpha\,(1 + R)$, mit R = Kreditzins, steht. In einem ersten Schritt wird nun die Auswirkung der beiden Vertragsformen auf die unbeobachtbaren Variablen z und γ betrachtet. Daran schließt sich das Beobachtungsproblem bezüglich X, des „wahren Chash-Flows", an.

4.3.3.1 Horizontale Teilung: Moralisches Risiko

Bei horizontaler Teilung lautet das Problem des Kapitalnehmers

$$(18) \qquad \max_{\alpha, z, \gamma} \int_0^{\infty} U\,(\beta xg\,(z) + \alpha, z)\; dF\,(x, \gamma)$$

Nota bene, daß in (18) im Gegensatz zu (5) α positiv auf das Einkommen wirkt. Dies ist darin begründet, daß weiter oben[41] sozusagen implizit von der Institution des Kreditvertrages ausgegangen wurde. Im Rahmen des horizontalen Teilungsvertrages hingegen ist α eindeutig als Preis der Erfolgsbeteiligung definiert. Folglich lauten die notwendigen Optimalitätsbedingungen

$$(19.\alpha) \qquad \int_0^\infty U_y\,(*)\,dF = 0$$

$$(19.z) \qquad \int_0^\infty [U_y\,(*)\,\beta x g' + U_z\,(*)]\,dF = 0$$

$$(19.\gamma) \qquad \int_0^\infty U\,(*)\,dF_y = 0$$

Bedingung (19.α) bringt die grundsätzlich „unersättliche" Nachfrage nach α, hier: dem Beteiligungskapital, zum Ausdruck. Eine solchermaßen unvollständige Optimalitätsbedingung ergibt sich immer dann, wenn dem betreffenden Faktor (hier: α), keine Opportunitätskosten zugeordnet werden. Dies entspricht der Nutzung von „Boden" in der traditionellen Literatur zum „Sharecropping". (19.α) impliziert daher die Notwendigkeit einer Kontrolle von α oder: α kann nicht zu den vom Kapitalnehmer selbst bestimmbaren Größen gehören.

Aus Bedingung (19.z) läßt sich – nach Herstellung der Identität – gewinnen:

$$(20.z) \qquad \frac{\partial z}{\partial \alpha} = -\left\{\frac{\int U_{yy}\,(*)\,\beta x g' + U_{zy}\,(*)\,dF}{BzO}\right\} < 0$$

wobei BzO für „Bedingung zweiter Ordnung" steht. (20) besagt in Worten:

Satz 6: Beim horizontalen Teilungsvertrag löst die marginale Veränderung der Beteiligungssumme eine Verringerung des Arbeitsniveaus z aus, oder: Der Kapitalnehmer substituiert Arbeitsleistung durch Beteiligungskapital.

Entsprechend gilt für den Einfluß von α auf die Riskanz γ:

$$(20.\gamma) \qquad (sgn)\,\frac{\partial \gamma}{\partial \alpha} = (sgn) \int U_y\,(*)\,dF_\gamma > 0$$

---

41 Und daher ebenso unter anderem bei Braverman / Stiglitz (1982).

Satz 7: Eine steigende Beteiligungssumme (als einmalige „lump-sum“-Zahlung) erhöht die Bereitschaft des Investors, Investitionen von gegebener Riskanz durchzuführen.

Dieses Ergebnis ist plausibel im Hinblick auf die Annahme abnehmender relativer Risikoaversion, weil die einmalige Zahlung einer Substitution von unsicherem durch sicheres Einkommen darstellt.

Für den Kapitalgeber, der ja die Anpassungsreaktionen des Kapitalnehmers einkalkulieren muß, gilt dann das Programm

$$(21) \qquad \max_{\alpha} \int_0^{\infty} [(1-\beta)\, xg\,(z\,(\alpha)) - \alpha]\, dF + \lambda\,[-\hat{u} + \int_0^{\infty} U\,(\beta xg\,(z\,(\alpha)) + \alpha, z)\, dF$$

Zur Vereinfachung der Schreibweise wird in der zweiten Klammer $EU(\alpha)$ geschrieben. Die Bedingung erster Ordnung lautet dann[42]:

$$(22) \qquad (1-\beta)\, Exg'\, \frac{\partial z}{\partial \alpha} + \lambda\, EU_{\alpha} = 1$$

Nun ist aber bekannt, daß bei freier Wahl der Höhe des Beteiligungskapitals die Größe $EU_{\alpha} = 0$ gesetzt würde. Dies ist aber in (22) nur erfüllt, wenn $\partial\alpha/\partial z = (1-\beta)\, Exg'$, wofür keinerlei zwingende Notwendigkeit besteht. Folglich beinhaltet (22) die weiter oben bereits angesprochene *Steuerungsmöglichkeit*. Diese Steuerungsmöglichkeit bedarf freilich als wesentlicher Voraussetzung der Sicherheit, daß der „rationierende“ Kapitalgeber auch tatsächlich der einzige Kapitalgeber bleibt. Unmittelbar einsichtig erscheint an dieser Stelle das insbesondere in der industriellen Entwicklung im 19. Jahrhundert rigide ausgestaltete „Hausbank-Prinzip“: Durch direkte Kontrolle konnte eine Umgehung der Konsequenz einer Rationierungspolitik verhindert werden[43].

Durch die Begrenzung von α und damit der Verhinderung von $EU_{\alpha} = 0$ kann die Bank Einfluß nehmen auf $\partial z/\partial\alpha$, und damit auf den tatsächlich unbeobachtbaren Arbeitsaufwand.

Es läßt sich nun leicht zeigen, daß – wiederum bei isolierter Betrachtung – der Faktor γ, i.e. die Riskanz des Investitionsprojekts, optimal bestimmt wird, weil Differenzierung von (22) nach γ nicht zu einem Konflikt mit (19.γ) führt.

42 Vgl. Mitra (1983): 177.

43 Siehe hierzu die sehr instruktive Darstellung bei Gerschenkron, A.: „Economic backwardness in historical perspective“, Harvard University Press 1962, wo es auf S. 14 heißt: „A German bank, as the saying went, accompanied an industrial enterprise from the cradle to the grave.“ Gerschenkron bestätigt dann diese Beobachtung und begründet sie mit – in heutiger Terminologie – informationsökonomischen Argumenten.

Daher gilt

Satz 8: Unter den getroffenen Annahmen ist die Wahl von γ, aber nicht jene von z, pareto-effizient.

4.3.3.2 Vertikale Teilung: Moralisches Risiko

Ein erster Blick auf die Klasse vertikaler Teilungsverträge soll die Unterschiede zum Beteiligungsvertrag bezüglich der Anreizeffekte herausstellen. Bei dieser (Darlehns-)Vertragsform wird ex-ante ein kritischer Punkt $\overline{\alpha}$ vereinbart: Bleibt der am Periodenende realisierte Erlös X nun unter dem Richtwert $\overline{x}$, so fällt das Projekt mit allen Erträgen an die Bank. Daher „gehört" der Bank die gesamte Wahrscheinlichkeitsverteilung unterhalb von $\overline{x}$ – vgl. Abbildung 4.2 –. Ist $X > \overline{x}$, so erhält der Kapitalnehmer 100 % der Differenz zu $\overline{x}$. Folglich „gehört" ihm der obere Teil der Dichtefunktion.

Das Programm des Kapitalnehmers ist dann

(23) $$\max_{z,\gamma} \int_0^{\overline{x}} U(\alpha, z)\, dF(x,\gamma) + \int_{\overline{x}}^{\infty} U(xg(z) + \alpha(1-R), z)\, dF(x,\gamma)$$

wobei $\overline{x} = \alpha R$. Die Bedingung erster Ordnung lautet

(24.z) $$\int_0^{\overline{x}} U_z(*)\, dF + \int_{\overline{x}}^{\infty} U_y(**)\, xg'dF + \int_{\overline{x}}^{\infty} U_z(**)\, dF = 0$$

Zur Vereinfachung der Notation steht in (24.z) für die Evaluierungsstellen $\{\alpha, z^*\}$ und $\{xg(z^*) + \alpha(1-R), z^*\}$ jeweils (*) und (**) respektive.

(24.γ) $$\int_0^{\overline{x}} U(*)\, dF_\gamma + \int_{\overline{x}}^{\infty} U(**)\, dF_\gamma = 0$$

Implizite Differenzierung der Identität (24.z) ergibt

(25) $$(sgn)\, \partial z/\partial\alpha = (sgn)\, \Big\{\int_0^{\overline{x}} U_{zy}(*)\, dF +$$

$$\int_{\overline{x}}^{\infty} U_{zy}(**)(1-R)\, dF + \int_{\overline{x}}^{\infty} U_{yy}(**)\, xg'(1-R)\, dF -$$

$$U_y(\overline{x}g(z^*) + \alpha(1-R), z^*)\, \overline{x}g'RdF(\overline{x},\gamma)\Big\} \lesseqgtr 0$$

Während der erste und letzte Term in (25) eindeutig negativ ist, hängt das Vorzeichen der mittleren Terms ab von

(i) der Differenz $(1 - R)$, i.e. dem Ausmaß der Differenz von Rückzahlungs- und Einzahlungsbetrag: dem Kreditzins;

(ii) der relativen Anteile von Kapitalnehmer und -geber an der Dichtefunktion, i.e. dem Verhältnis der Wahrscheinlichkeitsmasse zwischen $X = 0$ und $X = \bar{x}$ einerseits, sowie zwischen $X = \bar{x}$ und $X = \infty$ andererseits.

Folglich gibt es einen kritischen Wert $\bar{x}$ sowie einen Kreditzins R, bei dem $\partial z/\partial\alpha > 0$, oder: die Kreditvergabe induziert höheren Arbeitseinsatz auf seiten des Kapitalnehmers.

Unter Bedingung (i) und (ii) unterscheiden sich horizontale und vertikale Teilungsregel grundsätzlich voneinander[44]. Die positive Auswirkung auf die Anreizkompatibilität bezüglich des Arbeitseinsatzes z hat freilich ihr Gegenstück in einer negativen Anreizwirkung bezüglich des Risikogehalts der Investition, γ[45].

$$(26) \qquad (sgn)\,\frac{\partial\gamma}{\partial\alpha} = (sgn)\,\{U_y\,(*) \int_0^{\bar{x}} dF_\gamma + \int_{\bar{x}}^{\infty} U_y\,(**)\,(1 - R)\,dF_\gamma\}$$

Nehmen wir für einen Moment an, $Ex = \alpha R$, so daß eine Mittelwert-Konservierende Streckung (MKS) der Verteilung F symmetrisch beide Segmente der vereinbarten Teilungsregel betrifft, dann ist eindeutig $\partial\gamma/\partial\alpha > 0$[46]. Je mehr nun Ex zunimmt und damit größer wird als $\bar{x}$, um so mehr dominiert der strikt konkave Teil der Nutzenfunktion den ersten, linearen Ast, auf dem y = konstant. Diesen Zusammenhang illustriert Abb. 4.3[47].

Der risikoneutrale Kapitalgeber maximiert über α

$$(27) \qquad \pi = \int_0^{\bar{x}} (xg\,(z) - \alpha)\,dF + \int_{\bar{x}}^{\infty} \alpha\,(R - 1)\,dF$$

so daß

$$(28) \qquad \frac{\partial\pi}{\partial\gamma} = \int_0^{\bar{x}} xg\,(z)\,dF_\gamma + \alpha R \int_{\bar{x}}^{\infty} dF_\gamma$$

---

44 Für den Spezialfall zweier risikoneutraler Akteure, die beide indifferent sind zwischen horizontalem und vertikalem Teilungsvertrag (i.e. die Wettbewerbsbedingung ist erfüllt), läßt sich zeigen, daß der bei einem vertikalen Teilungsvertrag gewählte optimale z-Wert strikt größer ist als jener, der sich bei einer horizontalen Teilung einstellen würde.

45 Ebenso Braverman / Stiglitz (1982): 703, als auch Ordover, J. und A. Weiss: „Information and the law: Evaluating legal restrictions in competetive contracts", in: American Economic Review, P & P, 71 (1981): 399-404, hier S. 400.

46 Weil $U_y\,(*)$ = konstant, und $U_y\,(**)$ eine konvexe Funktion von x ist.

47 Braverman / Stiglitz (1982): 701. Es ist zu beachten, daß auf der Abszisse der Wert von x und nicht derjenige von y abgetragen ist, so daß $U_y\,(*) = 0$.

Abbildung 4.3: Nutzen in Abhängigkeit von x

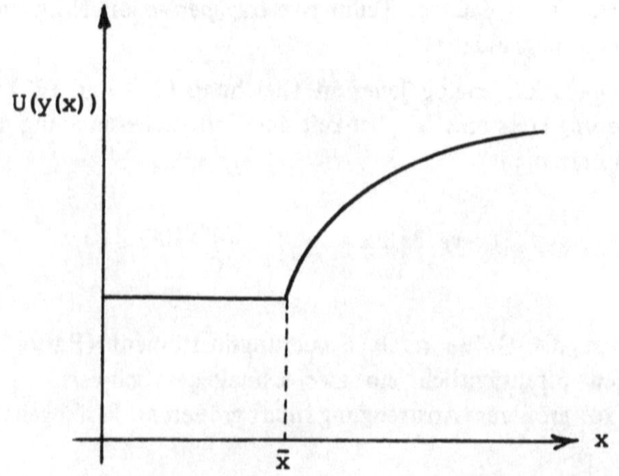

Nun gilt aber für einen MKS

$$\int_0^{\infty} dF_\gamma = 0,$$

so daß

$$\int_{\bar{x}}^{\infty} dF_\gamma = -\int_0^{\bar{x}} dF_\gamma$$

Eingesetzt in (28) folgt

$$(29) \qquad \frac{\partial \pi}{\partial \gamma} = \int_0^{\bar{x}} [xg(z) - \alpha R]\, dF_\gamma \leqq 0$$

(29) gilt strikt, sofern durch die Wahl von γ *überhaupt* die Realisationen $0 \leqq x \leqq \bar{x}$ betroffen sind.

Dieser Abschnitt läßt sich zusammenfassen in

Satz 9: Bei vertikaler Teilung gelingt ein anreizkompatibles Arrangement in bezug auf die Arbeitsleistung z. Dieser positiven Wirkung entgegen wirkt die trotz Risikoneutralität der Bank entstehende Gewinnrelevanz der Wahl der Technologie – und damit der Riskanz der Investition.

Anmerkung:

(i) Das Ergebnis in Gleichung (29) wird bei Risikoscheu des Kapitalgebers lediglich verschärft, so daß der Teilungsvertrag *per se* die Notwendigkeit der Steuerung von γ begründet.

(ii) Eine Operation analog jener in Gleichung (21) und (22) zeigt, daß Kreditrationierung stets eine Möglichkeit der Verhaltenssteuerung des Kapitalnehmers ist, sofern nicht

$$\int_0^{\overline{x}} x g' \partial z / \partial \alpha = 1 - R\,(1 - \int_0^{\overline{x}} dF)$$

Demnach ist die Größe α als Steuerungsinstrument (Rationierung) bei Kreditverträgen offensichtlich ein zwei-schneidiges Schwert, weil simultan der Anreiz zu größerer Anstrengung *und* größerem Risikogehalt gegeben wird.

Daß Verhaltenssteuerung mit Hilfe von α auch für sich genommen nicht praktikabel ist, zeigt die folgende Überlegung: Bei anreizkompatibler Gestaltung der Parameter R und α – so wurde oben gezeigt – induziert der Kreditvertrag *mehr* Arbeitseinsatz. Daher muß an dieser Stelle EU_{α} negativ sein, so daß der gewünschte Effekt in bezug auf z nur durch eine Überversorgung mit Kapital durchsetzbar wäre. Von daher ist Skepsis an solchen Rationierungsmodellen geboten, die (a) von Kreditverträgen ausgehen, und (b) einzig über Anreizeffekte argumentieren. Die auf ‚Adverse Selection' gestützten Erklärungen von Stiglitz / Weiss und Hansen / Thatcher sind hiervon nicht betroffen.

4.3.3.3 Verifikationsproblem und Teilungsregel

In allen bisherigen Überlegungen wurde von der grundsätzlichen Beobachtbarkeit der Variable X ausgegangen. Tatsächlich ist aber gerade die Angabe des realisierten Netto-Erlöses ein krasser Fall asymmetrisch verteilter Information. Solange wir von Kontroll- und sonstigen Maßnahmen absehen, ist für den außenstehenden Kapitalgeber keine unmittelbare Einsicht in das Perioden-Betriebsergebnis möglich. Darüber hinaus muß er davon ausgehen, daß jede Teilungsregel mit $\beta \neq 0$, d.h. mit faktischer Risikenteilung, den Anreiz seitens des Kapitalnehmers (und Managers) in sich birgt, einen X-Wert nach außen zu melden, der *kleiner* ist, als der tatsächliche Nettoerlös: Durch bewußtes Verkleinern der Bezugsgröße, auf welche die vereinbare Teilungsregel Anwendung findet (‚Periodenergebnis'), kann ja der verbleibende eigene Teil nur vergrößert werden.

Im folgenden soll gezeigt werden, daß diese Intuition korrekt ist für die Klasse der horizontalen Teilungsregeln. Unter der Annahme, daß die Informationsasymmetrie in bezug auf X antizipiert wird, begründet die Verwendung einer horizontalen Teilungsregel folglich die Entwicklung externer Kontrollinstitutionen, deren Aufgabe hauptsächlich in der Überprüfung des Nettoerlös-Ausweises liegt.

Darauf aufbauend kann aber gezeigt werden, daß die Intuition in bezug auf den ‚eingebauten Anreiz zur Mißrepräsentation' für vertikale Teilungsregeln dann nicht haltbar ist, wenn eine Konkursregel existiert. Bei Berücksichtigung des Konkursrisikos läßt sich leicht zeigen, daß der Kreditvertrag zur Klasse der anreizkompatiblen („truth-revealing") Vertrag gehört.

Die anspruchsvollere Aufgabe der Ableitung des Kreditvertrages als optimaler Teilungsregel, wie es bei Townsend[48] und Hellwig / Gale[49] geschieht, wird hier nicht behandelt.

Um die Möglichkeit der Mißrepräsentation abbilden zu können, wird das bisherige Modell erweitert. Mit x^* wird nun derjenige Nettoerlös bezeichnet, den der Kapitalnehmer dem außenstehenden Kapitalgeber meldet. Auf den jeweils gemeldeten („bilanzierten") Wert von X, x^*, wird dann die vorher vereinbarte Teilungsregel angewendet. Ein Vertrag heißt dann anreizkompatibel, wenn der gemeldete Wert x^* aus dem Eigeninteresse beider Akteure heraus identisch ist mit dem tatsächlichen (und nur vom Kapitalnehmer beobachteten) Wert von X.

$$x = x^* \quad \text{(Wahrheitsbedingung)}$$

Die Erfüllung der Wahrheitsbedingung erfordert daher, daß die Angabe von $x \neq x^*$ den Nutzen des Kapitalnehmers keinesfalls erhöhen darf, oder: sein Nutzen[50] muß genau dann maximal sein, wenn $x = x^*$. Es wird nun lediglich die Unbeobachtbarkeit von X berücksichtigt, während für die Größen z und γ feste Werte angenommen werden[51].

Dann lautet die Zielfunktion des Kapitalnehmers bei horizontaler Teilungsregel

$$(30) \qquad \max_{x^*} U(x - (1 - \beta)\, x^* + \alpha, z)$$

---

48 Townsend (1982) leitet das „borrowing-lending scheme" als (einzige) Strategie her, die die „truth-revelation" Bedingung erfüllt. Dabei zeigt sich, daß das „borrowing-lending scheme" in seinem Modell die Existenz mehr-periodiger Verträge begründet.

49 Hellwig, M. und D. Gale: „Incentive compatible debt contracts I: The one period problem", London School of Economics, Diskussionspapier 1983.

50 Es wird an dieser Stelle nicht der Erwartungsnutzen maximiert, weil zum Zeitpunkt der Wahl der Berichtsziffer x^* die stochastische Variable θ bereits bekannt ist.

51 Diese Annahme ist unproblematisch, vgl. Anmerkung (50).

Die Differenz $\{x - (1 - \beta)\, x^*\}$ ist der dem Kapitalnehmer verbleibende Nettoertrag nach Abzug des Kapitalgeber-Anteils. Letzterer stützt sich aber auf die Meldung x^*. Sofern $x = x^*$ gilt natürlich $x - (1 - \beta)\, x^* = \beta x$. Die notwendige Bedingung erster Ordnung ist

$$(31) \qquad \begin{aligned} &U'(*)\,(1-\beta) = 0 && \text{wenn } x^* > 0 \\ &U'(*)\,(1-\beta) > 0 && \text{wenn } x^* = 0 \end{aligned}$$

Da definitionsgemäß der Grenznutzen des Einkommens stets positiv ist, impliziert die Bedingung erster Ordnung (31) eine Randlösung, bei der der berichtete Bruttogewinn x^* stets die Größe Null annimmt. Durch eine Erhöhung der Differenz zwischen tatsächlichem und gemeldetem Nettoerlös kann der Kapitnalnehmer seinen realisierten Nutzen steigern. Da aber für den Kapitalgeber der erwartete Gewinn linear mit Veränderung von x^* fällt, trägt die in (31) ausgedrückte Tendenz die Grundlagen ihrer eigenen Aufhebung in sich: Kein außenstehender Kapitalgeber wird dem Kapitalnehmer freie Hand bei der Angabe von x^* lassen. Und umgekehrt: Zur Überbrückung des hier offensichtlichen Vertrauensproblems wird dem Kapitalnehmer ex-ante daran gelegen sein, das eigene Potential einer Beeinflussung von x^* so sehr als möglich zu begrenzen. Im Zuge einer Selbstbeschränkung wäre es beispielsweise sinnvoll, die Feststellung von x^* von einem ebenfalls außenstehenden und spezialisierten Dritten nachprüfen zu lassen. Die Funktion des Wirtschaftsprüfers zielt offensichtlich in diese Richtung.

Der Kreditvertrag bietet dem Schuldner zwei lineare Einkommenssegmente, nämlich das fixe Einkommen α, wenn der Bruttogewinn x kleiner ist als der Schuldbetrag αR, sowie den monoton zunehmenden Betrag $x + \alpha(1 - R)$, wenn $x \geq \alpha R$. Daher gilt für $x \geq \alpha R$: $x = \underset{x^*}{\operatorname{argmax}}\, U(y(x, \alpha), z)$, weil trivialerweise $\partial y / \partial x^* = 0$. „argmax“ bezeichnet die die folgende Funktion maximierenden Argumente. Im gleichen Sinne gilt für $x \leq \alpha R$: $x + \alpha(1 - R) \leq \alpha$, so daß es sich wiederum in den Augen des Schuldners nicht lohnt, einen Wert $x^* > x$ zu melden.

Darüber hinaus läßt sich leicht zeigen, daß die Maximierung des erwarteten Nutzens im Hinblick auf die Nachricht x^* für alle Werte von z und γ zu der Folgerung führt, daß sich eine Mißrepräsentation von X relativ zu der „wahren Ecke“ an der Stelle $x = \alpha R$ niemals auszahlt.

Hier lautet die Zielfunktion des Kapitalnehmers

$$(32) \qquad \max_{x^*} \int_0^{\bar{x}^*} U(\alpha, z)\, dF + \int_{\bar{x}^*}^{\infty} U(x + \alpha(1 - R), z)\, dF$$

Da bei einem vertikalen Teilungsvertrag nur die Angabe des Konkursfalles, i.e. die Meldung $x < \alpha R$ oder $x \geqq \alpha R$ von Bedeutung ist, beeinflußt die Angabe von x^* auch *nur* die Integrationsgrenzen des Programms. Daher bringt $\overline{x}^* \equiv (\alpha + x - x^*) R$ zum Ausdruck, inwiefern durch eine positive oder negative Abweichung vom wahren X-Wert ein Vorteil erzielt werden kann. Ist beispielsweise $x - x^* < 0$, so wird von seiten des Kapitalnehmers der Konkurs und damit der Übergang des Projektes auf die Kapitalgeber bei einem X-Wert eingeleitet, der kleiner ist, als der ursprünglich vereinbarte Betrag αR.

Differenzierung ergibt

(33) $$U(\alpha, z)\, dF(x)\, R = U((\alpha + x - x^*) R + \alpha (1 - R), z)\, dF(x)\, R$$

woraus aufgrund der strikten Konkavität von $U(.)$ folgt

$$\alpha = (x - x^*) R + \alpha$$

oder:

$$\underline{\underline{x = x^*}}$$

Folglich maximiert der Kapitalnehmer seinen Erwartungsnutzen genau dann, wenn er der vereinbarten Konkursregel strikt folgt und die Möglichkeit einer Mißrepräsentation von X nicht ausnutzt.

Dieser Abschnitt läßt sich zusammenfassen in

Satz 10: Im Gegensatz zum Beteiligungsvertrag gilt für den Kreditvertrag $x = x^*$, i.e. er erfüllt die Wahrheitsbedingung.

Stillschweigend sind wir in der bisherigen Untersuchung bei der Charakterisierung von Teilungsverträgen davon ausgegangen, daß es möglich und sinnvoll ist, die Teilungsvereinbarung auf den vom Kapitalnehmer (oder Manager) gemeldeten Nettoerlös zu stützen. Wie Satz 10 zeigt, ist diese Voraussetzung nur für den vertikalen Teilungsvertrag tatsächlich erfüllt. Im Falle des horizontalen Teilungsvertrages hingegen ist dies nicht ohne weiteres möglich, so daß regelmäßig Zusatzvereinbarungen zu erwarten sind. Hierzu gehören beispielsweise die schon erwähnten externen Kontrollmaßnahmen. Ebenso wäre die ex-ante Vorgabe einer relativ starren Ausschüttungsregel eine mögliche Form informationsbedingter Selbstbindung[52].

---

[52] Das maßgebliche Stichwort lautet „Dividendenkontinuität". Die Dividendenproblematik soll hier nicht weiter verfolgt werden; jedoch ist darauf hinzuweisen, daß die Frage, warum ‚Dividendenkontinuität' eine so häufig beobachtete Verhaltensweise ist, bisher völlig ungeklärt geblieben ist. Erfolgreiche zukünftige Deutungsversuche werden meines Erachtens über ein informationsökonomisches Argument möglich sein. Vgl. zum Einstieg in die Fragestellung: Black, F.: „The dividend puzzle", in: The Journal of Portfolio Management", Winter (1976): 5-8.

4.4 Diskussion des Ergebnisses

4.4.1 Die Relevanz des unsystematischen Risikos

In diesem abschließenden Abschnitt sollen einige Konsequenzen der herausgearbeiteten Anreizwirkungen vertikaler Teilungsverträge genannt werden. Darüber hinaus soll die Beziehung zu einer „Theorie der Bank" angedeutet werden, so daß auch weiter zu verfolgende Fragestellungen erkennbar sind.

Der vertikale Teilungsvertrag hat offensichtlich unter Anreizgesichtspunkten eine Reihe von Auswirkungen, die sich von denjenigen horizontaler Teilungsverträge unterscheiden. Zusammenfassend offeriert der Kreditvertrag eine anreizkompatible Gestaltungsmöglichkeit in bezug auf

(i) das Aktivitätsniveau z;

(ii) die Angabe des Nettoerlöses x.

Diesen positiven Effekten entgegen steht der Anreiz

(iii) das Risikoniveau (Operating Leverage) nach Vertragsschluß mit einseitiger Schadenzuweisung zu erhöhen.

Aus (iii), welches eine Implikation der vertikalen Teilungsregel darstellt, leitet sich unmittelbar die Bewertungsrelevanz des unsystematischen Risikos ab. Es ist außerdem zu beachten, daß ein vertikaler Teilungsvertrag auch ohne Moral Hazard zur Relevanz der Varianz führt, weil selbst ein „wohl-diversifiziertes" Portefeuille nicht mehr zu den üblichen Diversifikationsresultaten führen kann. Schließlich stehen den jeweiligen Verlustmöglichkeiten nun keine entsprechenden Gewinnmöglichkeiten mehr gegenüber[53]. Vertikale Teilung *mit* Moral Hazard begründet folglich neben der allgemeinen Bewertungsrelevanz des unsystematischen Risikos außerdem das Interesse an einer *Festschreibung* dieser Größe. Daher unterscheiden sich Situationen mit und ohne asymmetrische Informationsverteilung auch insofern, als bei ersterer auch der Wert der Eigenkapital-Position von der Höhe des unsystematischen Risikos abhängt. Ist nämlich die Informationsverteilung symmetrisch, so würde – selbst wenn es gestutzte Teilungsverträge gäbe – die Marktbewertung unabhängig vom idiosynkratischen Risiko sein.

Satz 11: Bei ungleichverteilter Information gilt für parallel existierende horizontale *und* vertikale Teilungsregeln stets die Relevanz des unsystematischen Risikos.

Dieses Ergebnis deckt sich mit dem allgemeinen Resultat der Kapitalmarkttheorie bei asymmetrischer Informationsverteilung in Kapitel drei und stellt

---

53 Dieses Ergebnis wurde *konstatiert* von Black, F.: „Bank funds management in an efficient market", in: Journal of Financial Economics 2 (1975): 323-339, hier S. 329 f.

gewissermaßen das Zwei-Personen-Gegenstück zu dem dortigen Marktresultat dar.

4.4.2 Skizze zur Funktion der Finanzinstitution

Es ist an dieser Stelle sinnvoll, zumindest eine Skizze der sich langsam abzeichnenden Funktion der Finanzinstitution zu versuchen – eine genauere Ausformulierung muß dabei der Zukunft vorbehalten bleiben.

Als zentraler Ansatzpunkt läßt sich die Relevanz des unsystematischen Risikos herausstellen. Dieses Resultat gilt auch dann, wenn der Kapitalmarkt sich als funktionsfähig (und effizient) erweist. Es konnte gezeigt werden, daß diese Implikation einer Marktveranstaltung bei asymmetrischer Informationsverteilung in der *Form* der Bank-Investor-Beziehung ihre Entsprechung im Zwei-Personen-Kontext findet. Dabei ist diese Form – im wesentlichen des Kreditvertrages – von weitreichender Bedeutung für das zu erwartende zukünftige Handeln des Investors. Allgemein konnte gezeigt werden, daß durch das Institut des Kreditvertrages *einerseits* die erwartete Projektrendite steigen kann und *andererseits* eine Tendenz zur Erhöhung der Varianz besteht. Beide Aspekte implizieren die Einflußnahme der Bank auf reale Charakteristika der Projekte.

Mit anderen Worten: Die Bank als Intermediär tritt nicht, wie bisher regelmäßig angenommen, als Zwischenhändler in einer ansonsten unveränderten Welt in Erscheinung. Statt dessen bedeutet ihre Handlung und das heißt: ihre Vertrags-Gestaltung, daß eine Beeinflussung von Realprozessen stattfindet. Investitionsentscheidung und Cash-flow sind daher *kontingent* in bezug auf das institutionelle Verhalten des Intermediärs. Und mehr noch: Investitionsentscheidung und daher Cash-flow sind *marktbedingt* eine Funktion der Finanzierungsentscheidung und damit der Kapitalstruktur.

Diese Folgerung, die sich aus der Analyse der letzten beiden Kapitel ergibt, muß sorgsam abgeschätzt werden. Schon jetzt aber ist unmittelbar einsichtig, daß mit der Interdependenz von Investitions- und Finanzierungsentscheidung auch das Fundament der sogenannten Irrelevanztheoreme in der Finanzierungstheorie in Frage gestellt ist.

Im Ergebnis leisten die Banken tatsächlich Risikentransformation; allerdings verbirgt sich hinter dieser Transformation eine andere Leistung, als es beispielsweise in den portfolio-theoretischen Vorstellungen von Arnold (1964) angesprochen wird[54]. Der eigentlich produktive Beitrag der Bankinstitution – und dies mag allgemein auch für andere Institutionen gelten – besteht in einer nachhaltigen Beeinflussung wahrgenommener Chance-Risiko-Positionen.

---

54 Vgl. Arnold, H.: „Risikentransformation", Diss. Saarbrücken 1964.

Dabei können sich *relativ zur direkten Marktbeziehung* Veränderungen von Mittelwert und Varianz (und gegebenenfalls weiterer Momente) der Projektrendite ergeben.

Aus dieser Perspektive ist es sinnvoll, im produktionstheoretischen Sinne von einer Transformationsleistung der Banken zu sprechen[55]. Dabei stellen die realen Ressourcen, die der Bankbetrieb verbraucht, den Inputvektor dar, während das Produktionsergebnis in der Veränderung der Marktwerte relativ zum Zweit-besten Optimum zu suchen ist. Das Zweit-beste Optimum ist gekennzeichnet durch die Gleichgewichtssituation bei asymmetrischer Informationsverteilung *bevor* Intermediäre auftreten.

Es soll noch einmal daran erinnert werden, daß in den traditionellen Modellen des Bankbetriebes[56] Produktionsleistungen immer nur in bezug auf Dienstleistungen (wie den Zahlungsverkehr oder die Verwahrung von Wertpapieren) entwickelt werden konnten. Für alle anderen Bereiche bankbetrieblicher Entscheidungen, also insbesondere das Kreditgeschäft, galt stets, daß sie „... are the type of pure financing decisions covered by the Modigliani-Miller (1958) theorem“[57].

4.4.3 Zum Unterschied von ‚neuer‘ und ‚alter‘ Bankbetriebslehre: Zwei Beispiele für fehlgeleitete Diskussionen

Aufgrund der nun neu-fundierten „Relevanz-Perspektive“ der mikroökonomischen Finanzierungstheorie sind wir aber nicht vollständig zurückgekehrt zur traditionellen Finanzierungslehre[58]. Obwohl sich zeigt, daß deren Grundüberzeugung einer realen Funktion von bankbetrieblichen Entscheidungen korrekt war, erweisen sich manche der im Rahmen der Finanzierungslehre lebhaft diskutierten Fragen als Scheinprobleme.

Ich möchte an dieser Stelle zwei Beispiele nennen und zu Beginn auf den weiter oben zitierten Aufsatz von Stützel (1980) zur zukünftigen Funktion der Aktie zurückkommen. Stützels Folgerung einer vermuteten Ineffizienz des Bankensystems stützt sich auf die Beobachtung, daß in den letzten Jahren die Geldvermögensbildung der Haushalte fast ausschließlich über die Bildung von Sparguthaben und sonstigen „risikoarmen“ Anlageformen geschieht. Mit

---

55 Vgl. zur Transformationsfunktion beispielsweise Sohmen, E.: „Allokationstheorie und Wirtschaftspolitik“, Mohr Verlag 1976, S. 39-46.

56 Siehe hierzu ausführlich Kapitel zwei dieser Arbeit sowie Wagner, E.: „Theorie der Bankunternehmung“, Peter Lang Verlag 1982.

57 Fama, E.: „Banking in the theory of finance“, in: Journal of Monetary Economics 6 (1980): 39-57, hier S. 40.

58 Vgl. den abschließenden Absatz in Krahnen (1981): 162; sowie die Gegenüberstellung von mikroökonomischer Finanzierungstheorie und traditioneller Finanzierungslehre in Krahnen (1983): 187-189.

der ‚neuen' Perspektive der Funktion von (Finanz-)Institutionen ist aber unmittelbar einsichtig, daß zwischen dem Anteil der Sparguthaben am gesamten Geldvermögen und der Bereitschaft einer Volkswirtschaft, riskante Investitionen einzugehen, überhaupt *kein* nachweisbarer Zusammenhang besteht.

Eher ließe sich sogar das Gegenteil begründen: Durch das Auftreten von Finanzintermediären werden riskante Projekte überhaupt erst realisierbar. Gäbe es nämlich nur das Institut des Beteiligungsvertrages, so würden die beschriebenen Verhaltensrisiken zu einem hohen externen Kontrollbedarf führen.

Mit anderen Worten: Stützels Folgerung stützt sich auf das Vorurteil, Kreditverträge (und damit das Verhalten der Banken) wären stets ein Ausdruck für schlafmütziges Risiko-Vermeidungs-Verhalten[59]. Weiter oben wurde versucht zu zeigen, daß diese Folgerung nicht gestützt werden kann von einer um Informations- und Vertrauensprobleme bereicherten Untersuchung der Finanzierungsbeziehung.

Aus dem gleichen Grunde bedarf auch die anhaltende öffentliche Diskussion um eine Erhöhung der Eigenkapitalquoten bundesdeutscher Unternehmen, einschließlich der geforderten steuerlichen Reformen, einer erneuten und tiefergehenden Überprüfung. Wohlgemerkt, solange es um den Aspekt der Haftungszuweisung oder das (Partial-)Interesse an Fiskal-Subventionen geht, ist die Eigenkapital-Frage selbstverständlich von Bedeutung. Sie ist jedoch strikt zu trennen von der Frage nach der gegebenen gesamtwirtschaftlichen Bereitschaft, zukünftige Investitionsrisiken einzugehen.

In der öffentlichen Diskussion gibt es ein weiteres aktuelles Beispiel für ein ähnlich motiviertes Mißverständnis: Der seit zwei bis drei Jahren laut geäußerte angebliche Nachholbedarf an sogenannter ‚Venture-Capital'- oder ‚Risiko'-Finanzierung[60]. Grundsätzlich handelt es sich hierbei ebenfalls um eine Diskussion über Finanzierungsformen. In der Debatte werden leider ausschließlich die traditionellen Vorurteile über die „risikobereiten" Eigenkapitalverträge und die „risikovermeidenden" Darlehnsverträge wiederholt, und es wird versucht, diese Erkenntnis über spezialisierte Venture-Capital-Gesellschaften in institutionelle Form zu gießen (wiederum: möglicherweise mit fiskalischer Assistenz). Es soll hier der Venture-Capital-Frage nicht weiter nachgegangen werden; erste Überlegungen finden sich an anderer Stelle[61].

---

59 Eine ähnlich ‚intuitionistische' Aussage findet sich bei Wilhelm, J.: „Die Bereitschaft der Banken zur Risikoübernahme im Kreditgeschäft", in: Kredit und Kapital 15 (1982): 572-601, insbes. S. 590-598.

60 Vgl. beispielsweise die Beiträge in dem Tagungsband „Venture Capital für junge Technologieunternehmen", hrsg. von E. Heilmayr, Berlin 1983.

61 Eine Andeutung dieser noch vorzunehmenden Analyse findet sich in Krahnen, J.: „Wagnisfinanzierung und Finanztheorie – Einige Überlegungen zur Erfolglosigkeit einer Finanzierungsform", in: Heilmayr (1983): 113-116.

Zusammenfassend erweist sich die mikroökonomische Fundierung institutionellen Verhaltens auch deshalb als so wichtig, weil – wie die obigen Beispiele zeigen sollten – anderenfalls der Intuition kein „roter Faden“ geboten werden kann, so daß das „Zentrum der Debatte“ und das hieße hier: die innovationsfördernde und wagnisfordernde Wirkung der Eigenkapital-Finanzierung aus den Augen verloren wird.

4.4.4 Überlegungen zur Rolle mehr-periodiger Verträge

Spätestens an dieser Stelle stellt sich ein altes Problem erneut: Selbst wenn man zugesteht, daß Kreditverträge systematisch andere Anreizwirkungen als Beteiligungsverträge haben – warum benötigt es für das Abschließen der ersteren regelmäßig Intermediäre? Wieso werden Kreditverträge nicht direkt über den Markt abgewickelt, wie es für „Erste Adressen“ über Industrieobligationen möglich ist, so daß es keines „prämienhungrigen“ Zwischenhändlers bedarf?

Eine klare Antwort auf diese Frage ist mir bisher nicht möglich – hier aber liegt ein wesentlicher Schwerpunkt weiterer Arbeit im Rahmen einer mikroökonomisch orientierten Theorie der (Finanz-)Institution. Unter anderem wird dabei die Untersuchung mehr-periodiger Vereinbarungen eine wesentliche Rolle spielen. Einige spekulative Gedanken zu diesem Gebiet – eng verbunden mit dem traditionellen Begriff der Fristentransformation – sollen sich anschließen.

Ein Aspekt der Risikentransformation, die Finanzinstitutionen erbringen – so wurde gesagt –, besteht neben der *Identifizierung* insbesondere in der *Fixierung* der Variabilität der Projektrenditen, um eine ungewünschte Wahl des Risikofaktors γ verhindern zu können. Hierfür ist eine Zeitreihen-Untersuchung der Renditeschwankungen des Projekts notwendig. Mit dem Bedarf an ex-post-Kontrolle wird der Faktor ‚Zeit‘ in die Überlegungen einbezogen. Gibt es vielleicht pareto-verbessernde Arrangements, die sich mittels mehrperiodiger Verträge diesen Zeitaspekt zu Nutze machen? Eine ganze Reihe von Überlegungen spricht für die große Bedeutung dieser Verträge zur Kontrolle des moralischen Risikos.

4.4.4.1 Die Möglichkeit sequentiellen Lernens

Bei einem ein-periodigen Vertrag mit vereinbartem Zinssatz und unbeobachtbarer γ-Wahl hat der Manager-Eigner regelmäßig den Anreiz, durch eine entsprechende γ-Wahl *nach* Vertragsschluß das erhaltene Kapital in eine riskantere als die vereinbarte Verwendung zu lenken, und dadurch eine Umverteilung zu Lasten der außenstehenden Gläubiger vorzunehmen. Selbstverständlich würden potentielle Kreditgeber dieses opportunistische Verhalten antizipieren und daher im Vorhinein einen Kreditzins fordern, der eine Risikoprämie für das erwartete, aber unbeobachtbare Verhalten des Manager-Eigners enthält. Folglich wird schon die schiere Möglichkeit opportunistischen Verhaltens nach Vertragsschluß bei einperiodigen Verträgen zu einem Risikoaufschlag ex-ante führen[62].

Vermeidung dieses Moral Hazard-bedingten Risikoaufschlags erlaubt ein paretosuperiores Arrangement, sofern der den Aufschlag begründende Anreizkonflikt zwischen außenstehendem Kapitalgeber und Manager-Eigner abgeschwächt werden kann. *Ein* Weg zur Herstellung von Anreizkompatibilität besteht im Abschließen eines mehr-periodigen Vertrages.

Ausdehnung der Kapitalüberlassung auf mehrere Perioden bietet die wiederholte – bei börsennotierten Unternehmen sogar kontinuierliche – Gelegenheit eines Renditekalküls[63]. Sequentielle Bewertung bietet aber die Möglichkeit des „Lernens" aus den stochastischen Realisationen der Vergangenheit. Bei mehr-periodigen Verträgen besteht daher die Chance, eine suboptimale Verhaltensweise des Manager-Eigners (i.e. Wahl von γ) noch vor Ablauf des Vertrages aufzudecken.

Nun sind *vor* Vertragsabschluß[64] beide Parteien gleichermaßen an der späteren Wahl desoptimalen $\underline{\gamma}$ interessiert: der Kreditgeber will seine Risikoeinschätzung bestätigt sehen, der Kreditnehmer wünscht den niedrigeren mit $\underline{\gamma}$ verbundenen Darlehnszins. Folglich ist es im gemeinsamen Interesse der Vertragsparteien, die spätere Aufdeckung eines suboptimalen $\overline{\gamma}$-Verhaltens mit einem (möglicherweise prohibitiven) Zinssatz $\hat{R}$ zu belegen. Dann ist es auch im Eigeninteresse des Kreditnehmers, das ex-ante angekündigte Verhalten $\underline{\gamma}$ auch tatsächlich zu realisieren. Finanzinstitutionen bedienen sich im Kreditgeschäft regelmäßig mehrperiodiger Verträge. Es ist deutlich geworden, daß die mit einer Differenz der Vertragslängen auf Aktiv- und Passivseite verbundene „Leistung" *nicht* in einer Liquiditätsprämie zu suchen ist[65]. Statt dessen stellen dauerhafte Vereinbarungen ein Mittel der anreizkompatiblen und sichtbaren Einbindung von Akteuren (Kreditnehmern) dar. Das Abschließen langfristiger Verträge im Kreditgeschäft einer Bank ermöglicht daher die *Minde-*

---

62 Vgl. hierzu die bereits weiter oben angesprochenen Kreditrationierungsmodelle von Stiglitz / Weiss (1981) und Hansen / Thatcher (1983), die sich auf Prozesse der adversen Selektion stützen.

63 Das mathematisch angemessene Kalkül ist bei mehrperiodigen Bewertungen das Marktwertkalkül. Um die übliche Sprachkonvention in der Finanztheorie (bei der regelmäßig von ein-periodigen Verträgen ausgegangen wird, so daß Rendite und Marktwertkalkül sich nicht unterscheiden) beizubehalten, wird im folgenden salopp von Renditeschwankungen gesprochen, wenn tatsächlich Marktwertschwankungen gemeint sind.

64 Vgl. zu den Interessenkonstellationen vor und nach Vertragsabschluß Schmidt (1979), insbesondere das ‚Interaktions-Paradigma', S. 242-254.

65 Vgl. die ausführliche Diskussion in Kapitel zwei dieser Arbeit.

rung der am Markt wahrgenommenen bewertungsrelevanten Variabilität im Vergleich zu einer Sequenz einperiodiger Verträge. Hieraus ergibt sich für die entsprechenden Situationen eine Dominanz des Mehrperioden-Vertrages[66].

Die Masse der bankbetrieblichen wie auch der makroökonomischen Literatur nimmt demgegenüber die Existenz langfristiger Verträge einfach als modellexogen an. Fischer resümiert eine Diskussion über die Verbindung von Vertragslänge und Steuerungskraft der Geldpolitik unter Bezug auf unsere Problemstellung: „However, there is indeed a missing link in this area – and that is the explanation of the form labor contracts actually take."[67] Diese Aussage gilt m.m. auch für die Behandlung der Finanzinstitution: Da regelmäßig nicht nach dem Existenz*grund* für mehrperiodige Vereinbarungen gefragt wird, kann deren Einfluß auf das ökonomische Verhalten der Akteure auch nicht untersucht werden.

Im Rahmen mehrperiodiger Verträge kann zwar die grundsätzliche Informationsasymmetrie nicht behoben werden, wohl aber impliziert die Konditionierung zukünftiger Prämien auf gegenwärtige Handlungen die korrekte Anreizstruktur für den Kreditnehmer. Festzuhalten bleibt daher, daß die Mehrperioden-Verträge im Kreditgeschäft der Banken in ihrer Existenz aufs engste mit dem Problem asymmetrischer Informationsverteilung, insbesondere des Moral Hazard, verbunden ist. „Mehrperiodigkeit" bezieht sich hier auf die *faktische* Kreditlaufzeit, nicht auf irgendeine *vereinbarte* Laufzeit. Entscheidend ist lediglich die kontinuierlich durchgeführte Bewertung jeder Kreditposition und der sich daran anschließenden Prämiensetzung. Nominal kurzfristige Kassenkredite, die aber tatsächlich über viele Jahre in Anspruch genommen werden, erfüllen sozusagen auf ideale Weise die Effizienzbedingung für langfristige Verträge[68].

Eine interessante Entsprechung finden mehrperiodige Verträge unter asymmetrischer Informationsverteilung in der Kredibilitätstheorie der Versicherungslehre. Für Versicherungsgesellschaften stellt sich häufig das Problem, daß ein Versicherten-Kollektiv in der Regel nicht aus homogenen Einzelrisiken zusammengesetzt ist. Dennoch ist ex-ante, d.h. bei Abschluß eines Versicherungsvertrages, nicht die tatsächliche Schadenswahrscheinlichkeit eines Einzelrisikos abschätzbar. Versicherungsgesellschaften behelfen sich in diesem Fall mit der sogenannten Erfahrungstarifierung[69]. Danach wird die

66 Den Anreizeffekt mehr-periodiger Arrangements betonen insbesondere Stiglitz/Weiss (1983).

67 Fischer, S.: „A comment on Barro", Journal of Monetary Economics 3 (1977): 317-323. Vgl. auch den ähnlich motivierten, aber analytisch anders argumentierenden Townsend (1982).

68 Vgl. hierzu beispielsweise Rudolph, B.: „Werfen die Banken im Kreditgeschäft schlechtem Geld ihr gutes hinterher?", in: Rühli, E. und J. Thommen (Hrsg.): „Unternehmensführung in finanz- und bankwirtschaftlicher Sicht", Stuttgart 1981: 197-209.

69 Norberg, R.: „The credibility approach to experience rating", Scandinavian Actuarial Journal (1979): 181-221; eine zusammengefaßte Darstellung findet sich bei

Versicherungsprämie so gesetzt, daß sie *auch* eine Funktion der individuell sich entfaltenden Schadensgeschichte ist. Wenn die stochastische Variable x die realisierte Schadenshöhe des Kollektivs und x_k den Schadensfall des k-ten Risikos im Kollektiv angibt, dann beträgt die geforderte Prämie für die Übernahme des k-ten Risikos, P_K,

$$P_K = (1 - g)\,\overline{x} + g\overline{x}_K$$

wobei $\overline{x}_K = (1/n) \sum_{t=1}^{m} x_{Kt}$ und $\overline{x}$ ein gewichtetes Mittel aller $\overline{x}_K$ im Kollektiv darstellt[70]. Sofern der Gewichtsparameter g positiv ist, impliziert der Ausdruck für P_K eine Abweichung von dem Ideal vollkommener Risikenteilung[71], weil die Prämie P_K nicht konstant im Zeitablauf ist, sondern von der individuellen Schadensentwicklung abhängt. Gemäß der oben verwendeten Terminologie wird die Prämie bei heterogenem Kollektiv aus einer Linearkombination von ‚systematischem' und ‚unsystematischem' Risiko geschrieben. Im Unterschied zu dem Modell der Fristentransformation geht es für die Versicherungsgesellschaft allerdings hier nicht um Moral Hazard, sondern um Adverse Selection, so daß die individuelle Prämienkomponente ($g\overline{x}_K$) die permanenten stochastischen Eigenschaften des Risikos k berücksichtigt. Aus diesem Grunde ist der Faktor g auch keine Konstante, sondern nähert sich parallel zur zunehmenden statistischen Reliabilität der Schätzer dem Grenzwert von plus ein an.

Die Übertragbarkeit der Kredibilitätstheorie und deren Berechnungsweise auf die Kreditzinskalkulation der Banken unter Ausnutzung der *Länge* einer Vertragsbeziehung soll hier nur als Programm erwähnt werden.

Neben der skizzierten Möglichkeit eines sequentiellen Lernens bieten mehrperiodige Verträge aber einen weiteren Vorteil: die Möglichkeit der Sanktionierung.

4.4.4.2 Die Möglichkeit der Sanktionierung

Eine wirksame Verhaltenskontrolle seitens der kreditgebenden Banken setzt die Existenz eines glaubwürdigen Drohpotentials voraus. Ein solches

Albrecht, P.: „Kredibilität, Erfahrungstarifierung und sekundäre Prämiendifferenzierung", in: Göppl, H. und R. Henn (Hrsg.): „Geld, Banken und Versicherungen", Athenaeum 1981: 687-701; für eine weitergehende Darstellung mit ausführlicher Herleitung der effizienten Schätzer aller Parameter in der Kredibilitätsformel vgl. Bühlmann, H.: „Mathematical methods in risk theory", Springer Verlag 1970: 85-110.

70 Vgl. Taylor, G.: „In search of a general parameter-free credibility formula" in: Kahn, P. (Hrsg.): „Credibility – theory and applications", Academic Press 1975: 401-408, hier S. 402.

71 Vgl. die Borch-Bedingung für optimale Risikenteilung in Kapitel drei.

Drohpotential kann beispielsweise auf die folgende Weise konstruiert werden: Im Sinne der oben angestellten Vermutungen zur Funktion des „sequentiellen Lernens“ können Finanzinstitute sich bemühen, die im Verlaufe einer Kreditbeziehung gewonnenen Informationen zu privatisieren. Ein solches Bemühen kann nur erfolgreich sein, wenn der Erwerb der Information, und damit des Trendverlaufs des idiosynkratischen Risikos im ökonomischen Sinne „teuer“ ist. Nehmen wir also einmal an, der Kapitalgeber muß Ressourcen zur Gewinnung der Information aufwenden, denn: „... costly and specialized information is the essence of the credit market“ [72].

Auf einem Kapitalmarkt ohne Beobachtungskosten wäre jeder Kapitalnehmer in der Lage, sein bisheriges Verhalten einschließlich des intendierten zukünftigen Verhaltens offenzulegen. Jederzeit wäre ihm deshalb die Substitution eines Kapitalgebers durch irgend einen anderen Marktteilnehmer möglich. Kein einzelner Kapitalgeber könnte daher den Kapitalnehmer „kontrollieren“, indem er mit einer Kündigung der Vertragsbeziehung droht [73].

Bei asymmetrischer Informationsverteilung sieht dieser Fall ganz anders aus: Jeder neue Kapitalgeber muß nun damit rechnen, daß ein potentieller Kapitalnehmer keine Veranlassung hat, seine angekündigte Verhaltensweise auch in Zukunft einzulösen. Selbst die vertrauensvolle Weitergabe von Informationen seitens des bisherigen Finanziers des Kapitalnehmers muß die Bank mit Zweifeln erfüllen: Hat nicht auch der bisherige Finanzier ein Interesse an einem „Wegloben“ des Kunden – gerade wenn dieser seine Entscheidungsfreiheit zu Ungunsten des bisherigen Kapitalgebers verwandt hat? Da bei asymmetrischer Informationsverteilung die privaten Informationen der Bank nicht problemlos übermittelt werden können, kann ex-ante ein Kapitalnehmer nie sicher sein, bei Kündigung seines Kredites auch unmittelbar Ersatzfinanzierung auf dem Kapitalmarkt auftreiben zu können.

Dieses „Liquiditätsrisiko“ gilt auch dann, wenn sein Projekt „an sich“ von hoher Qualität ist. Bonität ist ähnlich dem Argument zur Fristentransformation nur mittels mehr-periodiger Arrangements etablierbar und damit verifizierbar. Wenn aber Bonität keine „frei“ beobachtbare Gutseigenschaft ist, dann kann auch Liquidität nicht diese Eigenschaft haben. Folglich kann der Finanzintermediär den Kapitalnehmer genau dann mit Illiquidität bedrohen, wenn es diesem besonders schwer fällt, ein Bonitäts-Signal zu übermitteln. Es ist zu beachten, daß dieses Ergebnis unabhängig von der Effizienz des Kapitalmarktes gilt.

---

72 Blinder, A. und J. Stiglitz: „Money, credit constraints, and economic activity“, Diskussionspapier, National Bureau of Economic Research 1983, S. 10. Obwohl hier die altbekannten ‚Transaktionskosten‘ wieder ins Spiel kommen, sind wir doch nicht „back at square one“: Schließlich wird nun deutlich, *welche* Transaktionskosten entscheidend sind – und warum.

73 Stiglitz / Weiss (1983) betonen diese Ausgangssituation.

Diese Gedanken zur Rolle mehr-periodiger Arrangements im Rahmen einer mikroökonomisch fundierten Bankbetriebslehre sollen lediglich als Andeutung für die weitere Arbeit verstanden werden.

Abschließend bleibt festzuhalten, daß die Berücksichtigung informationsökonomischer Überlegungen die Beschäftigung mit Fragen der Finanzierungslehre von neuem mit Interesse erfüllt. Insbesondere ist zu erwarten, daß manche der traditionellen Rezepte und – was vielleicht noch wichtiger ist – der traditionellen Fragestellungen ihren Charakter im Lichte der Informationsökonomie radikal verändern werden. In einer Zeit, in der offensichtlich ein großer Nachholbedarf in bezug auf Diagnose und – daraus abgeleitet – Therapie volkswirtschaftlicher Krisen besteht, ist diese Änderung des Blickwinkels eine möglicherweise erfolgversprechende Strategie.

Anhang A: Das Modell von Pyle

Aufgrund der Bilanzidentität (1) ist die optimale risikofreie Anlageproportion, α_B*, automatisch bestimmt, wenn α_K* und α_D* gefunden sind. Die Ableitung von $E(Z)$ muß daher nur in bezug auf α_K und α_D erfolgen.

Die Optimalitätsbedingung für α_K ergibt sich nach der Kettenregel:

$$(A-1) \qquad \frac{\partial E(Z)}{\partial \alpha_K} = \frac{\partial E(Z)}{\partial \mu_P} \frac{\partial \mu_P}{\partial \alpha_K} + \frac{\partial E(Z)}{\partial \sigma_P} \frac{\partial \sigma_P}{\partial \alpha_K}$$

$$= \frac{\partial E(Z)}{\partial \mu_P} (\bar{R}_K - R^*) + \frac{\partial E(Z)}{\partial \sigma_P} \{\frac{1}{2} [.]^{-\frac{1}{2}} \cdot$$

$$(2\alpha_K \sigma_K^2 + 2\alpha_D \rho_{KD} \sigma_K \sigma_D)\} =$$

$$= \frac{\partial E(Z)}{\partial \mu_P} (\bar{R}_K - R^*) + \frac{\partial E(Z)}{\partial \sigma_P} (\frac{\alpha_K \sigma_K^2 + \alpha_D \rho_{KD} \sigma_K \sigma_D}{\sigma_P}) = 0$$

wobei [.] abkürzend steht für

$$[\alpha_K^2 \sigma_K^2 + \alpha_D^2 \sigma_D^2 + 2\alpha_K \alpha_D \rho_{KD} \sigma_K \sigma_D]^{\frac{1}{2}} = \sigma_P$$

Die entsprechende Bedingung für die als Depositen zu haltende Anlageproportion α_D ist:

$$(A-2) \qquad \frac{\partial E(Z)}{\partial \alpha_D} = \frac{\partial E(Z)}{\partial \mu_P} \frac{\partial \mu_P}{\partial \alpha_D} + \frac{\partial E(Z)}{\partial \sigma_P} \frac{\partial \sigma_P}{\partial \alpha_D} =$$

$$\frac{\partial (EZ)}{\partial \mu_P} (\bar{R}_D - R^*) + \frac{\partial E(Z)}{\partial \sigma_P} (\frac{\alpha_D \sigma_D^2 + \alpha_K \rho_{KD} \sigma_K \sigma_D}{\sigma_P})$$

A–1 und A–2 lassen sich umformen, indem die marginale Substitutionsrate von Ertragserwartung zu Variabilität gebildet wird:

$$(A-3) \qquad -(\frac{\partial E(Z)/\partial \mu_P}{\partial E(Z)/\partial \sigma_P}) = \frac{\alpha_K \sigma_K^2 + \alpha_D \rho_{KD} \sigma_K \sigma_D}{\sigma_P (\bar{R}_K - R^*)}$$

und ebenso folgt aus (8)

(A–4) $$-\left(\frac{\partial E(Z)/\partial \mu_P}{\partial E(Z)/\partial \sigma_P}\right) = \frac{\alpha_D \sigma_D^2 + \alpha_K \rho_{KD} \sigma_K \sigma_D}{\sigma_P (\bar{R}_D - R^*)}$$

Da beide Ausdrücke an dem gleichen optimalen Punkt evaluiert sind, stellen A–3 und A–4 zwei Gleichungen in zwei Unbekannten dar, die sich nach den gesuchten optimalen Anlageproportionen α_K^* und α_D^* auflösen lassen.

Ersetzung von $-[(\partial E(Z)/\partial \mu_P)/\partial E(Z)/\partial \sigma_P)]$ vereinfacht A–3 und A–4:

(A–5) $$\sigma_P (\bar{R}_K - R^*) = (\alpha_K \sigma_K^2 + \alpha_D \sigma_{KD}) \phi$$

und

(A–6) $$\sigma_P (\bar{R}_D - R^*) = (\alpha_D \sigma_D^2 + \alpha_K \sigma_{KD}) \phi$$

wobei

$$\phi^{-1} \equiv -\left(\frac{\partial E(Z)/\partial \mu_P}{\partial E(Z)/\partial \sigma_P}\right)$$

A–5 und A–6 können in Matrixform geschrieben werden, wobei $(\bar{R}_K - R^*)$ durch R^K und $(\bar{R}_D - R^*)$ durch R^D ersetzt werden soll.

(A–7) $$\begin{bmatrix} \sigma R^K \\ \sigma R^D \end{bmatrix} = \begin{bmatrix} \sigma_K^2 \phi & \sigma_{KD} \phi \\ \sigma_{KD} \phi & \sigma_D^2 \phi \end{bmatrix} \begin{bmatrix} \alpha_K \\ \alpha_D \end{bmatrix}$$

A–7 kann nun unter Verwendung von Cramers Regel nach den optimalen Anlageproportionen aufgelöst werden

(A–8) $$\alpha_K^* = \frac{\begin{vmatrix} \sigma R^K & \sigma_{KD} \phi \\ \sigma R^D & \sigma_D^2 \phi \end{vmatrix}}{\begin{vmatrix} \sigma_K^2 \phi & \sigma_{KD} \phi \\ \sigma_{KD} \phi & \sigma_D^2 \phi \end{vmatrix}}$$

Daher gilt

(A–9)
$$\alpha_K^* = \frac{\sigma_P \{(\bar{R}_K - R^*)\,\sigma_D^2 - (\bar{R}_D - R^*)\,\sigma_{KD}\}}{\phi\,[\sigma_K^2\sigma_D^2 - \sigma_{KD}^2]}$$

(A–10)
$$\alpha_D^* = \frac{\sigma_P \{(\bar{R}_D - R^*)\,\sigma_K^2 - \sigma_{KD}\,(\bar{R}_K - R^*)\}}{\phi\,[\sigma_K^2\sigma_D^2 - \sigma_{KD}^2]}$$

Gleichung A–9 und A–10 benennen die optimalen Portfolio-Proportionen von Depositen, Krediten und Anleihen (letztere ergibt sich als ($\alpha_D^* - \alpha_K^*$) des Intermediärs mit der Zielfunktion Z. Betrachtung von A–9 zeigt, daß die Höhe von α_K^* abhängt von

- der Differenz der Renditen R^K und R^D, d.h. von der Zinsspanne, wobei $R^K \equiv \bar{R}_K - R^*$ und $R^D \equiv \bar{R}_D - R^*$;
- der Variabilität der Gesamtposition des Intermediärs;
- der Kovariabilität zwischen Kredit- und Depositenrendite.

Der Nenner in A–9 und A–10 ist identisch. Er wird gleich Null, wenn der Korrelationskoeffizient von Depositen und Krediten plus eins ist[1]. Daraus folgt, daß $\rho_{DK} < |\,1\,|$ eine Voraussetzung dafür ist, daß optimale Anlageproportionen überhaupt definiert sind. Diese Eigenschaft der Lösung A–9 und A–10 schließt daher aus, daß Depositen exakte Replikationen der Kredite des Intermediärs sind bzw. daß die Depositenrendite eine lineare Transformation der Darlehensrendite ist[2]. Es muß folglich irgend eine Art von Transformationsleistung des Intermediärs vorliegen, die für die Nicht-Linearität der $R_D - R_K$-Beziehung sorgt.

Das Vorzeichen von A–9 und A–10 und daher auch die Art der Bilanzstruktur der Finanzinstitution hängt von dem Vorzeichen des Ausdrucks innerhalb der geschweiften Klammer im Nenner ab. Der Rest-Term $\sigma_p/\phi\,[\sigma_K^2\sigma_D^2 - \sigma_{DK}^2]$ ist für beide Ausdrücke gleich und positiv, da σ_K, σ_D, $\sigma_{KD} > 0$ und $\phi > 0$ wegen $\partial E\,(Z)/\partial\mu > 0$, $\partial E\,(Z)/\partial\sigma < 0$.

α_K^* und α_D^* haben also entgegengesetzte Vorzeichen – so daß Intermediation stattfinden kann – wenn

(A–11)
$$(\bar{R}_K - R^*)\,/\,(\bar{R}_D - R^*) > \sigma_{KD}\,/\,\sigma_D^2$$
$$(\bar{R}_D - R^*)\,/\,(\bar{R}_K - R^*) < \sigma_{KD}\,/\,\sigma_K^2$$

---

1 Es ist definiert cov $(R_K, R_D) = \sigma_{KD} = \rho_{KD}\sigma_K\sigma_D$, wobei $-1 \leq \rho \leq +1$ aufgrund der Cauchy-Schwarz-Ungleichung. Vgl. Feller, M.: „An introduction to probability theory and it's application", Wiley (New York) 1968, Vol. 1: 236 f.

2 Feller (1968): 236.

Da aber $\sigma_{KD} = \rho_{KD}\sigma_K\sigma_D$ kann die Bedingung für das Auftreten von Intermediation im Pyle-Modell aufgefaßt werden als Funktion von ρ_{KD}, dem Korrelationskoeffizienten von Krediten und Depositen.

Für den Fall der stochastischen Unabhängigkeit, $\rho_{KD} = 0$, ergibt sich daher

$$\text{(A-12)} \qquad \begin{aligned} \bar{R}_K &> R^* \\ \bar{R}_D &< R^* \end{aligned}$$

so daß $\alpha_K > 0$ und $\alpha_D < 0$ nur dann dauerhaft bestehen kann, wenn $R_K > R^* > R_D$, bzw. wenn für Kredite positive und für Depositen negative Risikoprämien entrichtet werden[3].

Für den sehr viel plausibleren Fall $\rho_{KD} > 0$ gilt entsprechend

$$\text{(A-13)} \qquad \begin{aligned} (\bar{R}_K - R^*)\,\sigma_D \,/\, (\bar{R}_D - R^*)\,\sigma_K &> \rho_{KD} \\ (\bar{R}_D - R^*)\,\sigma_K \,/\, (\bar{R}_K - R^*)\,\sigma_D &< \rho_{KD} \end{aligned}$$

aufgrund der Definition des Korrelationskoeffizienten. Bedingung A–13 besagt, daß positive Intermediation auch schon dann auftritt, wenn die mit dem Faktor (σ_{KD}/σ_D^2) gewichtete Depositenprämie $(\bar{R}_D - R^*)$ kleiner bleibt als die Darlehnsprämie. Ebenso muß die mit dem Faktor (σ_{KD}/σ_K^2) gewichtete Darlehnsprämie größer sein als die Depositenprämie. Somit kann gemäß A–13 sogar $\bar{R}_D > \bar{R}_K$ sein, *und* es tritt Intermediation auf. Dafür muß σ_{KD}/σ_K^2 kleiner als eins und σ_{KD}/σ_K^2 größer als eins (beide im ausreichenden Maße) sein.

Ökonomisch läßt sich diese Bedingung freilich nicht sinnvoll begründen: Damit $\bar{R}_D > \bar{R}_K$ im Pyle-Modell, muß die Variabilität der Einlagen größer als jene der Darlehnsposition sein. In einer Welt risikoscheuer Investoren kann diese Situation aber kein Gleichgewicht beschreiben: ein neuer Intermediär könnte nämlich durch reine Reduktion der Risikentransformationsleistung (i.e. durch weniger Intermediation) eine Extraprämie verdienen. Da diese Handlung gleichzeitig die Variabilität der Einlagen der Sparer reduzieren würde, müßte dieser neue Finanzintermediär den alten verdrängen. Der Verdrängungsprozeß käme erst zum Stillstand, wenn $\sigma_D^2 = \sigma_K^2$, so daß der Finanzintermediär seine Funktion verliert und als Institution vom Markt verschwindet.

---

3 Vgl. Pyle (1971): 745.

Anhang B: Zur Behandlung des systematischen Risikos im Marktmodell

In seiner einfachsten Form spezifiziert das Marktmodell eine lineare Beziehung zwischen der erwarteten Rendite auf eine Option j, $E(\tilde{R}_j)$, einerseits, und einem gewichteten Mittel der erwarteten Renditen auf (i) das risikolose Papier (R^*) und (ii) einem Index des Gesamtmarktes, $\tilde{R}_m$, andererseits. Diese Beziehung läßt sich dann schreiben

$$\begin{aligned} \tilde{R}_j &= \beta_j \tilde{R}_m + (1 - \beta_j) R^* + \tilde{e}_j \\ &= R^* + \beta_j (\tilde{R}_m - R^*) + \tilde{e}_j \end{aligned} \tag{B-1}$$

$\tilde{e}_j$ steht hier für den Fehlerterm, i.e. für die zufallsbedingte und daher in jedem Einzelfall nicht prognostizierbare Abweichung von dem Erwartungswert von $\tilde{R}_j$, $E(\tilde{R}_j)$. Der Erwartungswert des Fehlerterms ist daher auch Null: $E(e_j) = 0$. Tilden (~) symbolisieren wie üblich Zufallsvariablen. Der Gewichtungsfaktor β_j stellt im Rahmen des Marktmodells den Regressionskoeffizienten von $\tilde{R}_j$ auf $(\tilde{R}_m - R^*)$ dar. Dieser ergibt sich[1] als

$$\beta_j = \operatorname{cov}(\tilde{R}_j, R_m) \,/\, \sigma^2 (\tilde{R}_m)$$

Der Erwartungswert von Gleichung (B–1) ist daher

$$E(\tilde{R}_j) = \bar{R}_j = R^* + \beta_j (\bar{R}_m - R^*) \tag{B-2}$$

Diese lineare Bewertungsbeziehung gilt für jedes einzelne Vermögensgut. Für die Variabilität jeder einzelnen Rendite gilt daher

$$\sigma_j^2 = E(\tilde{R}_j - \bar{R}_j)^2 \tag{B-3}$$

In B–3 können nun $\tilde{R}_j$ und $\bar{R}_j$ durch B–1 und B–2 ersetzt werden:

$$\begin{aligned} \sigma_j^2 &= E[R^* + \beta_j (\tilde{R}_m - R^*) + e_j - R^* - \beta_j (\bar{R}_m - R^*)]^2 \\ &= \beta_j E(\tilde{R}_m - \bar{R}_m)^2 + 2\beta_j E e_j (\tilde{R}_m - \bar{R}_m) + E\tilde{e}_j^2 \\ &= \beta_j \sigma_m^2 + \sigma_e^2 \end{aligned} \tag{B-4}$$

[1] Eine Ableitung dieser Beziehung findet sich beispielsweise bei Intriligator, M.: „Econometric methods, models and applications", Prentice Hall 1978, S. 84-88; oder in vollständiger Darstellung in Krahnen (1983): 122-125.

weil

$$\operatorname{cov}(\widetilde{R}_m, \widetilde{e}_j) = \operatorname{cov}(\widetilde{R}_j, \widetilde{e}_j) = 0$$

Ausdruck B–4 beschreibt ein wesentliches Ergebnis der Markt-Finanztheorie: Die Aufteilung der Projektvarianz in einen marktbezogenen Term ($\beta_j \sigma_m^2$), sowie einen ausschließlich projekt-spezifischen Term (σ_e^2). Der erste Term wird auch als systematisches, der zweite als unsystematisches Risiko bezeichnet. Diese Unterscheidung ist wichtig, weil sie die Brücke schlägt von der rein partialanalytischen Betrachtung der eigenen Varianz eines Projektes zur gesamtmarktorientierten *Ko*varianz eines einzelnen Projektes mit allen übrigen Optionen. Die hieran anknüpfende Bewertungstheorie als Kapitalmarkttheorie konzentriert sich auf das systematische Risiko.

Der Grundgedanke ist dabei folgender[2]: Anleger stellen sich ihr optimales Portfolio aus einer Mischung aller am Markt behandelten Projekte zusammen. Da sie konsequenterweise nur an Mittelwert und Varianz ihrer Gesamtposition interessiert sind, ist bei jedem einzelnen Projekt auch nur dessen Beitrag zu Mittelwert und Varianz des Mischportefeuilles von Bedeutung.

Das systematische Risiko eines Projektes beschreibt aber genau diesen Varianzbeitrag zum Gesamtmarkt und ist daher alleine bewertungsrelevant. Der systematische Term in B–4 kann unter Berücksichtigung der Definition von β_j vereinfacht werden:

$$\beta_j \sigma_m^2 = \frac{\operatorname{cov}(\widetilde{R}_j, \widetilde{R}_m)}{\sigma_m^2} \sigma_m^2 = \operatorname{cov}(\widetilde{R}_j, \widetilde{R}_m)$$

Dies bestätigt die gängige Aussage, daß für die Marktbewertung die Kovarianz das korrekte Risikomaß darstellt[3].

Für große Portfolios gilt daher

(B–5) $$\sigma_P = \beta_P \sigma_m$$

---

2 Für eine formale Behandlung der Trennung in systematisches und unsystematisches Risiko wird auf das folgende Kapitel 3 verwiesen.

3 Die Relevanz der Kovarianz läßt sich auch anhand der folgenden Überlegung für große Portfolios zeigen.

Die Varianz eines Portfolios p ist definiert als

$$\sigma_P^2 = \sum_1^{N_i} \sum_1^{N_j} a_i a_j \sigma_{ij}$$

$$= \Sigma_i a_i^2 \sigma_{ii} + \Sigma^i_{i \neq j} \Sigma^j a_i a_j \sigma_{ij}$$

Aufgrund der Linearitätseigenschaft des β-Operators läßt sich β_P zerlegen in seine Komponenten, i.e. in die einzelnen β's aller im Portefeuille enthaltenen Papiere

$$(B\text{–}6) \qquad \beta_P = \Sigma_i \, \alpha_i \, \beta_i$$

wobei α_i den Anteil des i-ten Papiers an der gesamten Investitionssumme des Portfolios darstellt. Als Ergebnis läßt sich festhalten:

Für jeden Investor, der ein wohl-diversifiziertes Portefeuille hält, ist die Höhe des unsystematischen Risikos irrelevant. Für jedes einzelne Papier lautet die bewertungsrelevante Risikogröße daher auf

$$(B\text{–}7) \qquad \beta_K^2 \, \sigma_m^2 = \hat{\sigma}_K^2$$

Das Dach (^) über dem Varianzterm soll daran erinnern, daß es sich hierbei um die systematische Risikofraktion handelt, und nicht um die Summe aus systematischem und unsystematischem Faktor. Entsprechend dieser Überlegung zur Einbettung von Portfolioentscheidungen in einen Marktzusammenhang kann nun das Optimierungsproblem des Finanzintermediärs neu formuliert werden.

Im Unterschied zu Gleichung (4) bis (6), dem ursprünglichen Programm, wird jetzt die eigene Varianz, σ^2, ersetzt durch die „relevante" Kovarianz, $\hat{\sigma}^2$. Ersetzung von σ durch $\hat{\sigma}$ in der Optimalitätsbedingung (Gleichung A–9 und A–10 in Anhang A) führt zu dem Ergebnis

$$(B\text{–}8) \qquad \alpha_K = \frac{\sigma_m \beta_P \, [R^K \beta_D^2 \sigma_m^2 - R^D \, (\beta_K \beta_D \sigma_m^2)^2\,]}{\phi \, [\beta_K^2 \, \sigma_m^2 \beta_D^2 \sigma_m^2 - (\beta_K \beta_D \, \sigma_m^2)^2\,]}$$

Der erste Term bezeichnet die gewichtete Summe aller Varianzen der im Portefeuille enthaltenen Papiere. Dies entspricht der Summe aller Diagonal-Elemente der Kovarianzmatrix. Der 2. Term enthält entsprechend alle nicht-diagonal-Elemente der Matrix. Wird der Einfachheit halber

$$a_i = a_j = \frac{1}{N} \qquad \forall i, j$$

gesetzt, so daß das Startvermögen gleichermaßen über alle Anlagealternativen verteilt ist, dann läßt sich schreiben (N steht für die Gesamtzahl der Wertpapiere im Portefeuille),

$$\sigma_P^2 = \frac{1}{N} \Sigma_i \frac{\sigma_{ii}}{N} + \frac{N-1}{N} \Sigma^i_{i \neq j} \Sigma^j \frac{\sigma_{ij}}{N\,(N-1)}$$

$$= (1/N) \cdot \emptyset \text{ Varianz} + [(N-1)/N] \cdot \emptyset \text{ Kovarianz}$$

Für $N \to \infty$ folgt daher: $\sigma_P^2 = \emptyset$ Kovarianz.

(B–9) $$\alpha_D = \frac{\sigma_m \beta_P \left[R^D \beta_K^2 \sigma_m^2 - R^K (\beta_D \beta_K \sigma_m^2)^2\right]}{\phi \left[\beta_K^2 \sigma_m^2 \beta_D^2 \sigma_m^2 - (\beta_K \beta_D \sigma_m^2)^2\right]}$$

In B–8 und B–9 ist aber – wie leicht zu sehen – der Nenner identisch Null, so daß die optimalen Werte für α_K und α_D im Falle der Marktbewegung nicht mehr definiert sind.

Dieser „Beweis" der Erfolglosigkeit des Pyle-Modells zur Erklärung von Intermediären ist natürlich nicht sauber geführt, weil das bewertungsrelevante systematische Risiko nur in die Optimalitätsbedingung substituiert worden ist. Korrekt würde das Entscheidungsproblem des Intermediärs im Pyle-Modell lauten auf die Formulierung in Gleichung (8) in Kapitel 2.

Anhang C: Ein einfaches Lagerhaltungsmodell bei Unsicherheit

Auf der Aktiv- und der Passivseite kann ein Finanzinstitut nur in eingeschränktem Umfang die Bewegungen der Zahlungsmittel kurzfristig steuern. Daher sind Einlagenzu- und abflüsse als stochastisch anzusehen.

„Probability is the foundation of banking ... There is involved not only the calculation of averages which is an affair of arithmetic, but also the doctrine of deviations from an average, the theory of errors ..."[1].

Die hier von Edgeworth angesprochene „theory of errors" bezieht sich auf den zentralen Grenzwertsatz der Wahrscheinlichkeitstheorie, demzufolge die Summe unabhängiger und identisch verteilter, standardisierter Zufallsvariablen gegen die standardisierte Normalverteilung konvergiert.

Für die Summe $Y_n = \sum_{i=j}^{n} X_i$, $n = 1, 2, \ldots$, wobei $E(X_i) = \bar{x}$ und $\text{var}(X_i) = \sigma^2$, gilt dann

$$E(Y_n) = n\bar{x}$$

$$\text{var}(Y_n) = n\sigma^2$$

so daß die Standardabweichung der Summe lediglich mit der Quadratwurzel der berücksichtigten Wertpapiere zunimmt[2].

---

[1] Edgeworth, F.: „The mathematical theory of banking", Journal of the Royal Statistical Society 51 (1888): 113-127, hier S. 113.

[2] Vgl. beispielsweise Schneeweiss, H.: „Ökonometrie", Physica-Verlag, Wien 1978: 349 f.

Im folgenden wird der Einfluß positiver Transaktionskosten für den Fall stochastischer Ein- und Auszahlungen untersucht.

In einem einfachen Kassenhaltungsmodell läßt sich dann zeigen,

(i) in welcher Weise die optimale Kassenhöhe von dem Zusammenwirken unterschiedlicher Transaktions- und Opportunitätskosten abhängt;

(ii) daß ein Intermediär aufgrund des Gesetzes der großen Zahl Skalenerträge aus seiner Größe herleiten kann.

Um mit Hilfe von (i) und (ii) das Entstehen und Fortbestehen von Intermediären erklären zu können, muß in bestimmter Weise von den Annahmen des vollkommenen Kapitalmarktes abgewichen werden. Wie schon weiter oben ausgeführt, zeichnet sich ein vollkommener Kapitalmarkt dadurch aus, daß zu einem bestimmten Zinssatz in beliebiger Höhe Verschuldungs- und Anlagemöglichkeiten bestehen[3]. Darin inbegriffen ist die abzugsfreie Abtretung aller gehaltenen Ansprüche. Jeder Teilnehmer in einem solchen Kapitalmarkt ist damit unbegrenzt liquide. Die Produktion von Liquidität als Wirtschaftszweig hat dann keine Existenzmöglichkeit, da jeder einzelne Investor (Marktteilnehmer) die Leistungen des Intermediärs durch eigene Aktionen vollkommen substitutieren kann[4].

Es wird nun die Annahme eingeführt, daß der kurzfristige Erwerb liquider Mittel Ressourcen verbraucht. In einer durch Unsicherheit gekennzeichneten Welt bedeutet dies, daß jeder Marktteilnehmer auf stochastische Zahlungsströme reagieren muß (die wiederum von seinen eigenen Handlungen sowie den nicht eindeutig vorhersagbaren Handlungen aller anderen Akteure beeinflußt werden)[5]. Sein Bedarf an individueller Kassenhaltung ist deshalb eine Funktion des Zusammenwirkens der stochastischen Einzahlungen und der ebenfalls stochastischen Auszahlungen. Es soll dabei nicht unterstellt werden, daß alle Ein- und Auszahlungen der Akteure zufallsverteilt sind. Lediglich ein – vielleicht kleiner – Teil seiner positiven und negativen Geldvermögensströme, und folglich deren Saldo, entzieht sich dann einer exakten Voraus-Disposition.

Im folgenden bedeuten

$\widetilde{X}_e, \widetilde{X}_a$ = die Ein- und Auszahlungen des Akteurs in dem betrachteten Zeitraum, wobei die Tilde (~) den stochastischen Charakter der Variable zum Ausdruck bringt.

---

3 Siehe beispielsweise Fama, E. und M. Miller: „The Theory of finance", Dryden Press 1972: 277-279.

4 Somit ist im Modell der erwartete Gewinn des Finanzintermediärs gerade gleich (Summe aller realen Kosten) mal (- 1).

5 Siehe hierzu Baumol, W.: „The transactions demand for cash: An inventory theoretic approach", Quarterly Journal of Economics 66 (1952): 545-556.

$\widetilde{X} = \widetilde{X}_e - \widetilde{X}_a$:	der (stochastische) Saldo von Ein- und Auszahlungen
K	Kassenbestand
$M = \widetilde{X} - K$	Kassensaldo

wobei gelten soll

(C–1) $$E(\widetilde{X}) = E(\widetilde{X}_e) - E(\widetilde{X}_a) = 0$$

(C–2) $$\operatorname{var}(\widetilde{X}) = \operatorname{var}(\widetilde{X}_e) + \operatorname{var}(\widetilde{X}_a) - 2\operatorname{cov}(\widetilde{X}_e, \widetilde{X}_a)$$

wobei C–1 und C–2 Erwartungswert und Varianz des Saldos angeben, und X_e und X_a als bivariat normalverteilt angenommen werden. Zu jedem Zeitpunkt kann der Kassensaldo M positiv oder negativ sein. Ist $M > 0$, dann hält der Akteur einen positiven Kassensaldo. Dabei fallen annahmegemäß Opportunitätskosten in Höhe von $(a + r_1 M)$, dem Ertrag für kurzfristige Geldanlagen an (a = feste Kosten der Kontaktaufnahme, r_1 = Anlagezins). Umgekehrt fallen bei $M < 0$ Geldbeschaffungskosten in Höhe von $(b + r_2 M)$ an, wobei b wiederum die volumenfixen Finanzierungskosten und r_2 den maßgeblichen Zinssatz für kurzfristige Kreditaufnahme widerspiegelt.

Wenn $f(X)$ die Dichtefunktion der durch C–1 und C–2 beschriebenen Zufallsvariablen angibt, dann läßt sich das Kostenminimierungsproblem des Akteurs folgendermaßen schreiben:

(C–3) $$\underset{K}{\operatorname{Min}}\, C = \int_{-\infty}^{K} [b + r_2 M]\, f(X)\, dX + \int_{K}^{\infty} [a + r_1 M]\, f(X)\, dX$$

Unter der Annahme, daß die Bedingung zweiter Ordnung erfüllt ist, läßt sich die folgende Anforderung an die optimal zu haltende Kasse, K^*, ableiten

$$- \frac{\int_{-\infty}^{K} f(x)\, dx}{\int_{K}^{+\infty} f(x)\, dx} = \frac{r_1}{r_2}$$

i. e.

(C–4) $$Pr\,[M < 0] / Pr\,[M > 0] = \frac{r_1}{r_2}$$

wobei „*Pr*“ für Wahrscheinlichkeit steht.

Gleichung C–4 besagt: Die optimale Kassenhaltung ergibt sich als eine Funktion der Parameter des Kassenhaltungsmodells: r_1, r_2 und der Dichtefunktion $f(X_e)$ und $f(X_a)$. Die linke Seite von C–4 ist das Flächenverhältnis unter einer Normalverteilung und erlaubt aufgrund der Symmetrie der Verteilung einen Rückschluß auf den Erwartungswert von M, $E(M)$.

$E(M) = 0$, ein Kassenbestand von Null, ist genau dann optimal, wenn $r_1 = r_2$, i.e. wenn Geldanlagezins gleich Geldbeschaffungskosten. Diesen Fall hatten wir vorher als vollkommenen Kapitalmarkt bezeichnet, auf dem folglich die geplante Kassenhaltung gerade Null ist.

Für $r_1 \lesseqgtr r_2$ ergibt sich $E(M) \lesseqgtr 0$. Der geplante Kassenbestand ist genau dann positiv, wenn die variablen Geldbeschaffungskosten größer sind als die variable Anlagerendite.

Der Akteur wählt folglich seinen optimalen Kassenbestand K^* in Abhängigkeit von den Marktsätzen r_1 und r_2. Die Gesamtkosten der Liquiditätsvorsorge sind dann eine Funktion von (C–2), der Streuung des Zahlungssaldos.

Wenn wir nun annehmen, daß die Zahlungssalden aller Akteure voneinander unabhängig sind, i.e. $\operatorname{cov}(X_e^i, X_e^j) = \operatorname{cov}(X_a^i, X_a^j) = \operatorname{cov}(X_a^i, X_e^j) = 0$, wobei die Indizes i und j für die verschiedenen Akteure stehen, dann läßt sich leicht zeigen, daß ein Intermediär entstehen und eine Kooperationsrente verdienen kann[6].

Der Einfachheit halber sei angenommen, daß alle Akteure am Periodenanfang eine Einlage in gleicher Höhe, D^*, bei dem Intermediär halten. d bezeichnet den Teil von D^*, der während eines Zeitintervalls das Konto des Akteurs vergrößert ($d > 0$) oder verkleinert ($d < 0$). d sei für alle Akteure gleichverteilt mit $E(d) = 0$ und $\operatorname{var}(d) = \sigma_d^2$. Dann ist $\bar{D} = \Sigma_i D_i^* = nD^*$, die Summe aller Einlagen am Periodenanfang, und wir kennen Erwartungswert und Varianz der Einlagenveränderung $\Delta\bar{D}$ über die Periode:

$$\text{(C–5)} \qquad E(\Delta\bar{D}) = \Sigma_i E(\Delta D^*) = E(\Sigma_i d_i D^*) = D^* E(\Sigma_i d_i) = 0$$

$$\operatorname{var}(\Delta\bar{D}) = \operatorname{var}(D^* \Sigma_i d_i)$$

$$= (D^*)^2 n \sigma_d^2$$

$$= (\bar{D}^2 \sigma_d^2)/n \qquad \text{weil } D^* = \bar{D}/n$$

$$\text{Daher gilt:} \quad \sigma(\Delta D) = \{\bar{D}\sigma_d^2\}/\sqrt{n}$$

---

6 Der folgende Abschnitt orientiert sich an Baltensperger, E.: „Economies of scale, firm size and concentration in banking", Journal of Money, Credit and Banking 4 (1972a): 467-488; Baltensperger, E.: „Costs of banking activities – Interactions between risk and operating costs", Journal of Money, Credit and Banking 4 (1972b): 595-611; Baltensperger, E.: „Optimal bank portfolios: The liability side", Jahrbücher für Nationalökonomie und Statistik 187 (1973): 147-160.

oder: die Streuung des Saldos der Depositenzu- und -abflüsse nähert sich mit steigendem n einer Konstanten an.

Differenzierung von C–5 nach n unter Beachtung der definitorischen Beziehung $\bar{D} = nD^*$ ergibt

$$\partial \sigma (\Delta D)/\partial n = (1/2)\,(D^* \sigma_d / \sqrt{n}) > 0 \tag{C–6}$$

(C–6) besagt, daß die Variations*rate* des Zahlungssaldos für große n gegen Null tendiert[7]. Dieses letzte Argument wird einsichtig, wenn mit X_i der Anteil der i-ten Einlage am Gesamtbestand bezeichnet wird, und mit ΔD_i entsprechend deren Änderungsrate. Dann ist

$$\Delta \bar{D} = \Sigma_i X_i D_i$$

und für $X_i = X_j = l/n$ und $\mathrm{var}\,(D_i) = g^2$, alle i, ergibt sich

$$\mathrm{var}\,(\Delta \bar{D}) = \mathrm{var}\,(\Sigma_i\,(1/n)\,D_i) = g^2/n$$

so daß

$$\lim_{n \to \infty} \sigma_{\Delta \bar{D}} = \lim_{n \to \infty} g/\sqrt{n} = 0 \tag{C–7}$$

Mit anderen Worten, für einen Intermediär, der die Zahlungssalden mehrerer Akteure „in einen Topf" verwaltet, sind die gesamten Liquiditätskosten kleiner als die Summe der Liquiditätskosten der Akteure. Unter Berücksichtigung der Kostenverläufe in C–3 bedeutet dies

$$\begin{aligned} C &= \int_{-\infty}^{0} [b + r_2\,(\Sigma_i d_i D^*)]\, f(d)\, dd + \int_{0}^{\infty} [a + r_1\,(\Sigma_i d_i D^*)]\, f(d)\, dd \\ &\leqq \Sigma_i \Big[\int_{-\infty}^{0} (b + r_2 d_i D^*)\, f(d)\, dd + \int_{0}^{\infty} (a + r_1 d_i D^*)\, f(d)\, dd\Big] \end{aligned} \tag{C–8}$$

wobei (<) strikt gilt für $\rho_{ij} < 1$.

Bedingt durch die weniger als perfekte Korrelation der stochastischen Liquiditätssalden der Akteure ist die Kostenfunktion für Liquiditätsvorsorge konvex in bezug auf die Zahl der Akteure. Folglich kann der Intermediär eine dauerhafte Prämie verdienen.

---

7 Die Folgerung bezüglich der Veränderungs*rate* ist bei Baltensperger (1972b): hier 598-602 nicht korrekt abgeleitet.

Eine leichte Modellerweiterung bedeutet die Berücksichtigung von Kreditausfällen. Dabei bedeuten

L, D : Ausstehende Kredite bzw. Depositen;

$\widetilde{X}_e$: die stochastische Differenz aus Kreditzu- und -abflüssen;

$\widetilde{X}_d$: die stochastische Differenz aus Einlagenzu- und -abflüssen;

$\widetilde{X}$: $\widetilde{X}_e - \widetilde{X}_d$, der Zahlungssaldo, wobei wiederum $E(\widetilde{X}_e) = E(\widetilde{X}_d) = E(\widetilde{X}) = 0$;

Z : die Rückzahlungserwartung der ausstehenden Kredite, $0 < Z < 1$, so daß $(1 - Z)$ die mittlere Verlusthöhe angibt;

r_e, r_d : Kredit- bzw. Depositenzins, so daß $r_e Z$ die erwartete (reale) Verzinsung eines Darlehns angibt;

r_b : Zins für Interbankengeld;

K : Kassenbestand;

$M = X - K$: Kassensaldo.

$\widetilde{X}_e$ und $\widetilde{X}_d$ sind im Regelfall das Ergebnis einer großen Zahl voneinander unabhängiger Entscheidungen der Bankkunden, so daß wiederum die Normalverteilung von $\widetilde{X} = \widetilde{X}_e - \widetilde{X}_d$ gesetzt werden kann[8]. Der Intermediär maximiere den erwarteten Gewinn, $E(\pi)$:

$$\text{(C–9)} \qquad E(\pi) = (1 + r_e)\, ZL - (1 + r_d)\, D - \int_{-\infty}^{K} (a + r_b M)\, f(X)\, dX - \int_{K}^{\infty} M r_e Z f(X)\, dX$$

Optimierung der Kassenhaltung verlangt, daß $\partial E(\pi) / \partial M = 0$, i.e.

$$\text{(C–10)} \qquad r_e Z / b = Pr\,[M < 0] / Pr\,[M > 0]$$

Analog zu C–4 gilt dann

$$Z \gtrless b / r_e \Rightarrow E(M) \lesseqgtr 0$$

Die variablen Kosten der Liquiditätsbeschaffung, b, müssen größer als der wertberichtigte Kreditzins, Zr_e, sein, um einen positiven Kassenbestand zu sichern. Für eine sinnvolle Interpretation dieses Ergebnisses ist deshalb unter b nicht nur der Preis für Interbankenliquidität zu verstehen, sondern b umfaßt die Gesamtheit der „Kosten“, die mit einer kurzfristigen Illiquidität verbunden sein können[9].

[8] Der Fall „stochastischer“ oder „epidemischer“ Ansteckung („Run“) kann mit diesem Modell nur durch erhebliche Komplizierung der Verteilungsform von M abgebildet werden.

[9] Dies betont besonders Baltensperger (1980): 5 f.

Zusammenfassend bleibt festzuhalten, daß bei der Konzentration auf die Funktion der Liquiditätsproduktion Intermediäre genau dann eine Kooperationsrente erzielen können, wenn

(i) die Zahlungsströme der einzelnen Akteure weniger als vollkommen miteinander korrelieren,

(ii) die Deckung kurzfristigen Liquiditätsbedarfs für jeden einzelnen Akteur mehr Kosten verursacht als die Anlage kurzfristiger Liquiditätsüberschüsse an Erträgen bringt.

In ähnlicher Vorgehensweise läßt sich unter Verwendung der Portfolio-Theorie ein Ergebnis analog zu (37) ableiten, daß bankbetriebliche Diversifikationseffekte von der Anzahl der in ihrem Solvenzstatus voneinander unabhängigen Kreditnehmern abhängig macht [10]. Ein vergleichbares Argument gilt für die Entscheidung über die Aufnahme zusätzlichen Fremdkapitals (Einlagen) bei Finanzintermediären.

Dabei ist wiederum zwischen zwei Kostenkomponenten auszugleichen, nämlich dem Vorteil erhöhten Ertrags im Aktivgeschäft einerseits, gegen den Nachteil steigender Konkurswahrscheinlichkeit und der damit verbundenen Kosten andererseits [11]. Auch eine Zusammenfassung zu sogenannten „Totalmodellen“, bei denen Aktiva-/Passivastruktur und deren Volumina gleichzeitig determiniert werden, ist „straight-forward“ und in der Literatur mehrfach vertreten [12].

Anhang D: Zur stochastischen Dominanz

Stichwortartig sollen in diesem Abschnitt einige Grundbegriffe erläutert werden, die im dritten Kapitel verwendet worden sind. Die folgende Darstellung folgt ohne weitere Einzelverweise insbesondere Fishburn und Vickson (1978), sowie Rothschildt und Stiglitz (1970) und (1971).

1. Die univariate Verteilungsfunktion F ist eine Abbildung der realen Zufallsvariablen x: $\infty \leqq x \leqq +\infty$, auf das Intervall 0,1. F ist definiert als

(D–1) $$F(x) = P(X \leqq x)$$ für alle x RZ

---

10 Vgl. Baltensperger (1972b): 600 f.

11 Vgl. Baltensperger (1973);

12 Siehe Niehans (1978): Kapitel 9, sowie die Darstellung in Baltensperger (1980): 18 ff.

wobei P für „Wahrscheinlichkeit" und RZ für „reelle Zahlengerade" steht. F nennt daher die Wahrscheinlichkeit, daß die stochastische Realisation X kleiner oder gleich x ist. F wird als Verteilungsfunktion oder kumulierte Dichtefunktion bezeichnet und hat die Eigenschaften:

(i) $F(x) \to 0$ wenn $x \to -\infty$; $F(x) \to 1$ wenn $x \to +\infty$

(ii) F ist nicht-abnehmend: $F(x) \leqq F(y)$ wenn $x \leqq y$

(iii) F ist kontinuierlich von rechts, d.h. F hat einen Sprung an Wahrscheinlichkeitsmassepunkten.

F besitzt eine Dichtefunktion f, wenn $\partial F(x)/\partial x = F'(x) = f(x)$ für alle x existiert. Ist $F'(x)$ nicht definiert an einer Stelle x, so wird gewöhnlich $f(x) = 0$ gesetzt. Daher haben nur kontinuierliche F-Funktionen auch eine Dichte.

2. Der Erwartungswert einer Variablen X, $E(X)$ oder $\bar{X}$ oder μ_X ist definiert als

(D–2) $$E(x) = \int_{-\infty}^{+\infty} x dF(x)$$

$E(X)$ gibt die zentrale Tendenz der Verteilung $f(x)$ an und hat die folgenden Eigenschaften

(i) $E(ax + b) = aE(x) + b$; a und b sind Konstanten;

(ii) $E(x + y \ldots) = E(x) + E(y) + \ldots$; x und y sind Zufallsvariable.

Wenn U eine reelle Funktion ist, die über alle x definiert ist, dann gilt

(iii) $EU(x) = \int_{-\infty}^{+\infty} U(x) dF(x)$

Wenn F_1 und F_2 zwei Verteilungsfunktionen sind,

(iv) $$\int_{-\infty}^{+\infty} U(x) d[\lambda F_1(x) + (1 - \lambda) F_2(x)]$$
$$= \lambda \int_{-\infty}^{+\infty} U(x) dF_1(x) + (1 - \lambda) \int_{-\infty}^{+\infty} U(x) dF_2(x)$$

für alle λ Werte, $0 \leqq \lambda \leqq 1$.

3. Der Beschreibung von Wahrscheinlichkeitsverteilungen dienen die Momente der Verteilung, beziehungsweise im Rahmen der Finanztheorie regelmäßig die zentralen Momente, definiert als

$$E[(x - \mu_x)^r] = \int (x - \mu)^r dF(x)$$

wobei sich ergibt für

$$r = 0 \quad E\,[(x-\mu)^0] = 1$$

$$r = 1 \quad E\,[(x-\mu)^1] = 0$$

$$r = 2 \quad E\,[(x-\mu)^2] = \mathrm{Var}\,(x) = \sigma_x^2$$

$\sigma_x = \sqrt{\sigma_x^2}$ wird als Standardabweichung von x bezeichnet.

Nützlich ist in diesem Zusammenhang Tschebyscheffs Ungleichung

$$P\,(|\,x-\mu\,| \geqq k) \leqq \sigma^2/k^2 \qquad \text{für } k > 0$$

4. Wird Mittelwert und Varianz zur Grundlage der Ordnungsrelation gemacht, dann läßt sich zwischen zwei Verteilungsfunktionen F und G nur dann eine eindeutige Ordnung herstellen, wenn $\mu_F \geqq \mu_G$ und $\sigma_F \leqq \sigma_G$.

5. Die Aussagen unter Punkt 1 lassen sich leicht für multi-variate Funktionen verallgemeinern, wobei

$$F\,(X_1, X_2, X_3, \ldots) = P\,(X_1 < x_1, X_2 < x_2, \ldots)$$

6. Es werden jetzt die drei Klassen von Nutzenfunktionen U_1, U_2, U_3 vorgestellt, wobei $U_3 \subset U_2 \subset U_1$ und alle U über Endvermögen definiert sind. U_1 bezeichnet die Klasse aller Nutzenfunktionen, die strikt zunehmend sind in x, so daß gilt $u\,(X) < u\,(Y)$ wenn $X < Y$; alle $u \in U_1$ sollen kontinuierlich und einmal differenzierbar sein. In dieser allgemeinsten Klasse wird noch nichts zum Verhalten gegenüber Risiko ausgesagt, so daß Risikoaversion und -freude mit ihr vereinbar sind. Die Unterklasse U_2 beinhaltet die zunehmenden konkaven Nutzenfunktionen. Dort herrscht Risikoaversion, so daß für zwei Optionen X und Y mit $0 < a < 1$ gilt

$$au\,(x) + (1-a)\,u\,(y) \leqq u\,[ax + (1-a)\,y]$$

Ist die Ungleichung strikt, so ist u auch strikt konkav.

Aus Jensens Ungleichung für strikt konkave Funktionen (wenn F nicht einen Massepunkt beschreibt) folgt, daß Risikoaversion stets gegeben ist. Die Existenz der zweiten Ableitung wird für $u \in U_2$ daher vorausgesetzt. Zur Familie U_2 gehören u.a. die Power-Funktion $u\,(x) = (-)\,x^{(-)\,k}$, $k > 0$; die logarithmische Nutzenfunktion $u\,(x) = \log\,(x)$; die exponentielle Nutzenfunktion $u\,(x) = -\,e^{-ka}$, $k > 0$; die quadratische Funktion $u\,(x) = x - cx^2$. Letzterer ist konkav für alle x, aber zunehmend nur für einige x, $x < 1/2\,c$. Für Funktionen in U_2 läßt sich die Krümmungseigenschaft angeben als sogenannte absolute und relative Risikoaversion (Pratt (1954) und Arrow (1971)):

$$A\,(x) = -\,[U''\,(x)/U'\,(x)]$$

$$R\,(x) = -\,[xU''\,(x)/U'\,(x)] = xA\,(x)$$

Die Unterklasse U_3 enthält jene Nutzenfunktionen, die fallende absolute Risikoaversion aufweisen. Das bedeutet, daß bei steigendem Vermögen die Bereitschaft, feste Wetten einzugehen, ebenfalls zunimmt. Plausibilität legt daher nach Arrow nahe, daß $A'(x) < 0$. Diese Annahme ist äquivalent mit der zusätzlichen Annahme, daß die dritte Ableitung der Nutzenfunktion existiert und positiv ist. U_3 hat daher die Eigenschaften $\{U' > 0, U'' < 0, U''' > 0\}$.

7. Die unterschiedlichen SD-Konzepte (SD = Stochastische Dominanz) entsprechen den drei angegebenen U-Klassen.

Definition:

Für $i = 1, 2, 3$ wird geschrieben

$$F >_i G \quad \text{genau dann, wenn} \quad \int u(x)\,dF > \int u(x)\,dG \quad \text{für alle} \quad u \in U_i$$

Dabei steht $>_i$ für SD der i-ten Ordnung.

Ebenso läßt sich SD im Hinblick auf die Verteilungsfunktion definieren

$$F >_1 G, \text{ wenn } G(x) \geqq F(x) \qquad \text{für alle } x \in I$$

$$F >_2 G, \text{ wenn } \int_0^x (G(t)\,dt - F(t)\,dt) \geqq 0$$

Abbildung D.1 illustriert SD 2.

Abbildung D.1: Stochastische Dominanz der zweiten Ordnung

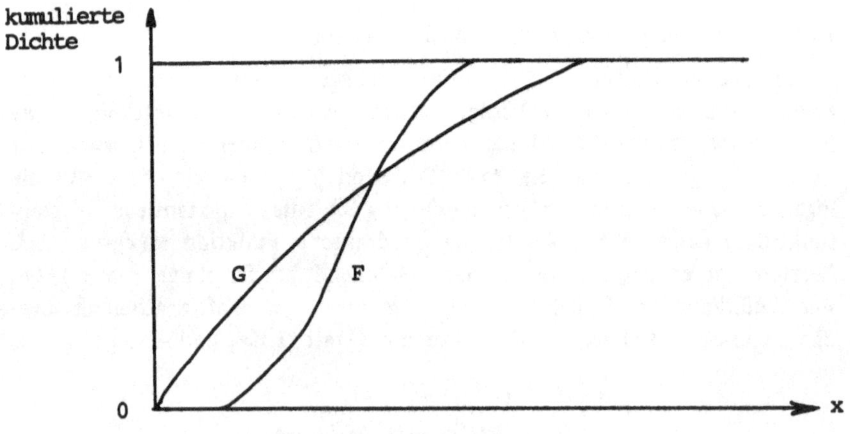

Das wesentliche Ergebnis dieser definitorischen Festlegung bezüglich $\partial F(R, z)/\partial z$ liegt darin, daß sich die Auswirkung einer Verschiebung der gemeinsamen Wahrscheinlichkeitsverteilung bestimmen läßt. Ein „mean-preserving spread“ (MPS) verringert den Erwartungsnutzen für alle konkaven (Nutzen-)Funktionen. Entsprechend erhöht sich der Erwartungswert für alle konvexen Funktionen. Abbildung D.2 und D.3 sollen diesen Sachverhalt verdeutlichen[1].

Abbildung D.2 ist konkav

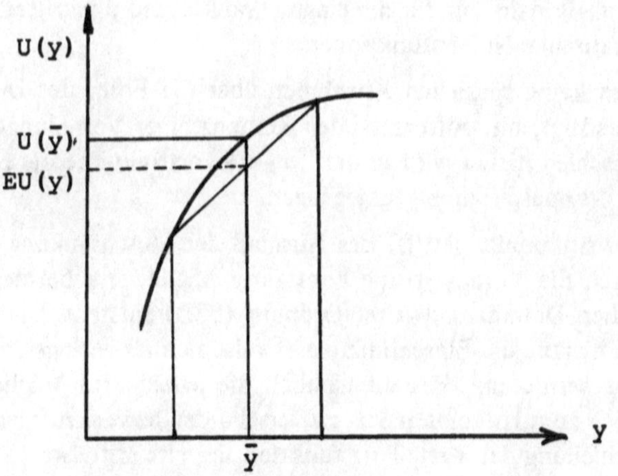

Abbildung D.3 ist konvex

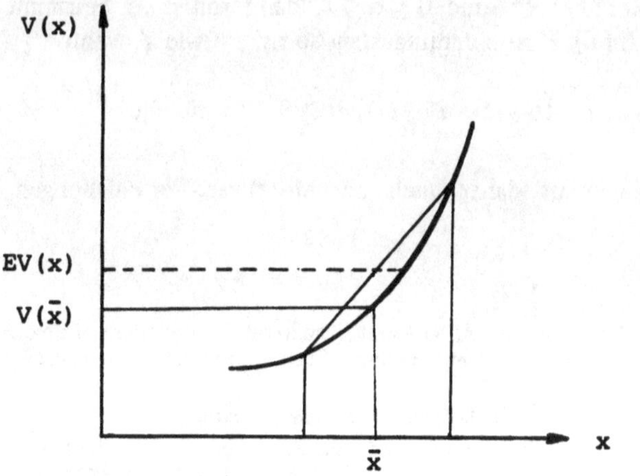

[1] Entnommen aus Newbery / Stiglitz (1981): 80

Analog gelten die umgekehrten Beziehungen für eine „Mittelwert-konservierende Kompression" (MPC) der Wahrscheinlichkeitsverteilung, i.e. ein MPC erhöht (verringert) den Erwartungswert einer konkaven (konvexen) Funktion.

Um diesen Anhang zur stochastischen Dominanz (SD) zu vervollständigen, sollen noch zwei Kritikpunkte angesprochen werden.

Zum einen: Was ist der allgemeine Vorteil des SD-Apparates gegenüber der üblichen $\{\mu - \sigma\}$-Regel. Zwei Argumente spielen hier eine besondere Rolle[2].

(i) Die SD-Methodologie ist vereinbar mit der Bernoulli-Hypothese und anwendbar auf eine breite Klasse von Nutzenfunktionen, wie exponentielle, log-normale oder Powerfunktionen. Im Unterschied hierzu gilt das $\{\mu - \sigma\}$-Prinzip nur für die eingeschränkte und umstrittene[3] Klasse der quadratischen Nutzenfunktionen.

(ii) Es werden keine speziellen Annahmen über die Form der Dichtefunktionen benötigt, mit Ausnahme der Existenz einer Verteilungsfunktion. Im Unterschied hierzu wird in der $\{\mu - \sigma\}$-Portfolio-Theorie regelmäßig von einer Normalverteilung ausgegangen.

Der zweite Kritikpunkt betrifft das Ausmaß der Einschränkung an „Relevanz", das durch die Voraussetzung konstanter Mittelwerte bei der Analyse der stochastischen Dominanz zweiter Ordnung (SSD) entsteht. Die derzeitige Antwort lautet hierzu: die Einschränkung erweist sich als geringer, als auf den ersten Blick zu vermuten[4]. Besteht nämlich die jederzeitige Möglichkeit für den Anleger, sich zum risikolosen Satz zu verschulden bzw. anzulegen, so kann bei einer Verschiebung der Verteilungsfunktion der alte Mittelwert stets durch ein Mischportfolio erreicht werden. In diesem Mischportfolio ist dann die riskante Option sowie das risikolose Papier enthalten.

Sei $X_a = \alpha X + (1 - \alpha) R^*$ die Kombination aus X und dem risikolosen Papier mit Rendite R^*, und $0 \leq \alpha \leq 1$, dann soll α so bestimmt werden, daß $E(X_a) = E(Y)$. Y ist nun mindestens so riskant wie X, wenn

$$\int_{-\infty}^{x} [G_y(t) - E_{x_a}(t)]\, dt \geqq 0 \qquad \text{für alle } X$$

Ein SD-Vergleich ist daher auch bei Mittelwert-Verschiebungen möglich.

---

2 Siehe Fishburn, P. und R. Vickson: „Theoretical Foundations of Stochastic Dominance", in: Whitmore, G. und M. Findlay (Hrsg.): „Stochastic Dominance", Lexington Books 1978: 37-113.

3 Vgl. Tsiang (1972) und die dort angegebene Literatur.

4 Vgl. Levy, H.: „The definition of risk: An extension", in: Journal of Economic Theory 14 (1977): 232-234 sowie Kroll, Y. und M. Levy: „Stochastic dominance: A review", in: Research in Finance 2 (1980): 163-227; hier: 176.

Literaturverzeichnis

Adar, Z., T. *Agmon* und Y. *Orgler*: „Output mix and jointness in production in the banking firm", in: Journal of Money, Credit and Banking 7 (1975): 235-243.

Adolph, B. und E. *Wolfstetter*: „Pareto-verbessernde Fiskalpolitik im Allgemeinen Gleichgewicht bei rationalen Erwartungen", Diskussionspapier, Freie Universität Berlin 1983.

Aigner, D. und C. *Sprengle*: „A simple model of information and lending behavior", in: Journal of Finance 23 (1968): 151-166.

Aigner, D. und G. *Cain*: „Statistical theories of discrimination in labor markets", in: Industrial and Labor Relations Review 30 (1977): 175-187.

Akerlof, G.: „The market for ‚lemons': Quality uncertainty and the market mechanism", in: Quarterly Journal of Economics 84 (1970): 488-500.

Albrecht, P.: „Kredibilität, Erfahrungstarifierung und sekundäre Prämiendifferenzierung", in: *Göppl / Henn* (1981): 687-701.

Alchian, A. und H. *Demsetz*: „Production, information costs, and economic organization", in: American Economic Review 62 (1972): 777-795.

Amihud, Y., J. *Kamin* und J. *Ronen*: „‚Managerialism', ‚ownerism' and risk" in: Journal of Banking and Finance 7 (1983): 189-196.

Arnold, H.: „Risikentransformation", Diss. Saarbrücken 1964.

– „Risikentransformation", in: *Büschgen*, H. (Hrsg.): „Handwörterbuch der Finanzwirtschaft", Poeschel 1976: Spalte 1506-1516.

Arrow, K.: „Uncertainty and the welfare economics of medical care", in: American Economic Review 53 (1963): 941-973.

– „Essays in the theory of riskbearing", Markham 1971.

Arrow, K. und M. *Intriligator* (Eds.): „Handbook of mathematical economics", North Holland, Vol. I 1981; Vol. II 1982.

Balch, M. und D. *McFadden* (Eds.): „Essays in economic behavior under uncertainty", North Holland 1974.

Ball, H.: „Bankgeschäfte und Zentralbankpolitik im Lichte der neueren Kapitalmarkttheorie", Campus Verlag 1978.

Baltensperger, E.: „Economies of scale, firm size, and concentration in banking", in: Journal of Money, Credit and Banking 4 (1972a): 467-488.

– „Costs of banking activities – Interactions between risk and operating costs", in: Journal of Money, Credit and Banking 4 (1972b): 595-611.

– „Optimal bank portfolios: The liability side", in: Jahrbücher für Nationalökonomie und Statistik 187 (1973): 147-162.

– „Credit rationing – Issues and questions", in: Journal of Money, Credit and Banking 10 (1978): 170-183.

– „Alternative approaches to the theory of the banking firm", in: Journal of Monetary Economics 6 (1980): 1-37.

Baron, D.: „The incentive problem and the design of investment banking contracts", in: Journal of Banking and Finance 3 (1979): 157-175.

Barzel, Y.: „Measurement costs and the organization of markets", in: Journal of Law and Economics 25 (1982): 27-48.

– „The firm: A coordinator of contracts", Manuskript, University of Chicago, Februar 1982.

Baumol, W.: „The transaction demand for cash: An inventory theoretic approach", in: Quarterly Journal of Economics 66 (1952): 545-556.

Benston, G.: „Branch banking and economies of scale", in: Journal of Finance 20 (1965): 312-341.

– „Economies of scale of financial institutions", in: Journal of Money, Credit and Banking 4 (1972): 312-331.

Benston, G. und C. *Smith*: „A transactions cost approach to the theory of financial intermediation", in: Journal of Finance 31 (1976): 215-231.

Benston, G., G. *Hanweck* und D. *Humphrey*: „Scale economies in banking: A restructuring and reassessment", Manuskript, University of Rochester 1981.

Bicksler, J. (Ed.): „Handbook of financial economics", North Holland 1979.

Bierwag, G., G. *Kaufmann* und A. *Toews*: „Single factor duration models in a discrete general equilibrium framework", in: Journal of Finance 37 (1982): 325-338.

Bierwag, G. und M. *Grove*: „Slutsky equations for assets", in: Journal of Political Economy 76 (1968): 114-127.

Bhatt, V. und A. *Roe*: „Capital markets imperfections and economic development", Working paper Nr. 338, World Bank 1979.

Black, F., M. *Jensen* und M. *Scholes*: „The capital asset pricing model: Some empirical tests", in: *Jensen* (1972): 79-121.

Black, F.: „Capital market equilibrium with restricted borrowing", in: Journal of Business 45 (1972): 444-455.

– „Bank funds management in an efficient market", in: Journal of Financial Economics 2 (1975): 323-339.

– „The dividend puzzle", in: Journal of Portfolio Management Winter (1976): 5-8.

Blinder, A. und J. *Stiglitz*: „Money, credit constraints, and economic activity", Manuskript, National Bureau of Economic Research 1983.

Böhm-Bawerk, E. v.: „Rechte und Verhältnisse vom Standpunkte der volkswirthschaftlichen Güterlehre", Wagnersche Universitätsbuchhandlung (Innsbruck) 1881.

Bössmann, E.: „Unternehmen, Märkte, Transaktionskosten: Die Koordination ökonomischer Aktivitäten", in: Wirtschaftswissenschaftliches Studium 12 (1983): 105-111.

Borch, K.: „The safety loading of reinsurance premiums", in: Scandinavisk Aktuarietskrift 43 (1960): 163-184.

– „Equilibrium in an reinsurance market", in: Econometrica 30 (1962): 424-444.

– „A note on uncertainty and indifference curves", in: Review of Economic Studies 36 (1969): 1-5.

– „The rationale for the mean-standard deviation analysis: Comment", in: American Economic Review 64 (1974): 428-430.

Borls, G.: „Ernst Baltensperger's ‚Cost of banking activities': A comment", in: Journal of Money, Credit and Banking 4 (1972): 612-613.

Braverman, A. und J. *Stiglitz*: „Sharecropping and the interlinking of agrarian markets", in: American Economic Review 72 (1982): 695-715.

Brown, M., G. *Meran* und E. *Wolfstetter*: „Optimal employment in Illyria: The labor-managed firm reconsidered", Manuskript, Freie Universität Berlin 1983.

Brown, M. und E. *Wolfstetter*: „Underemployment and normal leisure", in: Economics Letters 15 (1984): 157-164.

Bühlmann, H.: „Mathematical methods in risk theory", Springer 1970.

Büschgen, E.: „Bankbetriebslehre", Gabler 1972.

Cameron, R., O. *Crisp*, H. *Patrick* und R. *Tilly* (Eds.): „Banking in the early stages of industrialization", Oxford University Press 1967.

Cameron, R. und H. *Patrick*: „Introduction", in: *Cameron / Crisp / Patrick / Tilly* (1967): 1-14.

Campbell, T. und W. *Kracaw*: „Information production, market signalling, and the theory of financial intermediation", in: Journal of Finance 23 (1980): 863-883.

Campbell, T.: „Financial Institutions, markets and economic activity", McGraw Hill 1982.

Cass, D. und J. *Stiglitz*: „The structure of investor preferences and asset returns: A contribution to the pure theory of mutual funds", in: Journal of Economic Theory 2 (1970): 122-160.

Cheung, S.: „The theory of share-tenancy", Chicago University Press 1969.

– „Transaction costs, risk aversion, and the choice of contractual arrangements", in: Journal of Law and Economics 12 (1969): 23-42

– „The contractual nature of the firm", in: Journal of Law and Economics 26 (1983): 1-21.

Chiang, A.: „Fundamental methods of mathematical economics", McGraw Hill 1974.

Claussen, P.: „Eigenkapitallücke aus der Sicht der Aktie", in: Wertpapier 30 (1982): 865-869.

– „Die Rolle des Kapitalmarktes und der Börsen bei der Technologiefinanzierung", in: *Heilmayr* (1983): 35-50.

Coase, R.: „The nature of the firm" in: Economica 4 (1937): 386-405.

– „The problem of social cost", in: Journal of Law and Economics 3 (1960): 1-44.

Cooper, R.: „A note on overemployment/underemployment in labor contracts under asymmetric information", in: Economics Letters 12 (1983): 81-87.

Crawford, V.: „Dynamic bargaining: Long-term relationships governed by short-term contracts", Manuskript, University of California, San Diego Mai 1983.

Crawford, V. und J. *Guasch*: „The theory of contracts and agency", in: American Journal of Agricultural Economics 65 (1983): 373-379.

Dalal, A.: „On the use of a covariance function in a portfolio model", in: Journal of Financial and Quantitative Analysis 18 (1983): 223-227.

Deppe, H. (Hrsg.): „Texte zur wissenschaftlichen Bankbetriebslehre", Band I und II, Göttingen 1980.

Diamond, P. und J. *Stiglitz*: „Increases in risk and risk aversion", in: Journal of Economic Theory 8 (1974): 337-360.

Dothan, U. und J. *Williams*: „Banks, bankrupty, and public regulation", in: Journal of Banking and Finance 4 (1980): 65-87.

Douglas, G.: „Risk in the equity market: An empirical appraisal of market efficiency", in: Yale Economic Essays 9 (1969): 3-45.

Edgeworth, F.: „The mathematical theory of banking", in: Journal of the Royal Statistical Society 51 (1888): 113-127.

Elton, E. und M. *Gruber*: „Modern portfolio theory and investment analysis", John Wiley & Sons 1981.

Engels, W.: „Rentabilität, Risiko und Reichtum", J. C. B. Mohr 1969.

– „Die Beteiligung von Banken an Nichtbanken", Kolloquium der Adolf Weber-Stiftung, Berlin 1978(a).

– „Bankensolvenztheorien und die Praxis der Bankenaufsicht", in: „Banken im Spannungsfeld von Notenbank und Bankenaufsicht", Beiheft zum Bankhistorischen Archiv 1978(b): 23-31.

– „Notenbanktechnik: Instrumente und Verfahren der monetären Stabilitätspolitik", Campus Verlag 1979.

– „The optimal monetary unit", Campus Verlag 1981.

Fama, E.: „Risk, return, and equilibrium", in: Journal of Political Economy 79 (1971): 30-55.

– „Efficient capital markets: A review of theory and empirical work", in: Journal of Finance 25 (1970): 383-407.

– „Foundations of Finance", Basic Books 1976.

– „Agency problems and the theory of the firm", in: Journal of Political Economy 88 (1980a): 288-307.

– „Banking in the theory of finance", in: Journal of Monetary Economics 6 (1980): 39-67.

Fama, E. und M. *Miller*: „The theory of finance", Dryden Press 1972.

Feldstein, M.: „Mean-variance analysis in the theory of liquidity preference and portfolio selection", in: Review of Economic Studies 36 (1969): 5-12.

Feller, W.: „An introduction to probability theory and it's applications", John Wiley & Sons 1968.

Fischer, S.: „A comment on Barro", in: Journal of Monetary Economics 3 (1977): 317-323.

Fischer-Winkelmann, W. (Hrsg.): „Paradigmawechsel in der Betriebswirtschaftslehre"?, Spardorf (Wilfer) 1983.

Fishburn, P. und G. *Vickson*: „Theoretical foundations of stochastic dominance", in: *Whitmore / Findlay* (1978): 37-117.

Fishburn, P.: „Stochastic dominance and the foundation of mean-variance analysis", in: Research in Finance 2 (1980): 69-98.

Franke, G.: „Information, property rights and the theory of corporate finance", Manuskript 1979.

– „Kapitalmarkt – Theorie und Empirie", Kursheft der Fernuniversität Hagen 1980.

Friend, I. und J. *Bicksler*: „Risk and return in finance", Ballinger 1976.

Fritsch, U.: „Die Eigenkapitallücke in der Bundesrepublik", Deutscher Industrie Verlag 1981.

Geis, H.-G.: „Die Geld- und Banksysteme der Staaten Westafrikas", München 1967.

Gerke, W.: „Die Rolle der Kapitalbeteiligungsgesellschaften und Kreditinstitute bei der Technologiefinanzierung – Innovationsbörse Berlin", in: *Heilmayr* (1983): 25-34.

Gerschenkron, A.: „Economic backwardness in historical perspective", Harvard University Press 1962.

Göppl, H.: „Banken und Versicherungen als Finanzmittler", in: *Göppl / Henn* (1981): 655-671.

Göppl, H. und R. *Henn* (Eds.): „Geld, Banken und Versicherungen", Athenäum 1981, Band I und II.

Goldschmidt, A.: „On the definition and measurement of bank output", in: Journal of Banking and Finance 5 (1981): 575-585.

Goldsmith, D.: „Transaction costs and the theory of portfolio selection", in: Journal of Finance 31 (1976): 1127-1139.

Grosch, G. und V. *Ziegler*: „Taschenbuch der Mathematik", Harri Deutsch 1979.

Grossman, S. und J. *Stiglitz*: „Information and competitive price system", in: American Economic Review 66 (1976): 246-253.

Grossman, S. und O. *Hart*: „An analysis of the principal-agent problem", in: Econometrica 51 (1983): 7-45.

Gurley, J. und E. *Shaw*: „Money in a theory of finance", Brookings Institution 1960.

Hagenmüller, K.: „Der Bankbetrieb", Gabler 1976, Band I, II und III.

Hahn, F.: „Discussion", in: *Kareken / Wallace* (1980): 161-165.

Haley, C. und L. *Schall*: „The theory of financial decisions", McGraw Hill 1979.

Hansen, R. und J. *Thatcher*: „On the nature of credit demand and credit rationing in competitive credit markets", in: Journal of Banking and Finance 7 (1983): 273-284.

Harris, M. und A. *Raviv*: „Some results on incentive contracts with application to education and employment, health insurance, and law enforcement", in: American Economic Review 68 (1978): 20-30.

– „Optimal incentive contracts with imperfect information", in: Journal of Economic Theory 20 (1979): 231-259.

Hart, O. und D. *Jaffee*: „On the application of portfolio theory to depository financial intermediaries", in: Review of Economic Studies 41 (1974): 129-147.

Hax, H. und H. *Laux* (Hrsg.): „Die Finanzierung der Unternehmung", Kiepenheuer & Witsch 1975.

– „Einleitung", in: *Hax / Laux* (1975): 11-35.

Hayek, F.A. v.: „The unse of knowledge in society", in: American Economic Review 35 (1945): 519-530.

Hegel, G.W.F.: „Phänomenologie des Geistes", Suhrkamp Verlag 1982 (erstmals 1807).

Heilmayr, E. (Hrsg.): „Venture Capital für junge Technologieunternehmen", Markt & Technik (Berlin) 1983.

Hein, M.: „Entwicklung und Stand der Bankbetriebslehre in Deutschland", in: Wirtschaftswissenschaftliches Studium 1 (1972): 197-202; abgedruckt in *Deppe* (1980): 301-318.

– „Einführung in die Bankbetriebslehre", Vahlen 1981.

Heinkel, R.: „A theory of capital structure relevance under imperfect information", in: Journal of Finance 37 (1982): 1141-1150.

Hellwig, M. und D. *Gale*: „Incentive compatible debt contracts I: The one-period problem", Manuskript, London School of Economics 1983.

Hess, P. und M. *Reinganum*: „Efficient capital markets", in: *Bicksler* (1979): 3-12.

Hilferding, R.: „Das Finanzkapital", Europäische Verlagsanstalt 1974 (erstmals 1909).

Hirshleifer, J. und J. *Riley*: „The analytics of uncertainty and information – An expository survey", in: Journal of Economic Literature 17 (1979): 1375-1421.

Hirshleifer, J.: „Costs of exchange and the role of money", Kapitel 8 seines „Price theory and applications", Prentice Hall 1980: 189-227.

Ho, T. und H. *Stoll*: „On dealer markets under competition", in: Journal of Finance 35 (1980): 259-268.

Holmström, B.: „Moral hazard and observability", in: Bell Journal of Economics 10 (1979): 74-91.

– „Moral hazard in teams", in: Bell Journal of Economics 13 (1982): 324-340.

Holftrerich, C.: „Die Eigenkapitalausstattung deutscher Kreditinstitute 1871-1945", in: 6. Symposium zur Bankengeschichte, Bankhistorisches Archiv 1981: 15-30.

Humphrey, D.: „Intermediation and cost determinants of large bank liability composition", in: Journal of Banking and Finance 5 (1981): 167-185.

Intriligator, M.: „Mathematical optimization and economic theory", Prentice Hall 1971.

– „Econometric models, techniques, and applications", Prentice Hall 1978.

Jaffee, D. und T. *Russel*: „Imperfect information, uncertainty, and credit rationing", in: Quarterly Journal of Economics 80 (1976): 651-666.

Jeidels, O.: „Das Verhältnis der deutschen Großbanken zur Industrie", Duncker & Humblot 1905.

Jennergren, L. P.: „On the design of incentives in business firms – A survey of some research", in: Management Science 26 (1980): 180-201.

Jensen, M. (Ed.): „Studies in the theory of capital markets", Praeger (1972a).

– „Capital markets: Theory and evidence", in: Bell Journal of Economics 3 (1972b): 357-398.

– „Introduction to a symposium on some anomalous evidence regarding market efficiency", in: Journal of Financial Economics 6 (1978): 95-101.

– „Tests of capital market theory and implications of the evidence", in: *Bicksler* (1979): 13-49.

Jensen, M. und J. *Long*: „Corporate investment under uncertainty and paretooptimality in the capital markets", in: Bell Journal of Economics 3 (1972): 151-174.

Jensen, M. und W. *Meckling*: „Theory of the firm: Managerial behavior, agency costs and ownership structure", in: Bell Journal of Financial Economics 3 (1976): 305-360.

– „Rights and production functions: An application to labor-managed firms and codetermination", in: Journal of Business 52 (1979): 469-506.

Johnson, D.: „Resource allocation under share contracts", in: Journal of Political Economy 58 (1950): 111-123.

Jones, R. und J. *Ostroy*: „Flexibility and uncertainty", in: Review of Economic Studies 51 (1984): 13-32.

Kahn, P. (Ed.): „Credibility: Theory and applications", Academic Press 1975.

Kappler, E. (Hrsg.): „Rekonstruktion der Betriebswirtschaftslehre als ökonomische Theorie", Spardorf (Wilfer) 1983.

Kareken, J. und N. *Wallace*: „Deposit insurance and bank regulation: A partial-equilibrium exposition", in: Journal of Business 51 (1978): 413-438.

– (Eds.): „Models of monetary economies", Federal Reserve Bank of Minneapolis 1980.

Kitch, R.: „The fire of truth: A remebrance of law and economics at Chicago, 1932-1970", in: Journal of Law and Economics 26 (1983): 163-234.

Klein, B., R. *Crawford* und A. *Alchian*: „Vertical integration, appropriable rents, and the competitive contracting process", in: Journal of Law and Economics 21 (1978): 297-326.

Klein, B. und K. *Leffler*: „The role of market forces in assuring contractual performance", in: Journal of Political Economy 89 (1981): 615-641.

Klein, M.: „A theory of the banking firm", in: Journal of Money, Credit and Banking 3 (1971): 205-218.

– „The economics of security divisibility and financial intermediation", in: Journal of Finance 28 (1973): 923-931.

Knies, K.: „Geld und Credit", 2. Abteilung, 2. Hälfte, Leipzig 1931 (erstmals 1879).

Knight, F.: „Risk, uncertainty and profit", University of Chicago Press 1971 (erstmals 1921).

Koch, H.-D. und R. H. *Schmidt*: „Ziele und Instrumente des Anlegerschutzes", in: Betriebswirtschaftliche Forschung und Praxis 33 (1981): 231-250.

Krahnen, J.: „Zur Entwicklung der mikroökonomischen Finanzierungstheorie", Diskussionspapier, Freie Universität Berlin 1981 (auch Diplomarbeit, Frankfurt 1979).

– „Finanztheorie: Markt und Institution", Diskussionspapier, Freie Universität Berlin 1983(a).

– „Wagnisfinanzierung und Finanztheorie: Einige Überlegungen zur Erfolglosigkeit einer Finanzierungsform", in: *Heilmayr* (1983b): 113-115.

Kroll, Y. und H. *Levy*: „Stochastic dominance: A review and some new evidence", in: Research in Finance 2 (1980): 163-227.

Latané, H. und C. *Jones*: „Non-diversifiable risk and uncertainty in tests of the CAPM", Manuskript, o. O. 1980.

Leland, H. und D. *Pyle*: „Informational asymmetries, financial structure and financial intermediation", in: Journal of Finance 32 (1977): 371-387.

Levy, H.: „The definition of risk: An extension“, in: Journal of Economic Theory 14 (1977): 232-234.

– „Equilibrium in an imperfect market: A constraint on the number of securities in the portfolio“, in: American Economic Review 68 (1978): 643-658.

Lintner, J.: „Security prices, risk, and maximal gains from diversification“, in: Journal of Finance 20 (1965): 587-615.

Lippman, S. und J. *McCall*: „The economics of uncertainty: Selected topics and probabilistic methods“, in: *Arrow / Intriligator* (1981): 211-284.

Mackara, W.: „What do banks produce?“, in: Federal Reserve Bank of Atlanta Monthly Review 60 (1975).

Maddock, R. und M. *Carter*: „A child's guide to rational expectations“, in: Journal of Economic Literature 20 (1982): 39-51.

Marcus, A.: „Risk sharing and the theory of the firm“, in: Bell Journal of Economics 13 (1982): 369-378.

Marshall, J.: „Moral hazard“, in: American Economic Review 66 (1976): 880-890.

Marx, K.: „Das Kapital – Zweiter Band, Buch II: Der Cirkulationsprocess des Kapitals“, Dietz Verlag 1981 (erstmals 1885).

Mayer, T.: „Competitive equality as a criterion for financial reform“, in: Journal of Banking and Finance 4 (1980): 7-15.

Mayers, D.: „Nonmarketable assets and capital market equilibrium under uncertainty“, in: *Jensen* (1972a): 223-248.

Mayers, D. und C. *Smith*: „Contractual provisions, organizational structure, and conflict control in insurance markets“, in: Journal of Business 54 (1981): 407-434.

– „The interdependence of individual portfolio decisions and the demand for insurance“, in: Journal of Political Economy 9 (1983): 304-311.

Mayshar, J.: „Transaction costs and the pricing of assets“, in: Journal of Finance 36 (1981): 583-597.

McCulloch, J.: „Misintermediation and macroeconomic fluctuations“, in: Journal of Monetary Economics 8 (1981): 103-115.

Merton, R.: „On the microeconomic theory of investment under uncertainty“, in: *Arrow / Intriligator* (1982): 601-670.

Merton, R. und M. *Subrahmanyam*: „The optimality of a competitive stock market“, in: Bell Journal of Economics 5 (1974): 145-170.

Meyer, J. und M. *Ormiston*: „The comparative statics of cumulative distribution function changes for the class of risk averse agents“, in: Journal of Economic Theory 31 (1983): 153-169.

Milde, H.: „Kreditrisiko und Informationsaktivität im Bankbetrieb“, in: Zeitschrift für Wirtschafts- und Sozialwissenschaften 96 (1976): 127-142.

– „Adverse Selektion und Kreditsicherheiten“ in: *Göppl / Henn* (1981): 1089-1100.

– „Über einige komparativ-statische Resultate der Portfolio-Theorie“, Diskussionsbeiträge, Universität Konstanz o. J. (1982).

Miller, M. und M. *Scholes*: „Rates of return in relation to risk: A re-examination of some recent findings“, in: *Jensen* (1972a): 47-78.

Mirrlees, J.: „Notes on welfare economics, information and uncertainty", in: *Balch / McFadden* (1974): 243-258.

– „The optimal structure of incentives and authority within an organization", in: Bell Journal of Economics 7 (1976): 105-131.

Mitra, P.: „A theory of interlinked rural transactions", in: Journal of Public Economics 20 (1983): 167-191.

Modigliani, F. und M. *Miller*: „The cost of capital, corporation finance, and the theory of investment", in: American Economic Review 48 (1958): 261-297; in deutscher Übersetzung abgedruckt in: *Hax / Laux* (1975): 86-119.

Modigliani, F. und R. *Cohn*: „Inflation, rational valuation and the stock market", in: Financial Analyst's Journal; March/April 1979.

Mood, A., F. *Graybill* und D. *Boes*: „Introduction to the theory of statistics", McGraw Hill 1974.

Mossin, J.: „Taxation and risk-taking: An expected utility approach", in: Economica N.S. 35 (1968): 74-81.

– „Theory of financial markets", Prentice Hall 1973.

Mühlhaupt, L.: „Ansatzpunkt für eine Theorie der Kreditbank" in: Jahrbuch für Sozialwissenschaft 12 (1961): 132-143, abgedruckt in *Deppe* (1980): 69-80.

– „Einführung in die Betriebswirtschaftslehre der Banken", Gabler 1978.

Nahr, G.: „Kreditrationierung, Information und Unsicherheit", Florentz Verlag 1980.

Nalebuff, B. und J. *Stiglitz*: „Information, competition, and markets", in: American Economic Review 73 (1983): 278-284.

– „Prizes and incentives: Towards a general theory of compensation and competition", in: Bell Journal of Economics 14 (1983): 21-43.

Newbery, D.: „The choice of rental contracts in peasant agriculture", in: *Reynolds* (1975): 109-137.

Newbery, D. und J. *Stiglitz*: „Sharecropping, risk sharing, and the importance of imperfect information", in: *Roumasset / Boussard / Singh* (1979): 311-339.

– „The theory of commodity price stabilization", Clarendon Press 1981.

– „The choice of techniques and the optimality of market equilibrium with rational expectations", in: Journal of Political Economy 90 (1982): 223-246.

– „Pareto inferior trade", in: Review of Economic Studies 51 (1984): 1-12.

Niehans, J.: „The theory of money", John Hopkins University Press 1978.

Norberg, R.: „The credibility approach to experience rating", in: Scandinavian Actuarial Journal (1979): 181-221.

Oi, W.: „The desirability of price instability under perfect competition", in: Econometrica 29 (1961): 58-64.

Ordover, J. und A. *Weiss*: „Information and the law: Evaluating legal restrictions in competitive contracts", in: American Economic Review, Papers and Proceedings, 71 (1981): 399-404.

Orr, D. und E. *Mellon*: „Stochastic reserve losses and expansion of bank credit", in: American Economic Review 51 (1961): 614-623.

Pauly, M.: „The economics of moral hazard: Comment“, in: American Economic Review 59 (1969): 531-537.

Polak, N.: „Grundzüge der Finanzierung“, Industrieverlag Spaeth & Linde 1926.

Posner, R.: „Taxation by regulation“, in: Bell Journal of Economics 2 (1971): 22-50.

Pratt, J.: „Risk aversion in the small and in the large“, in: Econometrica 32 (1964): 122-136.

Pringle, J.: „The imperfect-markets model of commercial bank financial management“, in: Journal of Financial and Quantitative Analysis 9 (1974): 69-86.

Pyle, D.: „On the theory of financial intermediation“, in: Journal of Finance 26 (1971): 737-747.

– „Descriptive theories of financial institutions under uncertainty“, in: Journal of Financial and Quantitative Analysis 7 (1972): 2009-2029.

– Besprechung von *Koehn*, M.: „Bankruptcy risk in financial depository intermediaries“, in: Journal of Monetary Economics 8 (1981): 144-146.

Reagan, P. und R. *Stulz*: „Risk sharing, optimal labor contracts, and capital markets“, Manuskript, University of Rochester 1981.

Reid, J.: „Sharecropping and agricultural uncertainty“, in: Economic Development and Cultural Change 24 (1976): 549-576.

Reitz, B.: „Zur Bedeutung der Finanzunternehmung für die Geldpolitik“, Poeschel 1974.

Reynolds, L.: „Agriculture in development theory“, Yale University Press 1975.

Rohatgi, V.: „An introduction to probability theory and mathematical statistics“, John Wiley & Sons 1976.

Roll, R.: „A critique of the asset pricing theory's test, Part I: On past and potential testability of the theory“, in: Journal of Financial Economics 4 (1977): 129-176.

Roll, R. und S. *Ross*: „An empirical investigation of the arbitrage pricing theory“, in: Journal of Finance 35 (1980): 1073-1103.

Ronge, V.: „Bankpolitik im Spätkapitalismus“, Edition Suhrkamp 1979.

Ross, S.: „The economic theory of agency: The principal's problem“, in: American Economic Review 63 (1973): 134-139.

– „Return, risk and arbitrage“, in: *Friend / Bicksler* (1976): 189-218.

– „The determination of financial structure: The incentive signalling approach“, in: Bell Journal of Economics 8 (1977): 23-40.

– „A simple approach to the valuation of risky streams“, in: Journal of Business 51 (1978): 453-475.

– „The current status of the Capital Asset Pricing Model (CAPM)“, in: Journal of Finance 33 (1978): 885-901.

– „On the general validity of the mean-variance approach in large markets“, in: *Sharpe / Cootner* (1982): 52-84.

Rothschildt, M. und J. *Stiglitz*: „Increasing risk I: A definition“, in: Journal of Economic Theory 2 (1970): 225-243.

– „Increasing risk II: Its economic consequences“, in: Journal of Economic Theory 3 (1971): 66-84.

– „Equilibrium in competitive insurance markets: An essay on the economics of imperfect information“, in: Quarterly Journal of Economics 90 (1976): 629-650.

Roumasset, J., J. *Boussard* und I. *Singh*: „Risk, uncertainty, and agricultural development“, Agricultural Development Council, New York 1979.

Rubinstein, M.: „A mean-variance synthesis of corporate financial policy“, in: Journal of Finance 28 (1973): 167-181.

Rudolph, B.: „Die Kreditvergabeentscheidung der Banken“, Westdeutscher Verlag 1974.

– „Zinsänderungsrisiken und die Strategie der durchschnittlichen Selbstliquidationsperiode“, in: Kredit und Kapital 12 (1979): 181-206.

– „Ein dynamisches Modell der Kreditbeziehungen zwischen einer Bank und ihren Kreditnehmern“, in: Kredit und Kapital 14 (1981): 94-112.

– „Können die Banken ihre Kreditsicherheiten vergessen“?, in: Kredit und Kapital 15 (1982): 317-340.

– „Kreditsicherheiten als Instrumente zur Umverteilung und Begrenzung von Kreditrisiken“, in: Zeitschrift für betriebswirtschaftliche Forschung 36 (1984): 16-43.

Rühli, E. und J. *Thommen*: „Unternehmensführung aus finanzwirtschaftlicher Sicht“, Stuttgart 1981.

Saelzle, R.: „Investitionsentscheidungen und Kapitalmarkttheorie“, Gabler 1976.

Schauenberg, B.: „Anmerkungen zur Diskussion um Schmalenbach“, in: *Fischer-Winkelmann* (1983): 440-463.

Schauenberg, B. und R. H. *Schmidt*: „Vorarbeiten zu einer Theorie der Unternehmung“, in: *Kappler* (1983): 247-276.

Scheidl, K.: „Zum Problem bankbetrieblicher Dispositionsregeln“, in: *Linhardt*, H. (Hrsg.): „Dienstleistungen in Theorie und Praxis. Otto Hintner zum siebzigsten Geburtstag“, Stuttgart 1970: 161-179; abgedruckt in *Deppe* (1980): 803-822.

Schmidt, R. H.: „Die Rolle von Informationen und Institutionen auf Finanzmärkten“, Habilitationsschrift, Frankfurt (Main) 1979.

– „Ein neo-institutionalistischer Ansatz der Finanzierungstheorie“, in: *Rühli / Thommen* (1981): 135-154.

– „Grundformen der Finanzierung“, in: Kredit und Kapital 14 (1981): 186-221.

– „Methodology and finance“, in: Theory and Decision 14 (1982): 391-413.

– „Zur Entwicklung der Finanztheorie“, in: *Fischer-Winkelmann* (1983): 464-500.

Schneider, D.: „Investition und Finanzierung, 5. Auflage, Gabler 1980.

– „Geschichte betriebswirtschaftlier Theorie“, Oldenburg 1981.

– „Kapitalanlagevorschriften und Verbraucherschutz“, in: Zeitschrift für betriebswirtschaftliche Forschung, Sonderheft zur Kapitalanlageplanung, 16 (1983): 5-30.

Schumpeter, J.: „Konjunkturzyklen“, Vandenhoeck und Ruprecht 1961 (erstmals 1939).

– „Theorie der wirtschaftlichen Entwicklung“, Duncker und Humblot 1952 (erstmals 1926).

Sealey, C. und J. *Lindley*: „Inputs, outputs and a theory of production and cost at depository financial institutions", in: Journal of Finance 32 (1977): 1251-1264.

Sharpe, W.: „Portfolio theory and capital markets", McGraw Hill 1970.

Sharpe, W. und M. *Cootner*: „Financial economics: Essays in honor of Paul Cootner", Prentice Hall 1982.

Shavell, S.: „On moral hazard and insurance", in: Quarterly Journal of Economics 83 (1979): 541-562.

Shubik, M.: „A theory of money and financial institutions", in: Economie Appliqué 31 (1978): 61-84.

Silberberg, E.: „The structure of economics: A mathematical analysis", McGraw Hill 1978.

Smith, C. und J. *Warner*: „On financial contracting: An analysis of bond covenants", in: Journal of Financial Economics 7 (1979): 117-161.

Smith, V.: „A theory and test of credit rationing: Some generalizations", in: American Economic Review 62 (1972): 477-483.

Sohmen, E.: „Allokationstheorie und Wirtschaftspolitik", J. C. B. Mohr 1976.

Spence, M. und R. *Zeckhauser*: „Insurance, information, and individual action", in: American Economic Review 61 (1971): 380-387.

Spence, M.: „The economics of internal organization: An introduction", in: Bell-Journal of Economics 6 (1975): 163-172.

Stigler, G.: „The economics of information", in: Journal of Political Economy 69 (1961): 213-225.

Stiglitz, J.: „Incentives and risk sharing in sharecropping", in: Review of Economic Studies 41 (1974a): 219-255.

– „On the irrelevance of corporate financial policy", in: American Economic Review 64 (1974b): 851-866.

– „Risk, incentives and insurance: The pure theory of moral hazard", in: Geneva Papers on Risk and Insurance 8 (1983): 4-33.

Stiglitz, J. und A. *Weiss*: „Credit rationing in markets with imperfect information", in: American Economic Review 71 (1981): 393-411.

– „Incentive effects of terminations: Applications to the credit and labor markets", in: American Economic Review 73 (1983): 912-927.

Stillson, R.: „An analysis of information and transaction services in financial institutions", in: Journal of Money, Credit and Banking 6 (1974): 517-535.

Stowe, J., C. *Watson* und T. *Robertson*: „Relationships between the two sides of the balance sheet: A canonical correlation analysis", in: Journal of Finance 35 (1980): 973-980.

Stucken, R.: „Geld und Kredit", J. C. B. Mohr 1949.

Stützel, W.: „Ist die ‚Goldene Bankregel' eine geeignete Richtschnur für die Geschäftspolitik der Kreditinstitute"?, in: Vorträge für Sparkassenprüfer (Kiel, 8.-11.9.1959), Stuttgart 1959: 34-51; abgedruckt in *Deppe* (1980): 765-782.

– „Bankpolitik heute und morgen", Fritz Knapp 1964.

– „Funktionen und Zukunftsaufgaben der Aktie – Heute 1980", Manuskript, Saarbrücken 1980.

Süchting, J.: „Theorie und Praxis der Unternehmensfinanzierung", Gabler 1980.

Swoboda, P.: „Heterogene Information und Kapitalstruktur der Unternehmung", in: Zeitschrift für betriebswirtschaftliche Forschung 34 (1982): 705-727.

Taylor, C.: „Hegel", Suhrkamp 1983.

Taylor, G.: „In search of a general parameter-free credibility formula", in: *Kahn* (1975): 401-408.

Tobin, J. und W. *Brainard*: „Financial intermediaries and the effectiveness of monetary control", in: American Economic Review 53 (1963): 383-400.

Tobin, J.: „Commercial banks as creators of ‚money'", in: *Carson*, D. (Ed.): „Banking and monetary studies", Irwin 1963: 408-419.

– „Discussion", in: *Kareken / Wallace* (1980): 83-90.

Townsend, R.: „Intermediation and the theory of intermediated structures", Manuskript, Northwestern University 1982a.

– „Optimal multiperiod contracts and the gain from enduring relationships under private information", in: Journal of Political Economy 90 (1982b): 1166-1186.

Tsiang, S.: „The rationale for the mean-standard deviation analysis, skewness preferences, and the demand for money", in: American Economic Review 62 (1972): 354-371.

Varian, H.: „Microeconomic analysis", Norton & Company 1978.

Virmani, A.: „The nature of credit markets in developing countries", Manuskript, World Bank 1982 (Dp No. 524).

Wagner, E.: „Theorie der Bankunternehmung", Peter Lang 1982.

Weingartner, H.: „Capital rationing: n authors in search of a plot", in: Journal of Finance 32 (1977): 1403-1431.

Weston, F. und E. *Brigham*: „Managerial finance", Dryden Press 1981.

Whitmore, G. und M. *Findlay*: „Stochastic dominance", Lexington Books 1978.

Wilhelm, J.: „Die Bereitschaft der Banken zur Risikoübernahme im Kreditgeschäft", in: Kredit und Kapital 15 (1982): 572-601.

Williamson, O.: „Markets and hierarchies", Free Press 1975.

Wood, J.: „Financial intermediaries and monetary control", in: Journal of Monetary Economics 8 (1981): 145-163.

Kolibri 360 GmbH
Ferdinand-Jühlke-Straße 7
99095 Erfurt, Deutschland
produktsicherheit@kolibri360.de

Druck:
CPI Druckdienstleistungen GmbH
im Auftrag der
Kolibri 360 GmbH
Ferdinand-Jühlke-Str. 7
99095 Erfurt